Gestión financiera

ADGN0006 Administración y gestión

EF/ADGN0006/SEP/25

Anagrama «LUCHA CONTRA LA PIRATERÍA», propiedad de Unión Internacional de Escritores.

CONSEJO DE REDACCIÓN

Ruth Gómez Talaván

Cristina Monge Pascual

MAQUETACIÓN

José Gago Mora

Beatriz Mateos Caballero

ILUSTRACIÓN DE CUBIERTA

Ignacio Velasco Marugán

© Centro de Estudios ADAMS. Ediciones Valbuena
C/ Narciso Serra, 14
28007 Madrid
adamsediciones@adams.es
www.adams.es

ISBN: 978-84-1077-571-8
Depósito legal: M-20650-2025
Editado en septiembre de 2025
Imprime: Ediciones Valbuena, S.A.
Impreso en España. Printed in Spain

PRESENTACIÓN

Comprometidos por ofrecer una propuesta formativa ajustada a las necesidades de la sociedad y del mercado de trabajo, Ediciones Valbuena presenta este manual para la Especialidad Formativa de **Gestión financiera**, perteneciente a la Familia profesional de **Administración y gestión.**

Esta **Especialidad Formativa**, con una duración asociada de 50 horas, se integra en el Catálogo de especialidades con el código ADGN0006.

En la elaboración de los contenidos hemos pretendido garantizar la **adquisición, mejora y actualización de las competencias profesionales** requeridas en el mercado laboral, así como fomentar el **aprendizaje**.

En nuestra página web **www.adams.es** estarás al día de todo en cuanto a información sobre cursos, productos y servicios se refiere, además tendrás la opción de dirigirnos cualquier consulta o sugerencia a través de **adams@adams.es**

Esperando haber cumplido el objetivo propuesto, te expresamos nuestros mejores deseos de éxito.

Ediciones Valbuena

ÍNDICE

Test de Unidades

ICONOS DE INFORMACIÓN

Actividad

Vocabulario

Audios

Resumen

Definición

Recuerda

Ejemplo

Nota

Importante

Más información

Marco legal

Lectura recomendada

UNIDAD DIDÁCTICA 1

*Definición del Sistema
Financiero*

Presentación

Introducción

1. **Sistema financiero**

2. **Sistema bancario**

3. **Seguros**

4. **Sistema bursátil y otros mercados**

Resumen

Los **objetivos** de esta unidad son:

1. Definir el sistema financiero y el bancario.

2. Conocer los seguros y sus órganos de supervisión.

3. Diferenciar la bolsa de valores, los activos negociados y las operaciones bursátiles especiales.

Presentación

A lo largo del contenido conoceremos las distintas fuentes de financiación de las que dispone una empresa; realizaremos un breve análisis de cada uno de los productos de financiación ajena con los que cuenta la empresa en un sistema de capitalización simple; definiremos el cálculo de liquidación de las cuentas corrientes y de las imposiciones a plazo y conoceremos los servicios que prestan las entidades bancarias; conoceremos la regulación SEPA, de gran importancia en materia de adeudo de recibos, y analizaremos la complejidad de las tarjetas revolving; identificaremos los riesgos asegurables y clasificaremos las distintas modalidades del contrato de seguro, identificando las circunstancias particulares propias de cada modalidad; conoceremos también aquellos servicios bancarios que se prestan de forma complementaria o que mejoran la posición de los clientes a efectos de facilitar las operaciones o productos que hemos identificado como productos de activo y productos de pasivo; estudiaremos el mercado de capitales, la bolsa de valores y los elementos del mercado de capitales: activos negociados, índices bursátiles y ratios bursátiles; distinguiremos los conceptos básicos de cada uno de los productos de renta fija y renta variable; relacionaremos y definiremos los activos de renta fija y de renta variable, así como los riesgos vinculados a cada producto.

También identificaremos diversas operaciones especiales, que pueden realizarse con las acciones; nos introduciremos en el mercado de los productos derivados, identificando y clasificando los principales productos de esta tipología y los diferentes fondos de inversión.

Introducción

Entendemos por sistema financiero de una nación al conjunto de instituciones, medios y mercados cuyo funcionamiento y relaciones tienen por objetivo trasladar los flujos de ahorro generados por las unidades económicas con superávit (prestamistas) hacia las unidades económicas con déficit (prestatarios), pudiendo ser dichas unidades públicas o privadas.

Los demandantes de fondos son aquellos agentes económicos (las empresas, el sector público y los hogares) que necesitan financiación para realizar sus proyectos. Los oferentes son aquellos que disponen de un excedente de fondos y buscan rentabilizarlos.

Cuando nos referimos al sistema financiero es necesario conocer sus elementos fundamentales: activos, mercados e intermediarios financieros.

1. Sistema financiero

La función principal de cualquier sistema financiero en una economía de mercado no es otra que captar los recursos o excedentes de los ahorradores y canalizarlos hacia los demandantes de dinero; labor fundamental para el funcionamiento económico de un país. Cabe añadir, aunque no suele citarse, como cuarto componente del sistema financiero, a la intervención pública, puesto que el Estado tiene capacidad para influir sobre los mercados, intermediarios y activos financieros, mediante sus decisiones.

Los principales objetivos que el sistema financiero de cualquier país debe cumplir son:

— Conseguir una equilibrada y eficaz asignación de recursos financieros.

— Conseguir estabilidad monetaria.

— Canalizar el ahorro producido por empresas, instituciones o economías domésticas.

— Posibilitar su trasvase para proyectos de inversión o financiación de gastos de otras empresas, familias o el propio Estado.

2. Sistema bancario

2.1. Tipos de intereses bancarios

Las entidades bancarias cobran y abonan sus intereses atendiendo al TIN, al TAE o al TEDR. Veamos cada uno de estos conceptos:

a) **Diferencia entre TIN y TAE**

1. La diferencia entre el TIN (tipo de interés nominal) y la TAE (tasa anual equivalente) es que el TIN es el precio que la entidad cobra por prestar o que paga por depositar.

2. La TAE incluye, además del TIN, los gastos y comisiones asociados a los productos.

3. La TAE o tasa anual equivalente, a diferencia del TIN o tipo de interés, que solo recoge la retribución o compensación que recibimos por depositar el dinero en un banco, tiene en cuenta los gastos y las comisiones asociados.

4. El cálculo de la TAE, o tasa anual equivalente, está basado en el tipo de interés compuesto y en la hipótesis de que los intereses obtenidos se vuelven a invertir al mismo tipo de interés.

5. La TAE nos permite comparar distintas ofertas de cuentas o depósitos, con independencia de sus condiciones particulares.

b) **TEDR: concepto y cálculo.**

El **tipo efectivo definición restringida** (TEDR) se define como el componente de tipo de interés de la tasa anual equivalente (TAE), excluyendo, por tanto, todas las comisiones y gastos.

El TEDR de una operación será igual al tipo de interés anual que iguale el valor actual de los efectivos a cobrar o pagar a lo largo de la operación teniendo en cuenta exclusivamente el componente de intereses.

Se calculará con la fórmula de la TAE excluidos todos los gastos considerados en ella.

A la hora de comparar préstamos hemos de distinguir:

— Antes de contratarlo: nos fijaremos en la TAE.

— Durante la vida del préstamo: para comparar con otras ofertas solo debemos tener en cuenta lo que nos queda por pagar, por lo que debemos fijarnos en el coste efectivo remanente (CER), que representa el coste efectivo del tiempo que nos queda para la total amortización o devolución del préstamo. De forma que en su cálculo únicamente se tienen en cuenta los pagos pendientes hasta el vencimiento.

Las entidades están obligadas a informar sobre la TAE (o CER, según corresponda) en la publicidad en la que se haga referencia al coste, en los contratos que formalicen con sus clientes, en las ofertas vinculantes y en los documentos de liquidación.

2.2. Comisiones

Las **comisiones** son las cantidades que los bancos te adeudan como contraprestación a los servicios que prestan (por ejemplo, enviar una transferencia, cambiar divisas, administrar una cuenta, estudiar la viabilidad de un préstamo, concederte una tarjeta de crédito, etc.).

Los bancos pueden también repercutir el coste de los gastos justificados que tengan que pagar a terceros para poder prestar el servicio que repercutir solicitado. Las comisiones pueden cobrarse juntas como un solo cargo genérico (es el caso de las llamadas tarifas planas) o separadas, es decir, un cargo individualizado por cada servicio prestado.

Hay que tener en cuenta que:

— Las tarifas o precios de las comisiones bancarias son libres. El Banco de España no autoriza ni consiente, no puede denegar, ni limitar, el importe de las comisiones bancarias. Los bancos pueden poner el importe o precio que estimen oportuno, salvo en aquellas operaciones bancarias en las que los importes estén limitados por norma, como sucede, por ejemplo, con la cancelación o amortización anticipada de un préstamo hipotecario o de un crédito al consumo.

— Las comisiones bancarias y los gastos deben responder a servicios efectivamente prestados o gastos habidos. Las entidades no pueden cobrar por servicios que el cliente no haya solicitado o aceptado. En todo caso, deberá informar al cliente personalmente y por anticipado del importe que se cobrará por ese servicio.

— Cuando se modifiquen las condiciones que afectan a los contratos, deberán comunicar a los clientes afectados, con una antelación a su aplicación de al menos dos meses en los servicios de pago y un mes en el resto, si la duración del contrato rebasa tal plazo.

— En virtud del mandato impuesto tanto por la Orden EHA/2899/2011, las entidades deben publicar la información sobre las comisiones habitualmente aplicadas a los servicios bancarios prestados con mayor frecuencia a sus clientes, en el formato específico legalmente.

— Esta información debe corresponder a las operaciones realizadas en cada trimestre natural para los diferentes perfiles de productos y clientes y será actualizada cada trimestre. Además, dicha información deberá ser enviada trimestralmente al Banco de España, que la pone a disposición del público en su página web.

— En esa información no se incluirán las comisiones aplicadas en otros servicios bancarios que la entidad preste, sin perjuicio de su reflejo en los contratos y del cumplimiento de las obligaciones informativas precontractuales y de las explicaciones adecuadas a los clientes que la normativa exige.

— Por último, hay que tener en cuenta que esta información es meramente estadística y no se trata, por tanto, de una oferta de las entidades declarantes, ni tan siquiera las compromete o vincula.

2.3. Gratuidad

Existen determinados colectivos que, por su situación de vulnerabilidad, tienen más difícil el acceso a las cuentas de pago básicas. Para ellos son gratuitas.

Para que la cuenta de pago básica salga gratis todos los titulares deben reunir dos condiciones:

a) Que los ingresos anuales de la unidad familiar no superen los límites establecidos en el RD 164/2019, de 22 de marzo.

    1. Tres veces el indicador público de renta de efectos múltiples de doce pagas, vigente en el momento de efectuar la solicitud cuando se trate de personas no integradas en ninguna unidad familiar.

    2. Tres veces y media dicho indicador cuando se trate de personas integradas en alguna de las modalidades de unidad familiar con menos de cuatro miembros.

    3. Cuatro veces dicho indicador cuando se trate de unidades familiares integradas por cuatro o más miembros o que tengan reconocida su condición de familia numerosa de acuerdo con la normativa vigente.

    4. Cuatro veces dicho indicador cuando se trate de unidades familiares que tengan en su seno a una persona con grado de discapacidad igual o superior al 33 por ciento reconocido oficialmente por resolución expedida por el Instituto de Mayores y Servicios Sociales o por el órgano competente de las comunidades autónomas.

    5. El IPREM en 2025 es 600 euros IPREM mensual, 7.200 euros IPREM anual por 12 pagas y 8.400 euros IPREM anual por 14 pagas.

b) Que no se tenga derecho alguno sobre inmuebles distintos a la vivienda habitual, ni sobre sociedades mercantiles.

c) Sea víctima de trata o explotación sexual, en cuyo caso quedará exenta de cumplir los requisitos de los apartados a) y b).

Para demostrar estas condiciones, deberán presentar a tu banco distintos documentos:

a) Acreditar el número de miembros de la unidad familiar: el libro de familia o documento de la inscripción como pareja de hecho.

b) Percepción de los ingresos por los miembros de la unidad familiar, para cuya acreditación cada uno de sus miembros aportará alguno de los siguientes documentos:

1. Certificado de rentas y, en su caso, certificado relativo a la presentación del Impuesto de Patrimonio, expedido por la Agencia Estatal de Administración Tributaria o el órgano competente de la Comunidad Autónoma, con relación al último ejercicio tributario.

2. Últimas tres nóminas percibidas.

3. Certificado expedido por la entidad gestora de las prestaciones o subsidios por desempleo, en el que figure la cuantía mensual percibida por dichos conceptos.

4. Certificado acreditativo de los salarios sociales, rentas mínimas de inserción o ayudas análogas de asistencia social concedidas por las comunidades autónomas y las entidades locales.

5. En caso de trabajador por cuenta propia, el certificado expedido por el órgano gestor en el que figure la cuantía mensual percibida si estuviera percibiendo la prestación por cese de actividad.

Cuando no se disponga de esta documentación, el cliente deberá presentar un informe, emitido por los servicios sociales municipales, en el que se indique la composición de la unidad familiar en el que se motive la idoneidad para el acceso a la gratuidad de una cuenta de pago básica.

El banco dispone, como máximo, de 30 días desde que se aporte la documentación para aceptar o rechazar tu solicitud, decisión que deberá comunicar por escrito y de manera gratuita. En caso de que no te conteste en ese plazo, tu petición se entiende aceptada. Además, en caso de que no estés de acuerdo con su decisión, podrás reclamar.

2.4. Plazo de ejecución y fecha valor

El plazo de ejecución y fecha de valor se encuentra regulado en el Real Decreto-Ley 19/2018, de servicios de pago y otras medidas urgentes en materia financiera.

El proveedor de servicios de pago del ordenante, tras el momento de recepción de la orden de pago, garantizará que el importe de la operación de pago es abonado en la cuenta del proveedor de servicios de pago del beneficiario, como máximo al final del día hábil siguiente. No obstante, el plazo señalado podrá prolongarse en un día hábil para las operaciones de pago iniciadas en papel.

La fecha de valor del abono en la cuenta de pago del beneficiario no será posterior al día hábil en que el importe de la operación de pago se abonó en la cuenta del proveedor de servicios de pago del beneficiario.

El proveedor de servicios de pago del beneficiario se asegurará de que el importe de la operación de pago esté a disposición del beneficiario inmediatamente después de que dicho importe haya sido abonado en la cuenta del proveedor de servicios de pago del beneficiario, si por parte del proveedor de servicios de pago del beneficiario:

— No hay conversión de moneda.

— Hay conversión de moneda entre el euro y la divisa de un Estado miembro o entre las divisas de dos Estados miembros.

La obligación impuesta en el presente apartado será aplicable también a los pagos efectuados en el ámbito interno de un proveedor de servicios de pago. La fecha de valor del cargo en la cuenta de pago del ordenante no será anterior al momento en que el importe de la operación de pago se cargue en dicha cuenta.

3. Seguros

3.1. Normativa y definiciones

La normativa que regula los contratos de seguro es la siguiente:

— Ley 50/1980, de 8 de octubre, de Contrato de Seguro.

— Ley 20/2015, de 14 de julio, de ordenación, supervisión y solvencia de las entidades aseguradoras y reaseguradoras.

— Real Decreto 1060/2015, de 20 de noviembre, de ordenación, supervisión y solvencia de las entidades aseguradoras y reaseguradoras.

— Real Decreto Legislativo 7/2004, de 29 de octubre, por el que se aprueba el texto refundido del Estatuto Legal del Consorcio de Compensación de Seguros.

— Real Decreto Legislativo 8/2004, de 29 de octubre, por el que se aprueba el texto refundido de la Ley sobre responsabilidad civil y seguro en la circulación de vehículos a motor.

— Orden EHA/339/2007, de 16 de febrero, por la que se desarrollan determinados preceptos de la normativa reguladora de los seguros privados.

— Real Decreto 1430/2002, de 27 de diciembre, por el que se aprueba el Reglamento de mutualidades de previsión social.

— Real Decreto Legislativo 1/2002, de 29 de noviembre, por el que se aprueba el texto refundido de la Ley de Regulación de los Planes y Fondos de Pensiones.

Algunas definiciones que debemos conocer para continuar con la unidad son:

— **Entidad aseguradora**: entidad autorizada para realizar actividades de seguro directo de vida o de seguro directo distinto del seguro de vida.

— **Entidad reaseguradora**: entidad que haya recibido autorización para realizar actividades de reaseguro.

— **Reaseguro**: actividad consistente en la aceptación de riesgos cedidos por una entidad aseguradora o por una entidad reaseguradora, incluidas las domiciliadas en terceros países.

Concepto de reaseguro

El sr. López contrata un seguro sobre su vivienda con la compañía Seguros Felices, que, a su vez, es la aseguradora de las viviendas que se encuentran cerca de la vivienda del sr. López. En caso de un siniestro en cadena, Seguros Felices corre el riesgo de acabar en quiebra. En este contexto, Seguros Felices se protege ante un siniestro de esta envergadura, asegurando su responsabilidad con otra entidad, en este caso será una entidad reaseguradora.

3.2. Órganos de supervisión

Los órganos de supervisión son los siguientes:

— **Administración General del Estado**

Las competencias de la Administración General del Estado en la supervisión de las entidades aseguradoras y reaseguradoras y en el desarrollo ordenado de los mercados de seguros y reaseguros se ejercerán por el ministro de Economía y Competitividad y por la Dirección General de Seguros y Fondos de Pensiones, sin perjuicio de las funciones que corresponden a las Comunidades Autónomas en el ámbito de sus competencias.

— **Dirección General de Seguros y Fondos de Pensiones**

La Dirección General de Seguros y Fondos de Pensiones formará parte, en su condición de autoridad supervisora española, de la Autoridad Europea de Seguros y Pensiones de Jubilación (AESPJ).

En el ejercicio de las funciones de supervisión la Dirección General de Seguros y Fondos de Pensiones analizará y en su caso tomará en consideración las directrices y recomendaciones emanadas de la Autoridad Europea de Seguros y Pensiones de Jubilación. Cuando la Dirección General de Seguros y Fondos de Pensiones se aparte de esas directrices o recomendaciones lo hará mediante resolución motivada.

La Dirección General de Seguros y Fondos de Pensiones podrá dictar disposiciones en desarrollo de la normativa de seguros que esté contenida en reales decretos o en órdenes del ministro de Economía y Competitividad, siempre que estas normas le habiliten de modo expreso para ello, previo informe de la Junta Consultiva de Seguros y Fondos de Pensiones. Tales disposiciones recibirán la denominación de circulares.

— **Fondo nacional de garantía**

Organismo creado por cada Estado miembro que tiene como misión reparar, al menos hasta los límites de la obligación del aseguramiento, los daños materiales o corporales causados por un vehículo no identificado o por el cual no haya sido satisfecha la obligación de aseguramiento.

En España esta función la tiene el Consorcio de Compensación de Seguros.

— **Junta Consultiva de Seguros y Fondos de Pensiones**

La Junta Consultiva de Seguros y Fondos de Pensiones es el órgano colegiado administrativo asesor del Ministerio de Economía y Competitividad en los asuntos concernientes a la regulación y supervisión de los seguros privados, del reaseguro, de los planes y fondos de pensiones y de la mediación en seguros y reaseguros.

Corresponde a la Junta Consultiva de Seguros y Fondos de Pensiones:

- Informar los proyectos de disposiciones de carácter general sobre materias directamente relacionadas con los seguros privados, reaseguro, planes y fondos de pensiones y la mediación en seguros y reaseguros con el objeto de hacer efectivo el principio de audiencia de los sectores afectados en el procedimiento de elaboración de tales disposiciones. El informe que emita no será vinculante.

- Realizar los estudios e informes que le sean solicitados por su presidente.

- Formular recomendaciones generales o de carácter particular en las materias señaladas en la letra a) y en relación con los seguros obligatorios.

4. Sistema bursátil y otros mercados

4.1. Mercado de capitales: la bolsa de valores

La Bolsa de valores es el mercado de capitales por excelencia, el lugar donde se realizan operaciones de compra y venta de valores mobiliarios.

— La Bolsa es un mercado o punto de encuentro entre vendedores y compradores de acciones y de otros activos financieros. Cumple una función esencial en la economía de un país, al canalizar fondos desde los inversores que buscan rentabilizar sus ahorros, hacia las empresas que necesitan financiación para llevar a cabo sus proyectos.

— Otra función de todo mercado secundario, como puede ser el de la Bolsa, es el de proporcionar liquidez a los títulos ya emitidos, lo que supone incrementar el nivel de aceptación de estos por parte de los ahorradores. Los inversores se resistirían a comprar valores mobiliarios dentro del mercado de emisión si no existiesen mercados secundarios, porque no podrían deshacerse de ellos cuando necesitaran dinero en efectivo. Por este motivo su labor más importante consiste en establecer un mercado organizado, amplio y de gran operatividad, que facilite a compradores y vendedores llevar a cabo las operaciones de compraventa de valores.

— El principio sobre el cual se encuentra basado su comportamiento es el de **indiferencia**: **real** (los bienes intercambiados son homogéneos), **personal** (se supone que la identidad de la persona que ofrece o demanda el activo financiero es irrelevante a la hora de fijar el precio de compra o venta), **espacial** (las operaciones tienen los mismos gastos independientemente del espacio físico donde se realicen) y **temporal** (el activo que se negocia puede alcanzar diferentes precios dependiendo del plazo de entrega, pero en el caso de plazos iguales los precios han de ser idénticos).

 En España existen cuatro Bolsas de valores: Madrid, Barcelona, Bilbao y Valencia.

Los intermediarios bursátiles son las instituciones que se encargan de poner en contacto a los oferentes y demandantes de valores en el mercado. Los **intermediarios bursátiles o empresas de servicios de inversión especializados** en España son:

a) **Sociedades de valores**

   Las sociedades de valores son aquellas empresas de servicios de inversión que pueden operar profesionalmente, tanto por cuenta ajena como por cuenta propia, y realizar todos los servicios de inversión y servicios auxiliares previstos en los artículos 140 y 141, respectivamente.

b) **Agencias de valores**

Las agencias de valores son aquellas empresas de servicios de inversión que profesionalmente solo pueden operar por cuenta ajena, con representación o sin ella. Podrán realizar los servicios de inversión y los servicios auxiliares previstos en los artículos 140 y 141, respectivamente, con excepción de los previstos en el artículo 140.1.c) y f), y en el artículo 141.b).

c) **Sociedades gestoras de carteras**

Las sociedades gestoras de carteras son aquellas empresas de servicios y actividades de inversión que exclusivamente pueden prestar los servicios y actividades de inversión previstos en el artículo 140.1.d) y g). También podrán realizar los servicios auxiliares previstos en el artículo 141.c) y e). Estas empresas no estarán autorizadas a tener fondos o valores de clientes por lo que, en ningún caso, podrán colocarse en posición deudora con respecto a sus clientes.

d) **Empresas de asesoramiento financiero**

Las empresas de asesoramiento financiero son aquellas personas físicas o jurídicas que exclusivamente pueden prestar los servicios y actividades de inversión previstos en el artículo 140.1.g) y los servicios auxiliares previstos en el artículo 141.c) y e).

e) **Empresas de servicios de inversión no reconocidas (chiringuitos financieros)**

No deben confundirse estas empresas con las sociedades de valores, agencias de valores y otros intermediarios especializados; son empresas que prestan servicios de inversión de forma ilegal, pues se trata de entidades no autorizadas ni registradas en la Comisión Nacional del Mercado de Valores y, consecuentemente, no proporcionan a los inversores ninguna garantía.

El artículo 140 regula:

1. Se consideran servicios y actividades de inversión los siguientes:

   a) La recepción y transmisión de órdenes de clientes en relación con uno o más instrumentos financieros. Se entenderá comprendida en este servicio la puesta en contacto de dos o más inversores para que ejecuten operaciones entre sí sobre uno o más instrumentos financieros.

   .../...

.../...

b) La ejecución de órdenes por cuenta de clientes.

c) La negociación por cuenta propia.

d) La gestión de carteras.

e) La colocación de instrumentos financieros sin base en un compromiso firme.

f) El aseguramiento de instrumentos financieros o colocación de instrumentos financieros sobre la base de un compromiso firme.

g) El asesoramiento en materia de inversión.

    No se considerará que constituya asesoramiento, a los efectos de lo dispuesto en este apartado, las recomendaciones de carácter genérico y no personalizadas que se puedan realizar en el ámbito de la comercialización de valores e instrumentos financieros. Dichas recomendaciones tendrán el valor de comunicaciones de carácter comercial. Asimismo, tampoco se considerará recomendación personalizada las recomendaciones que se divulguen exclusivamente al público.

h) La gestión de sistemas multilaterales de negociación.

i) La gestión de sistemas organizados de contratación.

2. Los actos llevados a cabo por una empresa de servicios y actividades de inversión que sean preparatorios para la prestación de un servicio de inversión deben considerarse parte integrante del servicio.

El artículo 141 regula los servicios auxiliares de inversión:

a) La custodia y administración por cuenta de clientes de los instrumentos financieros, incluidos la custodia y servicios conexos como la gestión de tesorería y de garantías y excluido el mantenimiento de cuentas de valores en el nivel más alto.

.../...

.../...

b) La concesión de créditos o préstamos a inversores, para que puedan realizar una operación sobre uno o más de los instrumentos previstos en el artículo 2, siempre que en dicha operación intervenga la empresa que concede el crédito o préstamo.

c) El asesoramiento a empresas sobre estructura del capital, estrategia industrial y cuestiones afines, así como el asesoramiento y demás servicios en relación con fusiones y adquisiciones de empresas.

d) Los servicios relacionados con el aseguramiento.

e) La elaboración de informes de inversiones y análisis financieros u otras formas de recomendación general relativa a las operaciones sobre instrumentos financieros, de conformidad con lo dispuesto en el artículo 36 del Reglamento Delegado (UE) 2017/565 de la Comisión, de 25 de abril de 2016.

4.2. Activos negociados

Los títulos que se negocian en el mercado bursátil son, principalmente, acciones, aunque también encontramos:

— *Warrants*: valores negociables emitidos por una entidad a un plazo determinado, que otorgan un derecho mediante el pago de un precio a comprar o vender una cantidad específica de un activo a un precio prefijado a lo largo de toda la vida del mismo.

— **Certificados**: facultan al tenedor a recibir en la fecha de liquidación, un importe determinado sobre el nominal.

— **ETF o fondos cotizados**: reproducen un índice que podrá ser renta fija, renta variable, materias primas o divisas.

4.3. Las operaciones bursátiles especiales

4.3.1. Opa

La **OPA**, oferta pública de adquisición, es una maniobra bursátil que puede realizar una o varias personas o una sociedad para tomar el control de otra, generalmente más pequeña. La operación realizada consiste en que la empresa "opante" anuncia que está dispuesta a comprar acciones a un precio determinado y con pago normalmente en efectivo, aunque, también, se puede hacer mediante entrega de acciones o mixta. Por lo tanto, normalmente se considera que una opa es una operación rentable también para los accionistas de la sociedad que ha sido absorbida.

En ocasiones, se pone un límite a la oferta y la finalidad es, generalmente, lograr su control político.

La sociedad "opante" está dispuesta a pagar un precio mayor por una razón básica: si las acciones que está interesado en adquirir fueran compradas poco a poco (mediante la dinámica normal del mercado) se acabaría pagando precios diferentes por las mismas (el precio de las acciones varía en cada una de las jornadas de cotización).

A) Opas obligatorias

Existen determinados casos en los que la legislación (Real Decreto 1066/2007 de 27 de julio, sobre el régimen de las ofertas públicas de adquisición de valores) obliga a realizar una opa:

— Si uno de los accionistas logra alcanzar el control de la sociedad que se define como la adquisición del 30% de los derechos de voto o el nombramiento de más de la mitad de los miembros del órgano de administración de la sociedad afectada.

— Cuando exista concierto. Se dará cuando dos o más personas colaboren en virtud de un acuerdo, ya sea expreso o tácito, verbal o escrito, con el fin de obtener el control de la compañía afectada..

— Si, mediante una reducción de capital en una sociedad cotizada, algún accionista llegara a alcanzar cualquiera de los porcentajes de derecho de voto señalados en el punto anterior.

— Si, como consecuencia del canje, suscripción, conversión o adquisición de las acciones de una sociedad cotizada derivado de la adquisición de los valores que lleven aparejado derechos de voto, algún accionista llegara a alcanzar cualquiera de los porcentajes de derecho de voto señalados en el punto anterior.

B) Opas voluntarias

Aun cuando no resulten obligatorias según lo previsto en este real decreto, podrán formularse con carácter voluntario ofertas públicas de adquisición de acciones de una sociedad cotizada, o de otros valores que, directa o indirectamente, puedan dar derecho a su suscripción o adquisición.

Las ofertas voluntarias podrán sujetarse a las siguientes condiciones, siempre que su cumplimiento o incumplimiento pueda ser verificado al finalizar el plazo de aceptación:

a) Aprobación de modificaciones estatutarias o estructurales o adopción de otros acuerdos por la junta general de accionistas de la sociedad afectada.

b) Aceptación de la oferta por un determinado numero mínimo de valores de la sociedad afectada.

c) Aprobación por la junta general de la sociedad oferente de la oferta.

d) Cualquier otra que sea considerada conforme a derecho por la Comisión Nacional del Mercado de Valores.

Podrá formular una oferta voluntaria por un número de valores inferior al total quien no vaya a alcanzar, a resultas de ella, una participación de control o quien, ostentando ya una participación de control, pueda libremente incrementar su participación en la sociedad afectada sin sujetarse a la obligación de formular una oferta obligatoria.

Las ofertas voluntarias no habrán de formularse al precio equitativo.

C) Opas hostiles

Cuando una sociedad lanza una opa sin el consentimiento de sus accionistas.

D) Opas amistosas

Al contrario que las hostiles, se lanzan con un previo acuerdo entre sociedad y sus accionistas.

E)   Opas por toma de control

Permite que todos los accionistas de una sociedad opada puedan vender sus acciones a un precio equitativo, cuando la sociedad oferente tenga el control sobre dicha sociedad opada.

F)   Opa competidora

Se considerarán ofertas competidoras las ofertas públicas de adquisición que afecten a valores sobre los que, en todo o en parte, haya sido previamente presentada a la Comisión Nacional del Mercado de Valores. Esta opa se podrá presentar en cualquier momento desde la presentación de la opa inicial y hasta el quinto día natural anterior a la finalización de su plazo de aceptación.

El plazo de aceptación de las ofertas competidoras será de treinta días naturales a partir del día siguiente al de publicación del primer anuncio de la opa inicial. La presentación de una oferta competidora interrumpirá el cómputo del plazo de aceptación de la oferta, u ofertas precedentes, quedando automáticamente modificado en la medida necesaria de forma que los plazos de aceptación de todas las ofertas finalicen el mismo día.

G)   Opa de exclusión

Se da cuando una sociedad quiere dejar de cotizar en bolsa y ofrece a sus accionistas vender dichas acciones.

La oferta deberá dirigirse:

a)   A todos los titulares de las acciones de la sociedad cotizada, incluidos los de acciones sin voto que, en el momento de solicitarse la autorización de la oferta, tengan derecho de voto de acuerdo con lo establecido en la legislación vigente.

b)   Cuando existan, a todos los titulares de derechos de suscripción de acciones, así como a los titulares de obligaciones convertibles y canjeables en ellas.

4.3.2. OPV y OPS

La **oferta pública de venta**, OPV, es una operación donde los socios mayoritarios ponen a disposición de nuevos inversores una parte de sus acciones. La venta se debe difundir para que pueda optar a ella el mayor número de interesados posible.

Es una vía utilizada por empresas que ya cotizan en Bolsa, en privatizaciones de sociedades públicas y por otras que buscan financiación.

Se produce si los accionistas de una empresa desean vender las acciones que tienen en su poder y, además, hacen pública su intención de venta poniendo el paquete accionarial a disposición de los inversores que estén interesados en comprar.

A menudo se suelen confundir la oferta pública de venta, OPV, con la oferta pública de suscripción, OPS, cuando no son exactamente lo mismo. En una OPV la venta se va a producir sobre acciones que ya existen mientras que en la OPS las acciones que se venden son las emitidas en una ampliación de capital.

En este sentido, para realizar una oferta pública de suscripción de valores es preciso que se realice una ampliación de capital por parte de la empresa. En esta ampliación algunos socios, o la totalidad de los mismos, van a renunciar a su derecho de suscripción preferente para dar entrada a nuevos accionistas.

Frente a la OPV, por lo general la OPS supone una mayor reputación para la empresa, al no suponer la salida de los socios actuales de la sociedad sino la entrada de nuevos accionistas para financiera nuevos proyectos.

4.3.3. Ampliaciones de capital

La **ampliación de capital** es una operación financiera que está destinada a aumentar los recursos propios de la empresa con el objetivo de financiar su crecimiento y, también, nuevos proyectos. Conllevan una modificación de la estructura de capital de la empresa y de su valoración en el mercado.

Un efecto de la empresa de carácter inmediato es el descenso de la cotización, lo que conlleva una pérdida para el inversor que se compensa con el derecho preferente para el accionista, de manera que su patrimonio puede compensarse por el derecho de suscripción.

La ampliación de capital se puede realizar mediante la emisión de nuevas acciones o por elevación del valor de las que ya existen. En ambos casos el aumento se podrá hacer:

— Con cargo a aportaciones dinerarias.

— Con cargo a aportaciones no dinerarias.

— Aumento por compensación de créditos.

— Aumento por conversión de obligaciones.

— Aumento con cargo a reservas.

Si se requieren nuevas aportaciones, el suscriptor desembolsará el valor nominal de cada título, o deberá satisfacer también otra cantidad, que es la prima de emisión, que se incorporará a las reservas de la empresa.

Por el contrario, si la ampliación se hace con cargo a reservas, el inversor no tiene que aportar dinero. Contablemente, se materializa en un traspaso de las reservas a capital social.

En una ampliación de capital los antiguos accionistas tienen preferencia para la compra de nuevas acciones frente a demandantes que no eran accionistas en el momento de la ampliación. Los antiguos accionistas y los propietarios de obligaciones convertibles podrán suscribir un número de acciones proporcional al valor nominal de las que ya posean. Mediante los derechos de suscripción se mantendrá constante la participación relativa del accionista antes o después de la ampliación.

El antiguo accionista se encuentra en poder de estos derechos y puede ejercitarlos mediante la compra de nuevas acciones, vender esos derechos o incluso comprar derechos para adquirir más acciones de las que le corresponden.

4.3.4. Split y reducción de capital

Split (o desdoblamiento de acciones) es una operación financiera por la que se aumenta el número de acciones mediante la división del valor nominal de las antiguas entre una cantidad equivalente. Los accionistas mantienen una misma cuota de participación en la empresa, pero aumenta el número de acciones. Esta operación pretende dar más liquidez a la cotización de la acción cuando el valor está muy capitalizado.

Esta operación no origina ganancia ni perdida de patrimonio en el accionista siempre y cuando este conserve el mismo porcentaje de participación en el capital social, ya que en estos casos no existirá ninguna variación en el valor del patrimonio del contribuyente, aunque exista alteración en su composición. A efectos de futuras enajenaciones las acciones recibidas en el canje conservan la antigüedad de las acciones entregadas, es decir, la fecha de adquisición de las entregadas.

Existe también el llamado **contra split** (o agrupación de acciones), que conlleva un número menor de acciones con mayor valor nominal. Es la operación inversa y consiste en multiplicar el valor nominal de la acción, dividiendo a la misma vez el número de títulos emitidos en la misma proporción. Tampoco tiene efectos económicos directos para el accionista.

Su utilización no es habitual y suele reservarse solo para aquellas empresas cuya cotización en bolsa ha caído mucho y que incluso cotizan por debajo del euro. No suele ser una medida que suponga un éxito para la empresa que lo realiza pues es muy corriente que pasado un tiempo el valor del título vuelva a su origen sin conseguir su propósito.

La reducción de capital se lleva a cabo amortizando acciones o rebajando su valor nominal. Esta operación se suele realizar para compensar pérdidas.

Hay diferentes formas de reducción de capital:

— **Con disminución del valor nominal**: la reducción se hará con la devolución del valor de las acciones a los socios.

— **Reducción vía amortización de acciones**: se produce cuando la empresa compra acciones propias en bolsa con el objetivo de amortizarlas. El límite legal máximo permitido es de un 3% de autocartera. En el caso de que decida amortizarlas beneficiaría al accionista porque le concedería un mayor porcentaje de participación sobre el beneficio de la misma, a la vez que un dividendo mayor. Salvo en los supuestos de libre adquisición de las propias acciones, en las sociedades cotizadas el valor nominal de las acciones propias adquiridas directa o indirectamente por la sociedad, sumándose al de las que ya posean la sociedad adquirente y sus filiales y, en su caso, la sociedad dominante y sus filiales, no podrá ser superior al diez por ciento del capital suscrito.

— **Reducción operación acordeón**: la conocida como operación acordeón de reducción y aumento de capital simultáneos es una de las alternativas para poder compensar las pérdidas acumuladas por la sociedad. Si la sociedad precisa de nuevas aportaciones para poder sufragar las pérdidas, una forma de que los nuevos inversores no se vean perjudicados por las pérdidas acumuladas e incentive su aportación es previamente disminuir el capital para eliminarlas.

La Ley de Sociedades de capital establece, en su artículo 343, la posibilidad de reducir el capital de la sociedad, incluso llevándolo a cero si simultáneamente se acuerde el aumento de su capital hasta que este alcance la cifra mínima exigida. De esta manera, se consigue eliminar las pérdidas con la reducción de capital y, al mismo tiempo, restaura el equilibrio patrimonial y cumplir el mínimo capital con las nuevas aportaciones.

4.3.5. Préstamo de valores y operativa de crédito

a) **Préstamo de valores**

Dentro de las actividades financieras una que está siendo cada vez más importante es el préstamo de valores por la liquidez que da al mercado y la eficiencia en la liquidación de las operaciones.

El préstamo de valores es apropiado para inversores de largo plazo, con vocación de permanencia en el accionariado de una compañía, pero no conlleva una pérdida absoluta de los derechos del cedente de los títulos.

El prestamista transfiere temporalmente unos títulos al prestatario a cambio de una comisión. El prestatario o tomador estará obligado a la devolución de los títulos al término del plazo establecido o bien cuando le sean solicitados.

b) **Operativa de crédito**

Cuando un inversor desea realizar operaciones por encima de su disponible puede acudir a las denominadas "operaciones a crédito con acciones".

La operativa a crédito consiste en solicitar un crédito para poder operar en bolsa con la garantía de tu dinero y acciones para cubrir el crédito solicitado.

Podrán otorgar estos créditos de valores y efectivo tanto las sociedades de valores como las entidades oficiales de crédito.

El sistema financiero de una nación es el conjunto de instituciones, medios y mercados cuyo funcionamiento y relaciones tienen por objetivo trasladar los flujos de ahorro generados por las unidades económicas con superávit (prestamistas) hacia las unidades económicas con déficit (prestatarios), pudiendo ser dichas unidades públicas o privadas.

La función principal de cualquier sistema financiero en una economía de mercado no es otra que captar los recursos o excedentes de los ahorradores y canalizarlos hacia los demandantes de dinero; labor fundamental para el funcionamiento económico de un país.

La Ley 50/1980, de 8 de octubre, de Contrato de Seguro establece que el contrato de seguro es aquel por el que el asegurador se obliga, mediante el cobro de una prima y para el caso de que se produzca el evento cuyo riesgo es objeto de cobertura a indemnizar, dentro de los límites pactados, el daño producido al asegurado o a satisfacer un capital, una renta u otras prestaciones convenidas.

El mercado bursátil español tiene su origen en la Ley 24/1988 de Mercado de Valores. La Bolsa es un mercado, o punto de encuentro, entre vendedores y compradores de acciones y de otros activos financieros. En España existen cuatro bolsas de valores: Madrid, Barcelona, Bilbao y Valencia.

Los intermediarios bursátiles especializados en España son: las sociedades de valores, las agencias de valores y las entidades de crédito.

La opa, oferta pública de adquisición, es una maniobra bursátil que puede realizar una o varias personas o una sociedad para tomar el control de otra, generalmente más pequeña

La oferta pública de venta es una operación donde los socios mayoritarios ponen a disposición de nuevos inversores una parte de sus acciones. La venta se debe difundir para que pueda optar a ella el mayor número de interesados posible. En la OPS las acciones que se venden son las emitidas en una ampliación de capital.

.../...

.../...

Split es una operación financiera por la que se aumenta el número de acciones mediante la división del valor nominal de las antiguas entre una cantidad equivalente. Los accionistas mantienen una misma cuota de participación en la empresa, pero aumenta el número de acciones.

El contrasplit consiste en multiplicar el valor nominal de la acción, dividiendo a la misma vez el número de títulos emitidos en la misma proporción. No tiene efectos económicos directos para el accionista.

UNIDAD DIDÁCTICA 2

Clasificación de Productos de Seguros

Introducción

1. Acceso a la actividad aseguradora

2. Elementos que conforman el contrato

3. Elementos personales y materiales

4. Novación de las circunstancias

5. Obligaciones y deberes de las partes

6. Duración del contrato y prescripción

7. Seguro de daños

8. Seguro de incendios

9. Seguro contra el robo

10. Seguro de transportes terrestres

11. Seguro de lucro cesante

12. Seguro de las personas

Resumen

Los **objetivos** de esta unidad son:

1. Definir el contrato de seguro.

2. Destacar los elementos personales y materiales del contrato de seguro.

3. Identificar los distintos ramos de seguros a partir del riesgo asegurable

4. Clasificar y definir los distintos contratos de seguro.

Introducción

En esta unidad conoceremos la configuración del contrato de seguro, identificaremos los riesgos asegurables y su clasificación en ramos de seguros. También clasificaremos las distintas modalidades del contrato de seguros e identificaremos las circunstancias particulares propias de cada modalidad.

1.   Acceso a la actividad aseguradora

El acceso a las actividades aseguradoras por entidades aseguradoras y reaseguradoras domiciliadas en España estará supeditado a la previa obtención de autorización administrativa del ministro de Economía y Competitividad.

También será precisa autorización administrativa en los siguientes supuestos:

- Para extender la actividad de una entidad aseguradora a otros ramos distintos de los autorizados.

- Para la ampliación de una autorización de una entidad aseguradora que comprenda solo una parte de los riesgos incluidos en un ramo.

- Para permitir a una entidad aseguradora ejercer su actividad en un territorio de ámbito superior al inicialmente autorizado.

- Para la ampliación del ámbito territorial de actuación o de la actividad desarrollada por una entidad reaseguradora.

La autorización determinará la inscripción en el registro administrativo correspondiente.

Requisitos necesarios para que las entidades aseguradoras y reaseguradoras domiciliadas en España obtengan y conserven la autorización administrativa:

1.   Adoptar una de las siguientes **formas jurídicas**:

   a)   Sociedad anónima.

   b)   Sociedad anónima europea.

   c)   Mutua de seguros.

   d)   Sociedad cooperativa.

   e)   Sociedad cooperativa europea.

   f)   Mutualidad de previsión social.

37

Las mutuas de seguros, las sociedades cooperativas y las mutualidades de previsión social únicamente podrán operar a prima fija.

Las entidades reaseguradoras deberán adoptar la forma jurídica de sociedad anónima o sociedad anónima europea.

2. Limitar su objeto social a la actividad aseguradora y reaseguradora.

3. Presentar y atenerse a un programa de actividades.

4. Disponer del capital social o fondo mutual mínimo y de los fondos propios básicos admisibles para cubrir el mínimo absoluto del capital mínimo obligatorio. Las sociedades anónimas y cooperativas de seguros deberán tener determinados capitales sociales mínimos cuando pretendan operar en los diferentes ramos.

   a) 9.015.000 euros en los ramos de vida, caución, crédito, cualquiera de los que cubran el riesgo de responsabilidad civil y en la actividad exclusivamente reaseguradora.

   b) 2.103.000 euros en los ramos de accidentes, enfermedad, defensa jurídica, asistencia y decesos.

   c) En el caso de entidades aseguradoras que únicamente practiquen el seguro de enfermedad otorgando prestaciones de asistencia sanitaria y limiten su actividad a un ámbito territorial con menos de dos millones de habitantes, será suficiente la mitad del capital o fondo mutual previsto en el párrafo anterior.

   d) 3.005.000 euros, en los restantes.

   El capital social mínimo de las sociedades anónimas estará totalmente suscrito y desembolsado, al menos, en un cincuenta por ciento. Los desembolsos de capital por encima del mínimo se ajustarán a la legislación mercantil general.

5. Mantener fondos propios básicos admisibles para cubrir en todo momento el capital mínimo obligatorio, así como fondos propios admisibles para cubrir el capital de solvencia obligatorio.

6. Indicar las aportaciones y participaciones en el capital social o fondo mutual de todos los socios. Deberá hacerse constar expresamente qué socios tienen el control y qué socios tienen la condición de entidad aseguradora, entidad de crédito o empresa de servicios de inversión, así como, en su caso, las participaciones, independientemente de su cuantía, de las que sea titular cualquier socio en una entidad aseguradora, una entidad de crédito o una empresa de servicios de inversión.

7. Informar sobre la existencia de vínculos estrechos con otras personas o entidades.

8. Que quienes, bajo cualquier título, ejerzan la dirección efectiva de la entidad o desempeñen las funciones que integran su sistema de gobierno, sean personas que cumplan las exigencias de honorabilidad y las condiciones necesarias de cualificación y experiencia profesionales a las que se refiere el artículo 38 Ley 20/2015.

9. Disponer de un sistema eficaz de gobierno que reúna los requisitos previstos en el artículo 65 Ley 20/2015.

2. Elementos que conforman el contrato

2.1. Interés asegurable

Por **interés asegurable** se entiende la relación lícita de valor económico sobre un bien. Cuando esta relación se encuentra amenazada por un riesgo, es un interés asegurable. El interés asegurable es un requisito fundamental que debe concurrir en quien desee la cobertura de algún riesgo, pero además se exige como premisa que no desee que el siniestro se produzca, ya que a consecuencia de él se originaría un perjuicio para su patrimonio.

Para comprender más fácilmente este principio podemos tener en cuenta lo que se está asegurando, esto quiere decir que el objeto del contrato es que no se produzca daño alguno en el interés que tiene el asegurado.

Aparte de ser un requisito por los aseguradores, el interés asegurable es una necesidad para cumplimentar la naturaleza de la institución aseguradora. Si estos supuestos se tuvieran en cuenta, cabría la posibilidad de la existencia de contratos sin intereses asegurables y, en consecuencia, daría lugar a una mayor siniestralidad, un aumento de las primas y, finalmente, que el asegurado pagase más de lo que debiera por su riesgo.

2.2. Riesgo

El seguro constituye un medio eficaz para la protección de los individuos frente a las consecuencias de los riesgos. La transferencia consiste, básicamente, en pasar los riesgos a la aseguradora encargada de indemnizar aquellos daños a causa un acontecimiento/evento que aparece en el contrato de seguro.

El riesgo asegurable es un evento posible, incierto y futuro, capaz de ocasionar un daño que tenga como consecuencia una necesidad patrimonial.

Riesgo asegurable

- Tiene que ser posible, porque si fuera imposible, no existiría la inseguridad.

- Debe ser incierto (o aleatorio), porque de otro modo nadie asumiría la obligación de repararlo...

- Sin riesgo no puede haber seguro, porque al faltar la posibilidad de que se produzca el evento dañoso, ni podrá existir daño ni cabrá pensar en indemnización alguna.

- Se susceptible de causar un perjuicio valorable en dinero (lesión económica).

- Ha de ser lícito.

- Existencia de una masa de asegurados que experimentan la necesidad de la cobertura del seguro.

En el contrato de seguro, el asegurador debe asumir el riesgo de una manera individualizada, ya que no todos los riesgos son asegurables, y, de esta manera, pueden limitarse dentro de la relación contractual.

La Ley 20/2015 distingue los siguientes riesgos:

- **Riesgo de suscripción**

    El riesgo de pérdida o de modificación adversa del valor de los compromisos derivados de la actividad aseguradora, debido a la inadecuación de las hipótesis de tarificación y constitución de provisiones.

- **Riesgo de mercado**

    El riesgo de pérdida o de modificación adversa de la situación financiera resultante, directa o indirectamente, de fluctuaciones en el nivel y en la volatilidad de los precios de mercado de los activos, pasivos e instrumentos financieros.

- **Riesgo de crédito**

    El riesgo de pérdida o de modificación adversa de la situación financiera resultante de fluctuaciones en la solvencia de los emisores de valores, las contrapartes y cualesquiera deudores al que están expuestas las entidades aseguradoras y reaseguradoras, en forma de riesgo de incumplimiento de la contraparte, riesgo de diferencial o concentración de riesgo de mercado.

- **Riesgo operacional**

    El riesgo de pérdida derivado de la inadecuación o la disfunción de procesos internos, del personal o de los sistemas, o de sucesos externos.

- **Riesgo de liquidez**

  El riesgo de que las entidades aseguradoras y reaseguradoras no puedan realizar las inversiones y demás activos a fin de hacer frente a sus obligaciones financieras al vencimiento.

- **Riesgo de concentración**

  Toda exposición a riesgos que lleve aparejada una pérdida potencial suficientemente importante como para poner en peligro la solvencia o la situación financiera de las entidades aseguradoras y reaseguradoras.

- **Técnicas de reducción del riesgo**

  Todas las que permiten a las entidades aseguradoras y reaseguradoras transferir una parte o la totalidad de sus riesgos a terceros.

- **Efectos de diversificación**

  La reducción de la exposición al riesgo de las entidades aseguradoras y reaseguradoras, y de sus grupos, relacionada con la diversificación de sus actividades, y resultante de la posibilidad de compensar el resultado negativo de un riesgo con el resultado más favorable de otro riesgo, cuando no exista una total correlación entre dichos riesgos.

- **Previsión de distribución de probabilidad**

  Una función matemática que asigna a un conjunto exhaustivo de sucesos futuros mutuamente excluyentes una probabilidad de realización.

- **Medida del riesgo**

  Una función matemática que asigna un valor monetario a una determinada previsión de distribución de probabilidad y que crece monótonamente con el nivel de exposición al riesgo subyacente a esa previsión de distribución de probabilidad.

2.3. Ramos de seguros

2.3.1. Ramos de seguro distintos del seguro de vida y riesgos accesorios

En el seguro directo distinto del seguro de vida la clasificación de los riesgos por ramos se ajustará a lo siguiente:

- Accidentes: las prestaciones en este ramo pueden ser: a tanto alzado, de indemnización, mixta de ambos y de cobertura de ocupantes de vehículos.

- Enfermedad: comprendida la asistencia sanitaria y la dependencia. Las prestaciones en este ramo pueden ser a tanto alzado, de reparación, bien mediante el reembolso de los gastos ocasionados, bien mediante la garantía de la prestación del servicio, o mixta de ambos.

- Vehículos terrestres: no ferroviarios. Incluye todo daño sufrido por vehículos terrestres, sean o no automóviles, salvo los ferroviarios.

- Vehículos ferroviarios

- Vehículos aéreos

- Vehículos marítimos, lacustres y fluviales

- Mercancías transportadas: comprendidos los equipajes y demás bienes transportados.

- Incendio y elementos naturales: incluye todo daño sufrido por los bienes (distinto de los comprendidos en los ramos 3, 4, 5, 6 y 7) causado por incendio, explosión, tormenta, elementos naturales distintos de la tempestad, energía nuclear y hundimiento de terreno.

- Otros daños a los bienes: incluye todo daño sufrido por los bienes (distinto de los comprendidos en los ramos 3, 4, 5, 6 y 7) causado por el granizo o la helada, así como por robo u otros sucesos distintos de los incluidos en el ramo 8.

- Responsabilidad civil en vehículos terrestres automóviles: comprendida la responsabilidad del transportista.

- Responsabilidad civil en vehículos aéreos: comprendida la responsabilidad del transportista.

- Responsabilidad civil en vehículos marítimos, lacustres y fluviales: comprendida la responsabilidad del transportista.

- Responsabilidad civil en general: comprende toda responsabilidad distinta de las mencionadas en los ramos 10, 11 y 12.

- Crédito: comprende insolvencia general, venta a plazos, crédito a la exportación, crédito hipotecario y crédito agrícola.

- Caución: directa e indirecta.

- Pérdidas pecuniarias diversas: incluye riesgos del empleo, insuficiencia de ingresos (en general), mal tiempo, pérdida de beneficios, subsidio por privación temporal del permiso de conducir, persistencia de gastos generales, gastos comerciales imprevistos, pérdida del valor venal, pérdidas de alquileres o rentas, pérdidas comerciales indirectas distintas de las anteriormente mencionadas, pérdidas pecuniarias no comerciales y otras pérdidas pecuniarias.

- Defensa jurídica

- Asistencia: asistencia a las personas que se encuentren en dificultades durante desplazamientos o ausencias de su domicilio o de su lugar de residencia permanente. Comprenderá también la asistencia a las personas que se encuentren en dificultades en circunstancias distintas, determinadas reglamentariamente, siempre que no sean objeto de cobertura en otros ramos de seguro.

- Decesos: incluye operaciones de seguro que garanticen la prestación de servicios funerarios para el caso de que se produzca el fallecimiento, o bien subsidiariamente, cuando no se pueda realizar la prestación, por causa de fuerza mayor o por haberse realizado el servicio a través de otros medios, distintos de los dispuestos por la aseguradora, a satisfacer a los herederos legales del asegurado fallecido la suma asegurada, que no debe exceder del valor medio de los gastos funerarios por un fallecimiento.

Cuando la autorización se conceda simultáneamente para varios ramos, se otorgará con las siguientes denominaciones:

- Accidentes y enfermedad: cuando se autoricen los ramos 1 y 2.

- Seguro de automóvil: cuando la autorización comprenda la cobertura de ocupantes de vehículos del ramo 1 y los ramos 3, 7 y 10.

- Seguro marítimo y de transporte: cuando la autorización comprenda la cobertura de ocupantes de vehículos del ramo 1 y los ramos 4, 6, 7 y 12.

- Seguro de aviación: cuando la autorización comprenda la cobertura de ocupantes de vehículos del ramo 1 y los ramos 5, 7 y 11.

- Incendio y otros daños a los bienes: Cuando se autoricen los ramos 8 y 9.

- Responsabilidad civil: cuando se autoricen los ramos 10, 11, 12 y 13.

- Crédito y caución: cuando se autoricen los ramos 14 y 15.

- Seguros generales: cuando se autoricen todos los ramos de seguro directo distinto del seguro de vida.

2.3.2. Ramos de vida y riesgos complementarios

El seguro directo sobre la vida se incluirá en un solo ramo, el ramo de vida, que comprenderá el seguro sobre la vida, tanto para caso de muerte como de supervivencia, o ambos conjuntamente, incluido en el de supervivencia el seguro de renta; el seguro sobre la vida con contraseguro; el seguro de nupcialidad, y el seguro de natalidad. Asimismo, comprende cualquiera de estos seguros cuando estén vinculados con fondos de inversión u otros activos a los que se refiere el artículo 73 de la Ley de ordenación, supervisión y solvencia de las entidades aseguradoras. Igualmente, podrá comprender el seguro de dependencia.

Las operaciones de capitalización basadas en técnica actuarial, que consistan en obtener compromisos determinados en cuanto a su duración y a su importe a cambio de desembolsos únicos o periódicos previamente fijados.

Las operaciones de gestión de fondos colectivos de jubilación, entendiendo por tales aquellas que supongan para la entidad aseguradora administrar las inversiones y, particularmente, los activos representativos de las reservas de las entidades que otorgan prestaciones en caso de muerte, en caso de vida o en caso de cese o reducción de actividades. También estarán comprendidas tales operaciones cuando lleven una garantía de seguro, sea sobre la conservación del capital, sea sobre la percepción de un interés mínimo.

Las operaciones tontinas, entendiendo por tales aquellas que lleven consigo la constitución de asociaciones que reúnan partícipes para capitalizar en común sus aportaciones y para repartir el activo así constituido entre los supervivientes o entre sus herederos.

Las entidades autorizadas para operar en el ramo de vida podrán cubrir como riesgos complementarios los comprendidos en el ramo 1 (accidentes) y en el ramo 2 (enfermedad), sin necesidad de obtener autorización para dichos ramos, siempre que concurran los siguientes requisitos:

- Que estén vinculados con el riesgo principal.

- Que se refieran al objeto cubierto contra el riesgo principal.

- Que estén garantizados en un mismo contrato con este.

- Cuando el ramo complementario sea el 2 (enfermedad), que este no comprenda prestaciones de asistencia sanitaria o prestaciones de asistencia por dependencia.

2.4. Prima

La **prima** es la suma o importe que debe pagar quien contrata el seguro (puede ser el asegurado o tomador) a efecto de que el asegurador asuma la obligación de resarcir las pérdidas y daños que ocasione el siniestro, si llegara a producirse. Esta cantidad se fija proporcionalmente, teniendo en cuenta la duración del seguro, el grado de probabilidad de que el siniestro ocurra y la indemnización pactada.

La prima es, por tanto, el precio del seguro que paga el tomador al asegurador como contraprestación del riesgo que este asume y del compromiso que es su consecuencia.

Las tarifas de primas deberán fundamentarse en bases técnicas y en información estadística. Deberán ser suficientes, según hipótesis actuariales razonables, para permitir a la entidad aseguradora satisfacer el conjunto de las obligaciones derivadas de los contratos de seguro y, en particular, constituir las provisiones técnicas adecuadas.

En el cálculo de las tarifas, dentro del ámbito de aplicación de la Directiva 2004/113/CE, del Consejo, no podrán establecerse diferencias de trato entre mujeres y hombres en las primas y prestaciones de las personas aseguradas, cuando las mismas consideren el sexo como factor de cálculo. En ningún caso, los costes relacionados con el embarazo y el parto justificarán diferencias en las primas y en las prestaciones de las personas consideradas individualmente.

Se exceptúan de lo dispuesto en el párrafo anterior los contratos de seguro vinculados a una relación laboral, en los cuales se permite la diferenciación en las primas y prestaciones cuando esté justificada por factores actuariales. Asimismo, deberán respetar los principios de equidad, indivisibilidad e invariabilidad.

Las condiciones contractuales y modelos de pólizas, las tarifas de primas y las bases técnicas no estarán sujetas a autorización administrativa ni deberán ser objeto de remisión sistemática a la Dirección General de Seguros y Fondos de Pensiones.

3. Elementos personales y materiales

3.1. Elementos personales

Los elementos que conforman el contrato de seguro serán elementos personales y formales; dentro de los personales se detallan los que vemos a continuación.

3.1.1. Asegurador

El asegurador es la persona jurídica (sociedad anónima, cooperativa, mutua o mutualidad de previsión social) que, teniendo la autorización oficial correspondiente, asume las consecuencias del riesgo que es objeto de cobertura en un contrato de seguro. Es sinónimo de "aseguradora" y de "entidad de seguros". Indemniza al asegurado o satisface la prestación.

El derecho principal del asegurador es recibir el importe de la prima a modo de precio del riesgo cubierto. Además, tiene el derecho de verificar las circunstancias en las que se produce el siniestro con el objetivo de comprobar que hay cobertura según lo que se acordó en el contrato de seguro.

Tiene dos obligaciones fundamentales:

— Abonar el importe de la indemnización, dentro del plazo estipulado en la Ley.

— Cuando se comunica la decisión de rehusar un siniestro, la aseguradora tiene que indicar los motivos por los que se ha llegado a esa situación, con el principal objetivo de facilitar al asegurado o al beneficiario la suficiente información como para que decida si acepta la negación de la compañía o, por el contrario, estima oportuno realizar una reclamación.

3.1.2. Tomador

El tomador suscribe el contrato de seguro y asume obligaciones y derechos del mismo. Su obligación esencial es la de abono de la prima pactada.

El tomador del seguro tiene los siguientes derechos:

— Solicitar la información necesaria antes de firmar el contrato, porque tiene que conocer el alcance de las coberturas que se contrataron, los asuntos relacionados si se producen siniestros y cómo solicitar los servicios ofrecidos por la aseguradora.

— Pedir modificaciones de la póliza: en las coberturas, el domicilio de cobro, los beneficiarios o la forma de fraccionamiento del pago de primas, rescindir el contrato, etc.

3.1.3. Asegurado

El asegurado es la persona titular del interés asegurado y que se expone al riesgo. Tiene derecho a saber que hay un seguro sobre su vida o sobre sus bienes, porque tiene que dar su consentimiento para realizar el seguro.

Cuando un bien es asegurado, la persona que lo asegura debe custodiarlo, protegerlo y tomar las precauciones que sea necesario para prevenir la ocurrencia de un siniestro. Cuando el bien ha sufrido un daño, debe tomar las medidas oportunas para aminorar las consecuencias y evitar que aumenten los desperfectos.

3.1.4. Beneficiario

El beneficiario es el titular del derecho a la prestación asegurada en el momento del hecho generador.

El derecho más importante que tiene el beneficiario es el de recibir la indemnización que se haya calculado según el siniestro y los daños causados por él.

Identificarse ante la entidad aseguradora para que esta verifique el derecho a recibir la prestación convenida.

El tomador del seguro, el asegurado y el beneficiario pueden ser una misma persona o pueden ser tres personas distintas.

Ejemplos con un contrato de seguro de vida:

- **Ejemplo 1**. Contratamos un seguro de vida en virtud del cual, si sobrevivimos a determinada fecha, la aseguradora nos abonará un capital o renta. En este caso, las tres figuras (asegurado, tomador y beneficiario) coinciden en una sola persona.

- **Ejemplo 2**. Contratamos una póliza de seguros de vida en virtud de la cual, si fallecemos antes de una determinada fecha, la aseguradora abona a nuestros hijos una determinada cantidad de dinero. En este caso, el contratante y el asegurado son la misma persona, y los beneficiarios en este caso son los hijos.

- **Ejemplo 3**. Contratamos una póliza de vida en virtud de la cual, si nuestro cónyuge fallece antes de una determinada fecha, nuestros hijos recibirán un determinado capital. En este caso, el tomador del seguro, el asegurado y el beneficiario son tres personas distintas.

El tomador del seguro puede contratar el seguro por cuenta propia o ajena. En caso de duda se presumirá que el tomador ha contratado por cuenta propia. El tercer asegurado puede ser una persona determinada o determinable por el procedimiento que las partes acuerden.

Si el tomador del seguro y el asegurado son personas distintas, las obligaciones y los deberes que derivan del contrato corresponden al tomador del seguro, salvo aquellos que por su naturaleza deban ser cumplidos por el asegurado. No obstante, el asegurador no podrá rechazar el cumplimiento por parte del asegurado de las obligaciones y deberes que correspondan al tomador del seguro.

Los derechos que derivan del contrato corresponderán al asegurado o, en su caso, al beneficiario, salvo los especiales derechos del tomador en los seguros de vida.

3.2. Elementos formales del contrato

El contrato de seguro y sus modificaciones o adiciones deberán ser formalizadas por escrito. El asegurador está obligado a entregar al tomador del seguro la póliza o, al menos, el documento de cobertura provisional.

Los elementos formales de un contrato de seguro son la solicitud de seguro y la póliza.

- **Proposición de seguro**: la proposición de seguro por el asegurador vinculará al proponente durante un plazo de quince días.

- **Solicitud**: la solicitud de seguro no vinculará al solicitante. Por acuerdo de las partes, los efectos del seguro podrán retrotraerse al momento en que se presentó la solicitud o se formuló la proposición. Recogerá la información básica para poder analizar de forma detallada el riesgo y aceptar o rechazar su aseguramiento.

- **Cuestionario**: el tomador del seguro tiene el deber, antes de la conclusión del contrato, de declarar al asegurador, de acuerdo con el cuestionario que este le someta, todas las circunstancias por él conocidas que puedan influir en la valoración del riesgo. Quedará exonerado de tal deber si el asegurador no le somete cuestionario o cuando, aun sometiéndoselo, se trate de circunstancias que puedan influir en la valoración del riesgo y que no estén comprendidas en él.

El asegurador podrá rescindir el contrato mediante declaración dirigida al tomador del seguro en el plazo de un mes, a contar del conocimiento de la reserva o inexactitud del tomador del seguro. Corresponderán al asegurador, salvo que concurra dolo o culpa grave por su parte, las primas relativas al período en curso en el momento que haga esta declaración.

Si el siniestro sobreviene antes de que el asegurador haga la declaración a la que se refiere el párrafo anterior, la prestación de este se reducirá proporcionalmente a la diferencia entre la prima convenida y la que se hubiese aplicado de haberse conocido la verdadera entidad del riesgo. Si medió dolo o culpa grave del tomador del seguro quedará el asegurador liberado del pago de la prestación.

- **Póliza del contrato**: la póliza del contrato deberá redactarse, a elección del tomador del seguro, en cualquiera de las lenguas españolas oficiales en el lugar donde aquella se formalice. Contendrá, como mínimo, las indicaciones siguientes:

  a) Nombre y apellidos o denominación social de las partes contratantes y su domicilio, así como la designación del asegurado y beneficiario, en su caso.

  b) El concepto en el cual se asegura.

  c) Naturaleza del riesgo cubierto, describiendo, de forma clara y comprensible, las garantías y coberturas otorgadas en el contrato, así como respecto a cada una de ellas, las exclusiones y limitaciones que les afecten destacadas tipográficamente.

  d) Designación de los objetos asegurados y de su situación.

  e) Suma asegurada o alcance de la cobertura.

  f) Importe de la prima, recargos e impuestos.

  g) Vencimiento de las primas, lugar y forma de pago.

h) Duración del contrato, con expresión del día y la hora en que comienzan y terminan sus efectos.

i) Si interviene un mediador en el contrato, el nombre y tipo de mediador.

Si el contenido de la póliza difiere de la proposición de seguro o de las cláusulas acordadas, el tomador del seguro podrá reclamar a la Entidad aseguradora en el plazo de un mes a contar desde la entrega de la póliza para que subsane la divergencia existente. Transcurrido dicho plazo sin efectuar la reclamación se estará a lo dispuesto en la póliza. La póliza del seguro puede ser nominativa a la orden o al portador.

4. Novación de las circunstancias

El tomador del seguro o el asegurado deberán, durante la vigencia del contrato, comunicar al asegurador, tan pronto como le sea posible, la alteración de los factores y las circunstancias declaradas en el cuestionario que agraven el riesgo y sean de tal naturaleza que, si hubieran sido conocidas por este en el momento de la perfección del contrato, no lo habría celebrado o lo habrían concluido en condiciones más gravosas.

En los seguros de personas el tomador o el asegurado no tienen obligación de comunicar la variación de las circunstancias relativas al estado de salud del asegurado que, en ningún caso, se considerarán agravación del riesgo.

El asegurador puede, en un plazo de dos meses a contar del día en que la agravación le ha sido declarada, proponer una modificación del contrato. En tal caso, el tomador dispone de quince días a contar desde la recepción de esta proposición para aceptarla o rechazarla. En caso de rechazo, o de silencio por parte del tomador, el asegurador puede, transcurrido dicho plazo, rescindir el contrato previa advertencia al tomador, dándole para que conteste un nuevo plazo de quince días, transcurridos los cuales y dentro de los ocho siguientes comunicará al tomador la rescisión definitiva.

El asegurador, igualmente, podrá rescindir el contrato comunicándolo por escrito al asegurado dentro de un mes, a partir del día en que tuvo conocimiento de la agravación del riesgo. En el caso de que el tomador del seguro o el asegurado no haya efectuado su declaración y sobreviniere un siniestro, el asegurador queda liberado de su prestación si el tomador o el asegurado ha actuado con mala fe. En otro caso, la prestación del asegurador se reducirá proporcionalmente a la diferencia entre la prima convenida y la que se hubiera aplicado de haberse conocido la verdadera entidad del riesgo.

El tomador del seguro o el asegurado podrán, durante el curso del contrato, poner en conocimiento del asegurador todas las circunstancias que disminuyan el riesgo y sean de tal naturaleza que si hubieran sido conocidas por este en el momento de la perfección del contrato lo habría concluido en condiciones más favorables.

En tal caso, al finalizar el período en curso cubierto por la prima, deberá reducirse el importe de la prima futura en la proporción correspondiente, teniendo derecho el tomador en caso contrario a la resolución del contrato y a la devolución de la diferencia entre la prima satisfecha y la que le hubiera correspondido pagar, desde el momento de la puesta en conocimiento de la disminución del riesgo.

5. Obligaciones y deberes de las partes

El tomador del seguro está obligado al pago de la prima en las condiciones estipuladas en la póliza. Si se han pactado primas periódicas, la primera de ellas será exigible una vez firmado el contrato. Si en la póliza no se determina ningún lugar para el pago de la prima, se entenderá que este ha de hacerse en el domicilio del tomador del seguro.

Si por culpa del tomador la primera prima no ha sido pagada, o la prima única no lo ha sido a su vencimiento, el asegurador tiene derecho a resolver el contrato o a exigir el pago de la prima debida en vía ejecutiva con base en la póliza. Salvo pacto en contrario, si la prima no ha sido pagada antes de que se produzca el siniestro, el asegurador quedará liberado de su obligación.

En caso de falta de pago de una de las primas siguientes, la cobertura del asegurador queda suspendida un mes después del día de su vencimiento. Si el asegurador no reclama el pago dentro de los seis meses siguientes al vencimiento de la prima se entenderá que el contrato queda extinguido. En cualquier caso, el asegurador, cuando el contrato esté en suspenso, solo podrá exigir el pago de la prima del período en curso.

Si el contrato no hubiere sido resuelto o extinguido la cobertura vuelve a tener efecto a las veinticuatro horas del día en que el tomador pagó su prima.

El tomador del seguro, el asegurado o el beneficiario deberán comunicar al asegurador el acaecimiento del siniestro dentro del plazo máximo de siete días de haberlo conocido, salvo que se haya fijado en la póliza un plazo más amplio. En caso de incumplimiento, el asegurador podrá reclamar los daños y perjuicios causados por la falta de declaración. Este efecto no se producirá si se prueba que el asegurador ha tenido conocimiento del siniestro por otro medio.

El tomador del seguro o el asegurado deberá, además, dar al asegurador toda clase de informaciones sobre las circunstancias y consecuencias del siniestro. En caso de violación de este deber, la pérdida del derecho a la indemnización solo se producirá en el supuesto de que hubiese concurrido dolo o culpa grave.

El asegurado o el tomador del seguro deberán emplear los medios a su alcance para aminorar las consecuencias del siniestro. El incumplimiento de este deber dará derecho al asegurador a reducir su prestación en la proporción oportuna, teniendo en cuenta la importancia de los daños derivados del mismo y el grado de culpa del asegurado.

Si este incumplimiento se produjera con la manifiesta intención de perjudicar o engañar al asegurador, este quedará liberado de toda prestación derivada del siniestro.

Los gastos que se originen por el cumplimiento de la citada obligación, siempre que no sean inoportunos o desproporcionados a los bienes salvados serán de cuenta del asegurador hasta el límite fijado en el contrato, incluso si tales gastos no han tenido resultados efectivos o positivos. En defecto de pacto se indemnizarán los gastos efectivamente originados. Tal indemnización no podrá exceder de la suma asegurada.

El asegurador que, en virtud del contrato, solo deba indemnizar una parte del daño causado por el siniestro, deberá reembolsar la parte proporcional de los gastos de salvamento, a menos que el asegurado o el tomador del seguro hayan actuado siguiendo las instrucciones del asegurador.

El asegurador está obligado a satisfacer la indemnización al término de las investigaciones y peritaciones necesarias para establecer la existencia del siniestro y, en su caso, el importe de los daños que resulten del mismo. En cualquier supuesto, el asegurador deberá efectuar, dentro de los cuarenta días a partir de la recepción de la declaración del siniestro, el pago del importe mínimo de lo que el asegurador pueda deber, según las circunstancias por él conocidas.

Cuando la naturaleza del seguro lo permita y el asegurado lo consienta, el asegurador podrá sustituir el pago de la indemnización por la reparación o la reposición del objeto siniestrado. El asegurador estará obligado al pago de la prestación, salvo en el supuesto de que el siniestro haya sido causado por mala fe del asegurado.

Si el asegurador incurriere en mora en el cumplimiento de la prestación, la indemnización de daños y perjuicios, no obstante entenderse válidas las cláusulas contractuales que sean más beneficiosas para el asegurado, se ajustará a las siguientes reglas:

Afectará, con carácter general, a la mora del asegurador respecto del tomador del seguro o asegurado y, con carácter particular, a la mora respecto del tercero perjudicado en el seguro de responsabilidad civil y del beneficiario en el seguro de vida.

Será aplicable a la mora en la satisfacción de la indemnización, mediante pago o por la reparación o reposición del objeto siniestrado, y también a la mora en el pago del importe mínimo de lo que el asegurador pueda deber.

Se entenderá que el asegurador incurre en mora cuando no hubiere cumplido su prestación en el plazo de tres meses desde la producción del siniestro o no hubiere procedido al pago del importe mínimo de lo que pueda deber dentro de los cuarenta días a partir de la recepción de la declaración del siniestro.

La indemnización por mora se impondrá de oficio por el órgano judicial y consistirá en el pago de un interés anual igual al del interés legal del dinero vigente en el momento en que se devengue, incrementado en el 50 por 100; estos intereses se considerarán producidos por días, sin necesidad de reclamación judicial. No obstante, transcurridos dos años desde la producción del siniestro, el interés anual no podrá ser inferior al 20 por 100.

En la reparación o reposición del objeto siniestrado la base inicial de cálculo de los intereses será el importe líquido de tal reparación o reposición, sin que la falta de liquidez impida que comiencen a devengarse intereses en la fecha a que se refiere el apartado 6.º subsiguiente. En los demás casos será base inicial de cálculo la indemnización debida, o bien el importe mínimo de lo que el asegurador pueda deber.

Será término inicial del cómputo de dichos intereses la fecha del siniestro. No obstante, si por el tomador del seguro, el asegurado o el beneficiario no se ha cumplido el deber de comunicar el siniestro dentro del plazo fijado en la póliza o, subsidiariamente, en el de siete días de haberlo conocido, el término inicial del cómputo será el día de la comunicación del siniestro.

Respecto del tercero perjudicado o sus herederos no computará la fecha del siniestro como término inicial para el cálculo de los intereses cuando el asegurador pruebe que no tuvo conocimiento del siniestro con anterioridad a la reclamación o al ejercicio de la acción directa por el perjudicado o sus herederos, en cuyo caso será término inicial la fecha de dicha reclamación o la del citado ejercicio de la acción directa.

Será término final del cómputo de intereses en los casos de falta de pago del importe mínimo de lo que el asegurador pueda deber, el día en que con arreglo al número precedente comiencen a devengarse intereses por el importe total de la indemnización, salvo que con anterioridad sea pagado por el asegurador dicho importe mínimo, en cuyo caso será término final la fecha de este pago. Será término final del plazo de la obligación de abono de intereses de demora por la aseguradora en los restantes supuestos el día en que efectivamente satisfaga la indemnización, mediante pago, reparación o reposición, al asegurado, beneficiario o perjudicado.

No habrá lugar a la indemnización por mora del asegurador cuando la falta de satisfacción de la indemnización o de pago del importe mínimo esté fundada en una causa justificada o que no le fuere imputable.

Cuando el Consorcio de Compensación de Seguros deba satisfacer la indemnización como fondo de garantía, se entenderá que incurre en mora únicamente en el caso de que haya transcurrido el plazo de tres meses desde la fecha en que se le reclame la satisfacción de la indemnización sin que por el Consorcio se haya procedido al pago de la misma con arreglo a su normativa específica, no siéndole de aplicación la obligación de indemnizar por mora en la falta de pago del importe mínimo.

Las comunicaciones efectuadas por un corredor de seguros al asegurador en nombre del tomador del seguro surtirán los mismos efectos que si la realizara el propio tomador, salvo indicación en contrario de este. En todo caso, se precisará el consentimiento expreso del tomador del seguro para suscribir un nuevo contrato o para modificar o rescindir el contrato de seguro en vigor.

6. Duración del contrato y prescripción

La duración del contrato será determinada en la póliza, la cual no podrá fijar un plazo superior a diez años. Sin embargo, podrá establecerse que se prorrogue una o más veces por un período no superior a un año cada vez.

Las partes pueden oponerse a la prórroga del contrato mediante una notificación escrita a la otra parte, efectuada con un plazo de, al menos, un mes de anticipación a la conclusión del período del seguro en curso cuando quien se oponga a la prórroga sea el tomador, y de dos meses cuando sea el asegurador.

El asegurador deberá comunicar al tomador, al menos con dos meses de antelación a la conclusión del período en curso, cualquier modificación del contrato de seguro.

Las condiciones y plazos de la oposición a la prórroga de cada parte, o su inoponibilidad, deberán destacarse en la póliza.

Las acciones que se deriven del contrato de seguro prescribirán en el término de dos años si se trata de seguro de daños y de cinco si el seguro es de personas.

7. Seguro de daños

El contrato de seguro contra daños es nulo si en el momento de su conclusión no existe un interés del asegurado a la indemnización del daño.

7.1. Valor asegurado

El seguro no puede ser objeto de enriquecimiento injusto para el asegurado. Para la determinación del daño se atenderá al valor del interés asegurado en el momento inmediatamente anterior a la realización del siniestro.

La suma asegurada representa el límite máximo de la indemnización a pagar por el asegurador en cada siniestro.

No obstante, las partes, de común acuerdo, podrán fijar en la póliza o con posterioridad a la celebración del contrato el valor del interés asegurado que habrá de tenerse en cuenta para el cálculo de la indemnización.

Se entenderá que la póliza es estimada cuando el asegurador y el asegurado hayan aceptado expresamente en ella el valor asignado al interés asegurado.

El asegurador únicamente podrá impugnar el valor estimado cuando su aceptación haya sido prestada por violencia, intimidación o dolo, o cuando por error la estimación sea notablemente superior al valor real, correspondiente al momento del acaecimiento del siniestro, fijado pericialmente.

Si por pacto expreso las partes convienen que la suma asegurada cubra plenamente el valor del interés durante la vigencia del contrato, la póliza deberá contener necesariamente los criterios y el procedimiento para adecuar la suma asegurada y las primas a las oscilaciones del valor de interés.

Si en el momento de la producción del siniestro la suma asegurada es inferior al valor del interés, el asegurador indemnizará el daño causado en la misma proporción en la que aquella cubre el interés asegurado.

Las partes, de común acuerdo, podrán excluir en la póliza o con posterioridad a la celebración del contrato, la aplicación de la regla proporcional prevista en el párrafo anterior.

7.2. Sobreseguro

Si la suma asegurada supera notablemente el valor del interés asegurado, cualquiera de las partes del contrato podrá exigir la reducción de la suma y de la prima, debiendo restituir el asegurador el exceso de las primas percibidas. Si se produjere el siniestro, el asegurador indemnizará el daño efectivamente causado.

Cuando el sobreseguro previsto en el párrafo anterior se debiera a mala fe del asegurado, el contrato será ineficaz. El asegurador de buena fe podrá, no obstante, retener las primas vencidas y la del período en curso.

7.3. Coaseguro

Cuando en dos o más contratos estipulados por el mismo tomador con distintos aseguradores se cubran los efectos que un mismo riesgo puede producir sobre el mismo interés y durante idéntico período de tiempo el tomador del seguro o el asegurado deberán, salvo pacto en contrario, comunicar a cada asegurador los demás seguros que estipule. Si por dolo se omitiera esta comunicación, y en caso de sobreseguro se produjera el siniestro, los aseguradores no están obligados a pagar la indemnización.

Una vez producido el siniestro, el tomador del seguro o el asegurado deberá comunicarlo, a cada asegurador, con indicación del nombre de los demás.

Los aseguradores contribuirán al abono de la indemnización en proporción a la propia suma asegurada, sin que pueda superarse la cuantía del daño. Dentro de este límite el asegurado puede pedir a cada asegurador la indemnización debida, según el respectivo contrato. El asegurador que ha pagado una cantidad superior a la que proporcionalmente le corresponda podrá repetir contra el resto de los aseguradores.

Cuando mediante uno o varios contratos de seguros, referentes al mismo interés, riesgo y tiempo, se produce un reparto de cuotas determinadas entre varios aseguradores, previo acuerdo entre ellos y el tomador, cada asegurador está obligado, salvo pacto en contrario, al pago de la indemnización solamente en proporción a la cuota respectiva.

No obstante lo previsto en el párrafo anterior, si en el pacto de coaseguro existe un encargo a favor de uno o varios aseguradores para suscribir los documentos contractuales o para pedir el cumplimiento del contrato o contratos al asegurado en nombre del resto de los aseguradores, se entenderá que durante toda la vigencia de la relación aseguradora los aseguradores delegados están legitimados para ejercitar todos los derechos y para recibir cuantas declaraciones y reclamaciones correspondan al asegurado. El asegurador que ha pagado una cantidad superior a la que le corresponda podrá repetir contra el resto de los aseguradores.

7.4. Transmisión del bien asegurado

En caso de transmisión del objeto asegurado, el adquirente se subroga en el momento de la enajenación en los derechos y obligaciones que correspondían en el contrato de seguro al anterior titular. Se exceptúa el supuesto de pólizas nominativas para riesgos no obligatorios, si en las condiciones generales existe pacto en contrario.

El asegurado está obligado a comunicar por escrito al adquirente la existencia del contrato del seguro de la cosa transmitida. Una vez verificada la transmisión, también deberá comunicarla por escrito al asegurador o a sus representantes en el plazo de quince días.

Serán solidariamente responsables del pago de las primas vencidas en el momento de la transmisión el adquirente y el anterior titular o, en caso de que éste hubiera fallecido, sus herederos.

7.5. Rescisión

El asegurador podrá rescindir el contrato dentro de los quince días siguientes a aquel en que tenga conocimiento de la transmisión verificada. Ejercitado su derecho y notificado por escrito al adquirente, el asegurador queda obligado durante el plazo de un mes, a partir de la notificación. El asegurador deberá restituir la parte de prima que corresponda a períodos de seguro, por los que, como consecuencia de la rescisión, no haya soportado el riesgo.

El adquirente de cosa asegurada también puede rescindir el contrato si lo comunica por escrito al asegurador en el plazo de quince días, contados desde que conoció la existencia del contrato.

En este caso, el asegurador adquiere el derecho a la prima correspondiente al período que hubiera comenzado a correr cuando se produce la rescisión.

Las pólizas a la orden o al portador no se pueden rescindir por transmisión del objeto asegurado.

Las normas anteriores se aplicarán en caso de muerte del tomador del seguro o del asegurado y, declarado el concurso de uno de ellos, en caso de apertura de la fase de liquidación.

7.6. Gestión del siniestro

Una vez producido el siniestro, y en el plazo de cinco días a partir de la notificación, el asegurado o el tomador deberán comunicar por escrito al asegurador la relación de los objetos existentes al tiempo del siniestro, la de los salvados y la estimación de los daños.

Incumbe al asegurado la prueba de la preexistencia de los objetos. No obstante, el contenido de la póliza constituirá una presunción a favor del asegurado cuando razonablemente no puedan aportarse pruebas más eficaces.

Si las partes se pusiesen de acuerdo en cualquier momento sobre el importe y la forma de la indemnización, el asegurador deberá pagar la suma convenida o realizar las operaciones necesarias para reemplazar el objeto asegurado, si su naturaleza así lo permitiera.

Si no se lograse el acuerdo cada parte designará un Perito, debiendo constar por escrito la aceptación de éstos. Si una de las partes no hubiera hecho la designación, estará obligada a realizarla en los ocho días siguientes a la fecha en que sea requerida por la que hubiere designado el suyo, y de no hacerlo en este último plazo se entenderá que acepta el dictamen que emita el Perito de la otra parte, quedando vinculado por el mismo.

En caso de que los peritos lleguen a un acuerdo, se reflejará en un acta conjunta, en la que se harán constar las causas del siniestro, la valoración de los daños, las demás circunstancias que influyan en la determinación de la indemnización, según la naturaleza del seguro de que se trate y la propuesta del importe líquido de la indemnización.

Cuando no haya acuerdo entre los peritos, ambas partes designarán un tercer perito de conformidad.

El dictamen de los peritos, por unanimidad o por mayoría, se notificará a las partes de manera inmediata y en forma indubitada, siendo vinculante para éstos, salvo que se impugne judicialmente por alguna de las partes, dentro del plazo de treinta días, en el caso del asegurador y ciento ochenta en el del asegurado, computados ambos desde la fecha de su notificación.

7.7. Tasación pericial

Cada parte satisfará los honorarios de su Perito. Los del Perito tercero y demás gastos que ocasione la tasación pericial serán de cuenta y cargo por mitad del asegurado y del asegurador. No obstante, si cualquiera de las partes hubiera hecho necesaria la peritación por haber mantenido una valoración del daño manifiestamente desproporcionada, será ella la única responsable de dichos gastos.

7.8. Indemnización

El derecho de los acreedores hipotecarios, pignoraticios o privilegiados sobre bienes especialmente afectos se extenderá a las indemnizaciones que correspondan al propietario por razón de los bienes hipotecados, pignorados o afectados de privilegio, si el siniestro acaeciere después de la constitución de la garantía real o del nacimiento del privilegio. A este fin el tomador del seguro o el asegurado deberán comunicar al asegurador la constitución de la hipoteca, de la prenda o el privilegio cuando tuviera conocimiento de su existencia.

El asegurador a quien se haya notificado la existencia de estos derechos no podrá pagar la indemnización debida sin el consentimiento del titular del derecho real o del privilegio. En caso de contienda entre los interesados o si la indemnización hubiera de hacerse efectiva antes del vencimiento de la obligación garantizada, se depositará su importe en la forma que convenga a los interesados.

Si el asegurador pagare la indemnización, transcurrido el plazo de tres meses desde la notificación del siniestro a los acreedores sin que éstos se hubiesen presentado, quedará liberado de su obligación.

7.9. Extinción del contrato

La extinción del contrato de seguro no será oponible al acreedor hipotecario, pignoraticio o privilegiado hasta que transcurra un mes desde que se le comunicó el hecho que motivó la extinción.

Los acreedores podrán pagar la prima impagada por el tomador del seguro o por el asegurado, aun cuando estos se opusieren. A este efecto, el asegurador deberá notificar a dichos acreedores el impago en que ha incurrido el asegurado.

7.10. Reconstrucción cosas siniestradas

En el caso de que la indemnización haya de emplearse en la reconstrucción de las cosas siniestradas, el asegurador no pagará la indemnización si el asegurado y los acreedores no se ponen de acuerdo sobre las garantías con las que aquéllas han de quedar afectadas a la reconstrucción. En caso de que no se llegue a un acuerdo se depositará la indemnización conforme lo establecido en la Ley de Contrato de Seguro.

7.11. Terceros

El asegurador, una vez pagada la indemnización, podrá ejercitar los derechos y las acciones que por razón del siniestro correspondieran al asegurado frente las personas responsables, del mismo, hasta el límite de la indemnización.

El asegurador no podrá ejercitar en perjuicio del asegurado los derechos en que se haya subrogado. El asegurado será responsable de los perjuicios que, con sus actos u omisiones, pueda causar al asegurador en su derecho a subrogarse.

El asegurador no tendrá derecho a la subrogación contra ninguna de las personas cuyos actos u omisiones den origen a responsabilidad del asegurado, de acuerdo con la Ley, ni contra el causante del siniestro que sea, respecto del asegurado, pariente en línea directa o colateral dentro del tercer grado civil de consanguinidad, padre adoptante o hijo adoptivo que convivan con el asegurado. Pero esta norma no tendrá efecto si la responsabilidad proviene de dolo o si la responsabilidad está amparada mediante un contrato de seguro. En este último supuesto, la subrogación estará limitada en su alcance de acuerdo con los términos de dicho contrato.

En caso de concurrencia de asegurador y asegurado frente a tercero responsable, el recobro obtenido se repartirá entre ambos en proporción a su respectivo interés.

7.12. Conflictos armados

El asegurador no cubre los daños por hechos derivados de conflictos armados, haya precedido o no declaración oficial de guerra, ni los derivados de riesgos extraordinarios sobre las personas y los bienes, salvo pacto en contrario.

8. Seguro de incendios

Por el seguro contra incendios el asegurador se obliga, dentro de los límites establecidos en la norma y en el contrato, a indemnizar los daños producidos por incendio en el objeto asegurado.

Se considera incendio la combustión y el abrasamiento con llama, capaz de propagarse, de un objeto u objetos que no estaban destinados a ser quemados en el lugar y momento en que se produce.

- La cobertura del seguro se extenderá a los objetos descritos en la póliza. Si se tratare de seguro sobre mobiliario, la cobertura incluirá los daños producidos por el incendio en las cosas de uso ordinario o común del asegurado, de sus familiares, dependientes y de las personas que con él convivan.

- Salvo pacto expreso en contrario, no quedarán comprendidos en la cobertura del seguro los daños que cause el incendio en los valores mobiliarios públicos o privados, efectos de comercio, billetes de Banco, piedras y metales preciosos, objetos artísticos o cualesquiera otros objetos de valor que se hallaren en el objeto asegurado, aun cuando se pruebe su preexistencia y su destrucción o deterioro por el siniestro.

- La destrucción o deterioro de los objetos asegurados fuera del lugar descrito en la póliza excluirá la indemnización del asegurador, a menos que su traslado o cambio le hubiere sido previamente comunicado por escrito y este no hubiese manifestado en el plazo de quince días su disconformidad.

8.1. Indemnización

El asegurador estará obligado a indemnizar los daños producidos por el incendio cuando este se origine por caso fortuito, por malquerencia de extraños, por negligencia propia o de las personas de quienes se responda civilmente.

El asegurador no estará obligado a indemnizar los daños provocados por el incendio cuando este se origine por dolo o culpa grave del asegurado.

El asegurador indemnizará todos los daños y pérdidas materiales causados por la acción directa del fuego, así como los producidos por las consecuencias inevitables del incendio y, en particular:

- Los daños que ocasionen las medidas necesarias adoptadas por la autoridad o el asegurado para impedir, cortar o extinguir el incendio, con exclusión de los gastos que ocasione la aplicación de tales medidas, salvo pacto en contrario.

- Los gastos que ocasione al asegurado el transporte de los efectos asegurados o cualesquiera otras medidas adoptadas con el fin de salvarlos del incendio.

- Los menoscabos que sufran los objetos salvados por las circunstancias descritas en los dos números anteriores.

- El valor de los objetos desaparecidos, siempre que el asegurado acredite su preexistencia y salvo que el asegurador pruebe que fueron robados o hurtados.

- Cualesquiera otros que se consignen en la póliza.

9. Seguro contra el robo

Por el seguro contra robo el asegurador se obliga, dentro de los límites establecidos en la Ley y en el contrato, a indemnizar los daños derivados de la sustracción ilegítima por parte de terceros de las cosas aseguradas.

La cobertura comprende el daño causado por la comisión del delito en cualquiera de sus formas.

La indemnización del asegurador comprenderá, necesariamente, de acuerdo con lo dispuesto en el artículo 27 de la Ley:

- El valor del interés asegurado cuando el objeto asegurado, efectivamente sea sustraído y no fuera hallado en el plazo señalado en el contrato.

- El daño que la comisión del delito, en cualquiera de sus formas, causare en el objeto asegurado.

El asegurador, salvo pacto en contrario, **no vendrá obligado a reparar los efectos del siniestro cuando este se haya producido por cualquiera de las siguientes causas**:

- Por negligencia grave del asegurado, del tomador del seguro o de las personas que de ellos dependan o con ellos convivan.

- Cuando el objeto asegurado sea sustraído fuera del lugar descrito en la póliza o con ocasión de su transporte, a no ser que una u otras circunstancias hubieran sido expresamente consentidas por el asegurador.

- Cuando la sustracción se produzca con ocasión de siniestros derivados de riesgos extraordinarios.

Producido y debidamente comunicado el siniestro al asegurador, se observarán las **reglas** siguientes:

- Si el objeto asegurado es recuperado antes del transcurso del plazo señalado en la póliza, el asegurado deberá recibirlo, a menos que en ella le hubiera reconocido expresamente la facultad de su abandono al asegurador.

- Si el objeto asegurado es recuperado transcurrido el plazo pactado, y una vez pagada la indemnización, el asegurado podrá retener la indemnización percibida abandonando al asegurador la propiedad del objeto asegurado, o readquirirlo, restituyendo, en este caso, la indemnización percibida por la cosa o cosas restituidas.

10. Seguro de transportes terrestres

10.1. Cobertura

Por el seguro de transporte terrestre el asegurador se obliga a indemnizar los daños materiales que puedan sufrir con ocasión o consecuencia del transporte las mercancías porteadas, el medio utilizado u otros objetos asegurados.

En el caso de que el viaje se efectúe utilizando diversos medios de transporte, y no pueda determinarse el momento en que se produjo el siniestro, se aplicarán las normas del seguro de transporte terrestre si el viaje por este medio constituye la parte más importante del mismo. En caso de que el transporte terrestre sea accesorio de uno marítimo o aéreo se aplicarán a todo el transporte las normas del seguro marítimo o aéreo.

Podrán contratar este seguro no solo el propietario del vehículo o de las mercancías transportadas, sino también el comisionista de transporte y las agencias de transportes, así como todos los que tengan interés en la conservación de las mercancías, expresando en la póliza el concepto en que se contrata el seguro.

El seguro de transporte terrestre puede contratarse por viaje o por un tiempo determinado. En cualquier caso, el asegurador indemnizará, de acuerdo con lo convenido en el contrato de seguro, los daños que sean consecuencia de siniestros acaecidos durante el plazo de vigencia del contrato, aunque sus efectos se manifiesten con posterioridad, pero siempre dentro de los seis meses siguientes a la fecha de su expiración.

El asegurador no responderá por el daño debido a la naturaleza intrínseca o vicios propios de las mercancías transportadas.

Salvo pacto expreso en contrario, se entenderá que la cobertura del seguro comienza desde que se entregan las mercancías al porteador para su transporte en el punto de partida del viaje asegurado, y terminará cuando se entreguen al destinatario en el punto de destino, siempre que la entrega se realice dentro del plazo previsto en la póliza.

No obstante, cuando se pacte expresamente, el seguro puede extenderse a los riesgos que afecten a las mercancías desde que salen del almacén o domicilio del cargador para su entrega al transportista hasta que entran para su entrega en el domicilio o almacén del destinatario.

Salvo pacto expreso en contrario, la cobertura del seguro comprenderá el depósito transitorio de las mercancías y la inmovilización del vehículo o su cambio durante el viaje cuando se deban a incidencias propias del transporte asegurado y no hayan sido causados por algunos de los acontecimientos excluidos del seguro.

La póliza podrá establecer un plazo máximo y, transcurrido este sin reanudarse el transporte, cesará la cobertura del seguro.

10.2. Indemnización

El asegurado no perderá su derecho a la indemnización cuando se haya alterado el medio de transporte, el itinerario o los plazos del viaje o este se haya realizado en tiempo distinto al previsto, en tanto la modificación no sea imputable al asegurado.

El asegurador indemnizará los daños que se produzcan en las mercancías o valores conforme a lo dispuesto en los números siguientes:

- Se considerarán comprendidos en los gastos de salvamento los que fuere necesario o conveniente realizar para reexpedir los objetos transportados.

- En caso de pérdida total del vehículo el asegurado podrá abandonarlo al asegurador, si así se hubiese pactado, siempre que se observen los plazos y los demás requisitos establecidos por la póliza.

En defecto de estimación, la indemnización cubrirá en caso de pérdida total, el precio que tuvieran las mercancías en el lugar y en el momento en que se cargaran y, además, todos los gastos realizados para entregarlas al transportista y el precio de seguro si recayera sobre el asegurado.

No obstante, lo dispuesto en el párrafo anterior, cuando el seguro cubre los riesgos de mercancías que se destinen a la venta, la indemnización se regulará por el valor que las mercancías tuvieran en el lugar de destino.

11. Seguro de lucro cesante

Por el seguro de lucro cesante el asegurador se obliga, dentro de los límites establecidos en la Ley y en el contrato, a indemnizar al asegurado la pérdida del rendimiento económico, que hubiera podido alcanzarse en un acto o actividad de no haberse producido el siniestro descrito en el contrato. Este seguro podrá celebrarse como contrato autónomo o añadirse como un pacto a otro de distinta naturaleza.

Cuando el tomador del seguro o el asegurado realicen, respecto a un determinado objeto un contrato de seguro de lucro cesante con un asegurador y otro de seguro de daños con otro asegurador distinto, deberán comunicar sin demora alguna, a cada uno de los aseguradores, la existencia del otro seguro. En la comunicación se indicará no solo la denominación social del asegurador con el que se ha contratado el otro seguro, sino también la suma asegurada y demás elementos esenciales. La inexistencia de esta comunicación producirá en su caso los efectos previstos en la Sección Segunda del Título Primero de la Ley de Contrato de Seguro.

En defecto de pacto expreso, **el asegurador deberá indemnizar**:

- La pérdida de beneficios que produzca el siniestro durante el período previsto en la póliza.

- Los gastos generales que continúan gravando al asegurado después de la producción del siniestro.

- Los gastos que sean consecuencia directa del siniestro asegurado.

El titular de una empresa puede asegurar la pérdida de beneficios y los gastos generales que haya de seguir soportando cuando la empresa quede paralizada total o parcialmente a consecuencia de los acontecimientos delimitados en el contrato. Si el contrato tuviera exclusivamente por objeto la pérdida de beneficios las partes no podrán predeterminar el importe de la indemnización.

12. Seguro de las personas

12.1. Seguro sobre la vida

12.1.1. Concepto

El contrato de seguro sobre las personas comprende todos los riesgos que puedan afectar a la existencia, integridad corporal o salud del asegurado.

El contrato puede celebrarse con referencia a riesgos relativos a una persona o a un grupo de ellas. Este grupo deberá estar delimitado por alguna característica común extraña al propósito de asegurarse.

En los seguros de personas el asegurador, aun después de pagada la indemnización, no puede subrogarse en los derechos que en su caso correspondan al asegurado contra un tercero como consecuencia del siniestro. Se exceptúa de lo dispuesto en el párrafo anterior lo relativo a los gastos de asistencia sanitaria.

Por el **seguro de vida** el asegurador se obliga, mediante el cobro de la prima estipulada a satisfacer al beneficiario un capital, una renta u otras prestaciones convenidas, en el caso de muerte o bien de supervivencia del asegurado, o de ambos eventos conjuntamente.

El seguro sobre la vida puede estipularse sobre la vida propia o la de un tercero, tanto para caso de muerte como para caso de supervivencia o ambos conjuntamente, así como sobre una o varias cabezas.

Son seguros sobre la vida aquellos en que, cumpliendo lo establecido en los párrafos anteriores, la prestación convenida en la póliza ha sido determinada por el asegurador mediante la utilización de criterios y bases de técnica actuarial.

En los seguros para caso de muerte, si son distintas las personas del tomador del seguro y del asegurado, será preciso el consentimiento de este, dado por escrito, salvo que pueda presumirse de otra forma su interés por la existencia del seguro.

En los seguros sobre la vida se entiende que existe riesgo si en el momento de la contratación no se ha producido el evento objeto de la cobertura otorgada en la póliza.

Si el asegurado es menor de edad, será necesaria, además, la autorización por escrito de sus representantes legales.

No se podrá contratar un seguro para caso de muerte para menores de catorce años de edad o de incapacitados. Se exceptúan de esta prohibición, los contratos de seguros en los que la cobertura de muerte resulte inferior o igual a la prima satisfecha por la póliza o al valor de rescate.

12.1.2. Resolución del contrato

El tomador del seguro en un contrato de seguro individual de duración superior a seis meses que haya estipulado el contrato sobre la vida propia o la de un tercero tendrá la facultad unilateral de resolver el contrato sin indicación de los motivos y sin penalización alguna dentro del plazo de 30 días siguientes a la fecha en la que el asegurador le entregue la póliza o documento de cobertura provisional.

Se exceptúan de esta facultad unilateral de resolución los contratos de seguro en los que el tomador asume el riesgo de la inversión, así como los contratos en los que la rentabilidad garantizada esté en función de inversiones asignadas en los mismos.

La facultad unilateral de resolución del contrato deberá ejercitarse por el tomador mediante comunicación dirigida al asegurador a través de un soporte duradero, disponible y accesible para éste y que permita dejar constancia de la notificación. La referida comunicación deberá expedirse por el tomador del seguro antes de que venza el plazo indicado en el apartado anterior.

A partir de la fecha en que se expida la comunicación a que se refiere el apartado anterior cesará la cobertura del riesgo por parte del asegurador y el tomador del seguro tendrá derecho a la devolución de la prima que hubiera pagado, salvo la parte correspondiente al período de tiempo en que el contrato hubiera tenido vigencia. El asegurador dispondrá para ello de un plazo de 30 días a contar desde el día que reciba la comunicación de rescisión.

12.1.3. Beneficiario

El tomador del seguro podrá designar beneficiario o modificar la designación anteriormente realizada, sin necesidad de consentimiento del asegurador. La designación del beneficiario podrá hacerse en la póliza, en una posterior declaración escrita comunicada al asegurador o en testamento.

Si en el momento del fallecimiento del asegurado no hubiere beneficiario concretamente designado, ni reglas para su determinación, el capital formará parte del patrimonio del tomador.

En caso de designación genérica de los hijos de una persona como beneficiarios, se entenderán como hijos todos sus descendientes con derecho a herencia. Si la designación se hace en favor de los herederos del tomador, del asegurado o de otra persona, se considerarán como tales los que tengan dicha condición en el momento del fallecimiento del asegurado. Si la designación se hace en favor de los herederos sin mayor especificación, se considerarán como tales los del tomador del seguro que tengan dicha condición en el momento del fallecimiento del asegurado.

La designación del cónyuge como beneficiario atribuirá tal condición igualmente al que lo sea en el momento del fallecimiento del asegurado. Los beneficiarios que sean herederos conservarán dicha condición, aunque renuncien a la herencia.

Si la designación se hace en favor de varios beneficiarios, la prestación convenida se distribuirá, salvo estipulación en contrario, por partes iguales. Cuando se haga en favor de los herederos, la distribución tendrá lugar en proporción a la cuota hereditaria, salvo pacto en contrario. La parte no adquirida por un beneficiario acrecerá a los demás.

El tomador del seguro puede revocar la designación del beneficiario en cualquier momento, mientras no haya renunciado expresamente y por escrito a tal facultad. La revocación deberá hacerse en la misma forma establecida para la designación. El tomador perderá los derechos de rescate, anticipo, reducción y pignoración de la póliza si renuncia a la facultad de revocación.

La prestación del asegurador deberá ser entregada al beneficiario, en cumplimiento del contrato, aun contra las reclamaciones de los herederos legítimos y acreedores de cualquier clase del tomador del seguro. Unos y otros podrán, sin embargo, exigir al beneficiario el reembolso del importe de las primas abonadas por el contratante en fraude de sus derechos.

Cuando el tomador del seguro sea declarado en concurso o quiebra, los órganos de representación de los acreedores podrán exigir al asegurador la reducción del seguro.

12.1.4. Estimación del riesgo y muerte

En caso de reticencia e inexactitud en las declaraciones del tomador, que influyan en la estimación del riesgo, se estará a lo establecido en las disposiciones generales de la Ley del Contrato de Seguro. Sin embargo, el asegurador no podrá impugnar el contrato una vez transcurrido el plazo de un año, a contar desde la fecha de su conclusión, a no ser que las partes hayan fijado un término más breve en la póliza y, en todo caso, salvo que el tomador del seguro haya actuado con dolo.

 Se exceptúa de esta norma la declaración inexacta relativa a la edad del asegurado.

En el supuesto de indicación inexacta de la edad del asegurado, el asegurador solo podrá impugnar el contrato si la verdadera edad del asegurado en el momento de la entrada en vigor del contrato excede de los límites de admisión establecidos por aquel.

En otro caso, si como consecuencia de una declaración inexacta de la edad, la prima pagada es inferior a la que correspondería pagar, la prestación del asegurador se reducirá en proporción a la prima percibida. Si, por el contrario, la prima pagada es superior a la que debería haberse abonado, el asegurador está obligado a restituir el exceso de las primas percibidas sin intereses.

En el seguro para caso de muerte el asegurador solo se libera de su obligación si el fallecimiento del asegurado tiene lugar por alguna de las circunstancias expresamente excluidas en la póliza.

La muerte del asegurado, causada dolosamente por el beneficiario, privará a este del derecho a la prestación establecida en el contrato, quedando esta integrada en el patrimonio del tomador.

Salvo pacto en contrario, el riesgo de suicidio del asegurado quedará cubierto a partir del transcurso de un año del momento de la conclusión del contrato. A estos efectos se entiende por suicidio la muerte causada consciente y voluntariamente por el propio asegurado.

En la póliza de seguro se regularán los derechos de rescate y reducción de la suma asegurada, de modo que el asegurado pueda conocer en todo momento el correspondiente valor de rescate o de reducción.

12.1.5. Efectos de pago de la prima

La falta de pago de la prima producirá la reducción del seguro conforme a la tabla de valores inserta en la póliza. La reducción del seguro se producirá igualmente cuando lo solicite el tomador, una vez transcurrido aquel plazo.

El tomador tiene derecho a la rehabilitación de la póliza, en cualquier momento, antes del fallecimiento del asegurado, debiendo cumplir para ello las condiciones establecidas en la póliza.

El tomador que haya pagado las dos primeras anualidades de la prima a la que corresponda el plazo inferior previsto en la póliza podrá ejercitar el derecho de rescate mediante la oportuna solicitud, conforme a las tablas de valores fijadas en la póliza.

El asegurador deberá conceder al tomador anticipos sobre la prestación asegurada, conforme a las condiciones fijadas en la póliza, una vez pagadas las anualidades.

Los aseguradores podrán conceder al tomador los derechos de rescate, reducción y anticipos en los términos que se determinen en el contrato.

El tomador podrá, en cualquier momento, ceder o pignorar la póliza, siempre que no haya sido designado beneficiario con carácter irrevocable. La cesión o pignoración de la póliza implica la revocación del beneficiario. Si la póliza se emite a la orden, la cesión o pignoración se realizarán mediante endoso.

El tomador deberá comunicar por escrito fehacientemente al asegurador la cesión o pignoración realizada.

12.2. Seguro de accidentes

Sin perjuicio de la delimitación del riesgo que las partes efectúen en el contrato, se entiende por accidente la lesión corporal que deriva de una causa violenta súbita, externa y ajena a la intencionalidad del asegurado, que produzca invalidez temporal o permanente o muerte.

El tomador debe comunicar al asegurador la celebración de cualquier otro seguro de accidentes que se refiera a la misma persona. El incumplimiento de este deber solo puede dar lugar a una reclamación por los daños y perjuicios que originen, sin que el asegurador pueda deducir de la suma asegurada cantidad alguna por este concepto.

- Si el asegurado provoca intencionadamente el accidente, el asegurador se libera del cumplimiento de su obligación.

- En el supuesto de que el beneficiario cause dolosamente el siniestro quedará nula la designación hecha a su favor. La indemnización corresponderá al tomador o, en su caso, a la de los herederos de este.

- Los gastos de asistencia sanitaria serán por cuenta del asegurador, siempre que se haya establecido su cobertura expresamente en la póliza y que tal asistencia se haya efectuado en las condiciones previstas en el contrato. En todo caso, estas condiciones no podrán excluir las necesarias asistencias de carácter urgente.

- La determinación del grado de invalidez que derive del accidente se efectuará después de la presentación del certificado médico de incapacidad. El asegurador notificará por escrito al asegurado la cuantía de la indemnización que le corresponde, de acuerdo con el grado de invalidez que deriva del certificado médico y de los baremos fijados en la póliza. Si el asegurado no aceptase la proposición del asegurador en lo referente al grado de invalidez, las partes se someterán a la decisión de peritos médicos.

12.3. Seguros de enfermedad y de asistencia sanitaria

Cuando el riesgo asegurado sea la enfermedad, el asegurador podrá obligarse, dentro de los límites de la póliza, en caso de siniestro, al pago de ciertas sumas y de los gastos de asistencia médica y farmacéutica.

Si el asegurador asume directamente la prestación de los servicios médicos y quirúrgicos, la realización de tales servicios se efectuará dentro de los límites y condiciones que las disposiciones reglamentarias determinan.

Los seguros de enfermedad y de asistencia sanitaria quedarán sometidos a las normas contenidas en la sección anterior en cuanto sean compatibles con este tipo de seguros.

12.4. Seguros de decesos

Por el seguro de decesos el asegurador se obliga, dentro de los límites establecidos en este título y en el contrato, a prestar los servicios funerarios pactados en la póliza para el caso en que se produzca el fallecimiento del asegurado.

- El exceso de la suma asegurada sobre el coste del servicio prestado por el asegurador corresponderá al tomador o, en su defecto, a los herederos.

- En el supuesto de que el asegurador no hubiera podido proporcionar la prestación por causas ajenas a su voluntad, fuerza mayor o por haberse realizado el servicio a través de otros medios distintos a los ofrecidos por la aseguradora, el asegurador quedará obligado a satisfacer la suma asegurada a los herederos del asegurado fallecido, no siendo responsable de la calidad de los servicios prestados.

- En caso de concurrencia de seguros de decesos en una misma aseguradora, el asegurador estará obligado a devolver, a petición del tomador, las primas pagadas de la póliza que haya decidido anular desde que se produjo la concurrencia.

- En caso de fallecimiento, si se hubiera producido la concurrencia de seguros de decesos en más de una aseguradora, el asegurador que no hubiera podido cumplir con su obligación de prestar el servicio funerario en los términos y condiciones previstos en el contrato, vendrá obligado al pago de la suma asegurada a los herederos del asegurado fallecido.

- La oposición a la prórroga del contrato solo podrá ser ejercida por el tomador.

12.5. Seguro de dependencia y seguro de asistencia sanitaria

Por el **seguro de dependencia** el asegurador se obliga para el caso de que se produzca la situación de dependencia, al cumplimiento de la prestación convenida con la finalidad de atender, total o parcialmente, directa o indirectamente, las consecuencias perjudiciales para el asegurado que se deriven de dicha situación.

A estos efectos, se entiende por situación de dependencia la prevista en la normativa reguladora de la promoción de la autonomía personal y atención a las personas en situación de dependencia. La prestación de asegurador podrá consistir en:

- Abonar al asegurado el capital o la renta convenida.

- Reembolsar al asegurado los gastos derivados de la asistencia.

- Garantizar al asegurado la prestación de los servicios de asistencia, debiendo el asegurador poner a disposición del asegurado dichos servicios y asumir directamente su coste.

La oposición a la prórroga del contrato solo podrá ser ejercida por el tomador.

En los **seguros de asistencia sanitaria**, dependencia y de decesos, las entidades aseguradoras garantizarán a los asegurados la libertad de elección del prestador del servicio, dentro de los límites y condiciones establecidos en el contrato. En estos casos la entidad aseguradora deberá poner a disposición del asegurado, de forma fácilmente accesible, una relación de prestadores de servicios que garantice una efectiva libertad de elección, salvo en aquellos contratos en los que expresamente se prevea un único prestador.

La Ley 50/1980, de 8 de octubre, de Contrato de Seguro establece que el contrato de seguro es aquel por el que el asegurador se obliga, mediante el cobro de una prima y para el caso de que se produzca el evento cuyo riesgo es objeto de cobertura a indemnizar, dentro de los límites pactados, el daño producido al asegurado o a satisfacer un capital, una renta u otras prestaciones convenidas.

Las competencias de la Administración General del Estado en la supervisión de las entidades aseguradoras y reaseguradoras y en el desarrollo ordenado de los mercados de seguros y reaseguros se ejercerán por el ministro de Economía y Competitividad y por la Dirección General de Seguros y Fondos de Pensiones.

En España, la función de Fondo Nacional de Garantía la tiene encomendada el Consorcio de Compensación de Seguros. El acceso a las actividades aseguradoras por entidades aseguradoras y reaseguradoras domiciliadas en España estará supeditado a la previa obtención de autorización administrativa del ministro de Economía y Competitividad.

Por interés asegurable se entiende la relación lícita de valor económico sobre un bien. Cuando esta relación se encuentra amenazada por un riesgo, es un interés asegurable.

El riesgo asegurable es un evento posible, incierto y futuro, capaz de ocasionar un daño que tenga como consecuencia una necesidad patrimonial. La norma clasifica los distintos riesgos en ramos de seguros: ramos de seguros distintos del seguro de vida y riesgos accesorios; y ramo de vida y riesgos complementarios.

La prima es la suma o importe que debe pagar quien contrata el seguro (puede ser el asegurado o tomador) a efecto de que el asegurador asuma la obligación de resarcir las pérdidas y daños que ocasione el siniestro, si llegara a producirse. Esta cantidad se fija proporcionalmente, teniendo en cuenta la duración del seguro, el grado de probabilidad de que el siniestro ocurra y la indemnización pactada. Las tarifas de primas deberán fundamentarse en bases técnicas y en información estadística.

.../...

.../...

El tomador del seguro o el asegurado deberán, durante la vigencia del contrato, comunicar al asegurador, tan pronto como le sea posible, la alteración de los factores y las circunstancias declaradas en el cuestionario que agraven el riesgo y sean de tal naturaleza que si hubieran sido conocidas por este en el momento de la perfección del contrato no lo habría celebrado o lo habría concluido en condiciones más gravosas.

En caso de falta de pago de una de las primas siguientes, la cobertura del asegurador queda suspendida un mes después del día de su vencimiento.

El seguro no puede ser objeto de enriquecimiento injusto para el asegurado. Para la determinación del daño se atenderá al valor del interés asegurado en el momento inmediatamente anterior a la realización del siniestro.

El contrato de seguro sobre las personas comprende todos los riesgos que puedan afectar a la existencia, integridad corporal o salud del asegurado. Por el seguro de vida el asegurador se obliga, mediante el cobro de la prima estipulada a satisfacer al beneficiario un capital, una renta u otras prestaciones convenidas, en el caso de muerte o bien de supervivencia del asegurado, o de ambos eventos conjuntamente.

UNIDAD DIDÁCTICA 3

*Explicitación de la Bolsa
y otros mercados*

Introducción

1. Los índices bursátiles

2. Principales ratios bursátiles

3. Mercado de productos derivados

4. Depósitos estructurados

5. Productos complejos

6. Chiringuitos financieros

7. El análisis fundamental

8. El análisis técnico

9. El perfil inversor

10. Valores mobiliarios

11. Los fondos de inversión y los productos derivados

Resumen

Los **objetivos** de esta unidad son:

1. Definir la estructura del mercado bursátil.

2. Determinar el papel del análisis fundamental.

3. Identificar la aplicabilidad del análisis técnico.

4. Diferenciar los activos financieros de renta fija y renta variable.

5. Distinguir las operaciones con acciones.

Introducción

En esta unidad identificaremos el mercado de capitales y, en especial, la Bolsa de valores. También conoceremos elementos del mercado de capitales, como son los activos negociados, los índices y las ratios bursátiles.

Nos introduciremos en el mercado de los productos derivados, identificando los principales productos de esta tipología. Finalizaremos con una referencia a los chiringuitos financieros y a los dos tipos de análisis de la Bolsa.

Distinguiremos los conceptos básicos de cada uno de los productos de renta fija y de renta variable. También relacionaremos y definiremos los activos de renta fija y de renta variable, así como los riesgos vinculados a cada producto.

Finalmente, identificaremos diversas operaciones especiales que pueden realizarse con acciones.

1. Los índices bursátiles

1.1. Concepto y funciones

Los índices bursátiles nos muestran la evolución y el comportamiento del mercado, permitiendo realizar comparaciones entre los diversos mercados.

En cada Bolsa se define un índice bursátil que mide la evolución de un conjunto de valores representativos. Al final de cada sesión, el índice bursátil general indicará si han prevalecido los deseos de compra o los de venta. En general, son los termómetros de la situación en los mercados de valores.

Sus funciones son las siguientes:

* Indicador de la evolución de un mercado.

* Servir de referencia o *benchmark* para la gestión del patrimonio personal o profesional, de tal forma que nos permita evaluar si lo hemos hecho o el gestor lo ha hecho mejor que el mercado o no.

* Servir de subyacente para determinados instrumentos financieros derivados, como los futuros, las opciones o los warrants.

El principal índice del mercado español es el **IBEX-35**. Es un índice ponderado según capitalización y ajustado según capital flotante o *free float*, que incluye a las 35 sociedades con mayor capitalización (precio por número de acciones) y liquidez del mercado continuo o cotizadas en el Sistema de Interconexión Bursátil Español (SIBE). Sobre este índice se negocian contratos de futuros y opciones en el Mercado Español de Futuros Financieros (MEFF).

1.2. Tipos de índices

Los índices bursátiles se pueden clasificar atendiendo a tres criterios:

1. Momento en el cual se toma de referencia el índice.

2. En función de los valores nuevos que se incorporan.

3. Atendiendo al tiempo tomado para su construcción.

Existe un índice para casi cada uno de los sectores que forman la economía y el mercado de acciones. Quizás los índices bursátiles más conocidos son los que están formados por un grupo de empresas con un determinado nivel de capitalización y volumen, pero también existen otros que se pueden descomponer por sectores. En este sentido, nos podemos encontrar con super sectores que agrupan a empresas del mismo ramo o sector, aunque sean de distintos países. De esta manera, nos podemos encontrar, por ejemplo, que en el sector bancario español los bancos van a cotizar en el Ibex35 y en el super sector bancario europeo encontramos algunos bancos de toda Europa.

Los índices sectoriales juntan acciones de empresas del mismo sector. Entre los más importantes está el Dow Jones, que agrupa el sector industrial de EE. UU. en Wall Street, el Nasdaq, donde están las empresas tecnológicas de EE. UU. o el Euro Stoxx Financials para el sector financiero europeo.

Se pueden identificar varios **tipos de índices bursátiles**, como son:

a) **Mundiales**. Estos índices abarcan algunas de las mayores empresas mundiales Algunas veces se utilizan para ser utilizados como punto de referencia para fondos.

b) **Nacionales**. Son los que muestran el rendimiento del mercado de renta variables de un determinado país. Exponen las distintas opiniones de los inversores que operan en el mercado, sobre las acciones que en este se incluyen. El Ibex35 es el principal índice bursátil en España, cotiza en las cuatro bolsas principales del país y lo componen las empresas con mayor liquidez.

c) **Sectoriales**. Son índices mucho más especializados para realizar un seguimiento del rendimiento de diferentes industrias o sectores específicos. Uno de ellos es el índice Morgan Stanley Biotech, que realiza un seguimiento de empresas de biotecnología estadounidense.

d) **Otros índices**. Podemos encontrar otro tipo de índices, como son el de divisas, el de materias primas y el de sentimiento de mercado. Son indicadores bursátiles para los demás mercados financieros que afectan a la economía. Los índices más importantes, actualmente, son:

1. **Europa**

   - FTSE 100 (Gran Bretaña): Bt, Barclays, Diageo, Unilever, etc. CAC 40 (Francia): L'ôreal, Peugeot, Axa, etc.

   - DAX 30 (Alemania): BMW, E.On, Bayer, Siemenes, etc.

   - Ibex 35 (España): Inditex, Telefónica, Banco Santander, etc.

2. **América**

   - Dow Jones (EE. UU.): Intel, JP Morgan, At&T, etc. Nasdaq 100 (EE. UU.): Google, Yahoo, Microsft, etc. Bovespa (Brasil).

   - Merval (Argentina).

3. **Asia**

   - Nikkei 225 (Japón): Sony, Bank of Yokohama, etc.

2. Principales ratios bursátiles

- PER = Capitalización bursatil / Beneficio neto = Precio por acción / Beneficio por acción

  El PER (*Price to Earnings Ratio* o Ratio Precio Beneficio) es el más utilizado debido a su simplicidad. Relaciona la capitalización bursátil de una empresa con su beneficio neto, o bien, su beneficio por acción con su precio por acción.

- PVC = Capitalización bursátil / Beneficio neto = Precio por acción / Beneficio por acción

  El ratio Precio/Valor Contable (PVC, *Price/Book Value* o P/BV) se obtiene al dividir el precio de una acción por su valor teórico contable, o lo que es lo mismo, dividir la capitalización bursátil entre los fondos propios.

- P/FCF = Capitalización bursátil / Fuljos de caja libre = Precio por acción / Flujo de caja libre por acción

  El ratio P/FCF (*Price to Free Cash Flow* o Ratio Precio-Flujo de Caja Libre) es el ratio que relaciona la capitalización bursátil de una compañía con sus flujos de caja libres. Su cálculo es complejo, pero muy fiable.

- EV/EBITDA = Valor de empresa /EBITDA

  El ratio EV/EBITDA relaciona el valor de la empresa con el beneficio antes de impuestos, intereses, depreciaciones y amortizaciones, es el más utilizado de cara a la valoración bursátil.

- Rentabilidad por dividendo = (Dividendo por acción / Precio por acción) · 100

  Mide el porcentaje del precio de una acción que se distribuye a los accionistas en forma de dividendo cada año. Es el resultado de una transacción determinada sobre un determinado bien o derecho.

3. Mercado de productos derivados

3.1. Introducción a los derivados

Los **productos derivados** son instrumentos financieros con un valor proveniente de la evolución de los precios de los activos subyacentes. Un producto derivado es un tipo de contratación a plazo en el que se establecen los detalles en el momento del acuerdo, en cambio, el canje de efectivo se produce en un momento futuro.

Los **activos subyacentes** son activos financieros o reales, como pueden ser materias primas o índices bursátiles, cuya evolución del valor determina el del derivado financiero. Son uno de los éxitos de la economía financiera moderna. Sus funciones se basan en lo siguiente:

- Asegurar precios futuros en aquellos mercados con precios muy variables.

- Neutralizar los riesgos de las variaciones que se dan en las tasas de interés, minimizando los costes que se obtendrían en el caso de los cambios en la cartera de activos.

- La compraventa de riesgos asociados con la tenencia, producción de activos y productos.

En España, el mercado oficial de futuros y opciones financieras es MEFF, en él se negocian futuros y opciones sobre el Ibex35 y sobre acciones individuales y bonos de renta fija a 10 años.

Al negociarse en un mercado organizado presentan las siguientes características:

a) Las condiciones de los contratos están estandarizadas: por lo tanto, el importe nominal, el activo subyacente y la fecha de vencimiento están predeterminadas y el inversor no las puede modificar. El contrato se puede comprar o vender en cualquier momento de la sesión de negociación, sin necesidad de esperar a la fecha de vencimiento.

b) La negociación tiene que hacerse a través de un intermediario autorizado que sea miembro del mercado MEFF.

c) En algunos casos (futuros y venta de opciones) hay que realizar un depósito de garantías para asegurar el cumplimiento de las obligaciones de pago.

d) Pero también pueden estar negociados de forma bilateral, es decir, fuera del mercado organizado, donde una parte se compromete a comprar, y la otra a vender, una cantidad X de un activo Y a un precio determinado en una fecha futura, previamente pactada. En este caso, no se denominarían contrato de futuros, sino contratos a plazo o *forward*.

3.2. *Forward*

Un **Forward Rate Agreement** es un contrato en el que se pacta el tipo de interés que se aplicará a un préstamo o depósito con un nominal teórico, nominado en una divisa determinada para un plazo prefijado a partir de un momento futuro.

Es decir, son contratos privados que pactan las partes directamente, con la obligación de comprar/vender un bien o un activo en el futuro, fijando el precio y otras condiciones en este momento. Por lo tanto, las partes se exponen al riesgo de contraparte con este contrato.

Imaginemos que Juan quiere vender su casa y Rafa está interesado, pero no tiene suficiente dinero ahora mismo, además, sabe que el valor de la casa va a aumentar en los próximos meses.

La vivienda, actualmente, tiene un valor de 100.000 €, por lo que ambas partes acuerdan realizar la operación mediante un contrato *forwards* por un precio de 110.000€ en 6 meses.

Transcurrido ese periodo, debido a una alta demanda en el mercado inmobiliario, el valor de la vivienda es de 125.000€. Juan tiene la obligación de vender por el precio pactado y Rafa compraría por un valor por debajo al del mercado actual, obteniendo una ganancia de 15.000€.

3.3. Opciones

Una **opción** es un contrato que da al comprador el derecho, pero no la obligación, para comprar o vender una cantidad determinada del activo subyacente, a un precio determinado y en un tiempo estipulado.

En opciones, al ser un contrato y no un valor, no es necesario comprarlo para después venderlo, sino que se puede vender primero y después comprar.

El comprador, en esta operación, tiene el derecho de comprar o vender al vencimiento, mientras que el vendedor de la opción está obligado a comprar o vender si el comprador decide ejercer su derecho.

Pueden existir distintos tipos de opciones, atendiendo a diferentes criterios:

Según el derecho que otorgan

- **Opción de compra o** *call*: el comprador tiene el derecho (pero no la obligación) a adquirir el subyacente a un precio determinado, en la fecha de vencimiento establecida.

- **Opción de venta o** *put*: el comprador tiene el derecho (pero no la obligación) a vender el subyacente a un precio fijado, en la fecha de vencimiento.

Según el momento en el que pueden ejercerse

El precio de la opción viene determinado por lo que el comprador quiera pagar y pague por obtener ese derecho; a esto se le conoce como prima, que es un objeto de negociación. El comprador de la opción solo tiene derecho, no tiene obligaciones, por lo que sus pérdidas están limitadas a la prima que se hubiera pagado. Pero el vendedor de la opción cobrará la prima, pero solo tiene obligaciones. Este tendrá que soportar las pérdidas ilimitadas.

En definitiva, son contratos en el que se establece el derecho, más no la obligación, de comprar/vender un activo subyacente en una fecha futura, en este sentido proporciona la opción a quien la adquiere.

Básicamente, se pueden diferenciar dos **tipos de opciones de acuerdo con su ejecución**:

a) **Mundiales.** Estos índices abarcan algunas de las mayores empresas mundiales Algunas veces se utilizan para ser utilizados como punto de referencia para fondos.

b) **Nacionales.** Son los que muestran el rendimiento del mercado de renta variables de un determinado país. Exponen las distintas opiniones de los inversores que operan en el mercado, sobre las acciones que en este se incluyen. El Ibex35 es el principal índice bursátil en España, cotiza en las cuatro Bolsas principales del país y lo componen las empresas con mayor liquidez.

Los **índices sectoriales** son índices mucho más especializados, para realizar un seguimiento del rendimiento de diferentes industrias o sectores específicos. Uno de ellos es el índice Morgan Stanley Biotech, que realiza un seguimiento de empresas de biotecnología estadounidense.

Podemos encontrar otro tipo de índices como son el de **divisas**, el de **materias primas** y el de **sentimiento de mercado**. Son indicadores bursátiles para los demás mercados financieros que afectan a la economía.

Se pueden realizar opciones sobre acciones, instrumentos de deuda, monedas y *commodities*, como el petróleo.

4. Depósitos estructurados

Los depósitos estructurados son un depósito a plazo determinado (contrato principal), con un rendimiento (en todo o en parte) vinculado a la evolución de un determinado índice o referencia variable, bursátil o no (derivado implícito). Es decir, la rentabilidad de estos depósitos está ligada a uno o varios activos subyacentes y, por tanto, es variable.

Este tipo de depósitos deben informar de lo siguiente, previa contratación:

- Obligación de la entidad de reembolsar el principal al vencimiento; esto es, asegurar el capital inicial llegado el vencimiento.

- Las circunstancias de las que dependerá su remuneración, incluyendo una estimación de su TAE.

- Los riesgos de que tal remuneración no se produzca o de que sea inferior a la equivalente ofrecida por la entidad, en términos de TAE, para un depósito con interés periódico (esta última información deberá resaltarse).

- La forma en que se calculará el coste de cancelación del depósito, si lo hubiese.

Los depósitos estructurados ofrecen una mayor rentabilidad que un depósito tradicional, en otras palabras, el inversor asume más riesgo. Este tipo de productos no suele recomendarse al inversor tradicional:

- Podríamos tener limitadas tanto nuestras ganancias como nuestras pérdidas.

- Son productos difíciles de rescatar, pues suelen tener elevadas comisiones de cancelación.

- Este tipo de inversiones suelen realizarse a medio y largo plazo, por lo que nuestro dinero estaría retenido hasta el vencimiento de la operación.

- No tenemos ningún tipo de derecho sobre el activo subyacente.

5. Productos complejos

Los **productos complejos** son productos derivados que cumplen con todas o algunas de las siguientes características:

- No se pueden reembolsar de forma frecuente a precios conocidos por el público.

- El inversor puede perder un importe superior a su coste de adquisición, es decir, a lo que invirtió inicialmente.

- No existe información pública, completa y comprensible para el inversor sobre las características del producto.

Estos productos presentan un riesgo muy elevado para el inversor y no son recomendables para inversores sin conocimientos del tema. Como ejemplo de este tipo de productos destacamos los *swaps*, también llamados permuta financiera.

Otros productos complejos son: contratos por diferencias (CFD), fondos de inversión libre *(hedge funds)*, *warrants,* etc.

6. Chiringuitos financieros

El término **chiringuito financiero** define de manera informal a aquellas entidades que ofrecen y prestan servicios de inversión sin estar autorizadas para hacerlo.

Los chiringuitos financieros son peligrosos porque, en la mayoría de los casos, la aparente prestación de tales servicios es solo una tapadera para apropiarse del capital de sus víctimas, haciéndoles creer que están realizando una inversión de alta rentabilidad.

Es importante tener claro que los elevados rendimientos que ofrecen suelen ser demasiado buenos para ser ciertos; solo son el cebo con el que consiguen que los inversores menos informados o más confiados les entreguen sus ahorros. Cuando no pueden justificar las pérdidas, simplemente desaparecen o cambian de nombre, es decir, no se trata de entidades más o menos solventes o con mayores o menores habilidades en la gestión financiera; sencillamente, son estafadores.

Mientras las empresas autorizadas para prestar servicios de inversión (sociedades y agencias de valores, sociedades gestoras de cartera, EAFI, bancos y cajas de ahorros, etc.) están sometidas a las normas que regulan los mercados de valores y a estrictos controles por parte de los organismos supervisores (CNMV y Banco de España), los chiringuitos financieros actúan al margen de la legalidad. Esto supone que:

- **No están registrados en la CNMV ni en el Banco de España**. Solo las empresas registradas han obtenido del supervisor competente una autorización para prestar servicios de inversión, tras acreditar el cumplimiento de ciertos requisitos (capital suficiente, organización y medios adecuados, etc.).

- **No están adheridos al Fondo de Garantía de Inversiones o de Depósitos**, por lo que los inversores no están protegidos en caso de insolvencia de la entidad no autorizada (las entidades autorizadas son las que contribuyen a estos Fondos con sus aportaciones).

No existe un tipo concreto de víctima de los chiringuitos ya que, a menudo, se trata de estafas muy elaboradas y con apariencia de credibilidad en las que puede caer cualquiera: pequeños empresarios, particulares con cierto nivel de ahorro, profesionales liberales, etc. Es fácil resultar vulnerable ante las promesas de enriquecimiento rápido y sin riesgo de los chiringuitos financieros, que por muy bien construidas que estén siempre son falsas.

Los canales que utilizan para contactar con sus potenciales víctimas no son distintos de los que puede emplear cualquier entidad legalmente autorizada para difundir sus propuestas comerciales entre clientes o posibles clientes: teléfono, cartas, correo electrónico, páginas web, redes sociales, etc. La diferencia reside en la manera en que utilizan estos canales, el tipo de mensajes que transmiten y la actitud general que muestran para lograr sus objetivos.

Para obtener los contactos recurren a bases de datos (a menudo obtenidas de forma fraudulenta) de las que extraen direcciones de personas que, por ejemplo, han suscrito un determinado producto financiero, reciben periódicamente una publicación económica o en alguna ocasión contestaron ciertas encuestas en las que reflejaron sus gustos, aficiones y situación económica familiar.

7.   El análisis fundamental

La premisa básica del análisis fundamental se basa en que la cotización de una acción concreta depende de la evolución futura de los resultados de la empresa.

Este análisis estudia el valor de una compañía, con la finalidad de determinar si el precio refleja, de manera real, su valor, determinando si está sobrevalorada o infravalorada. Puede decirse que un mercado es eficiente cuando el precio de cualquier acción refleja, de manera inequívoca, su verdadero valor. Por lo tanto, las **herramientas del análisis fundamental** permiten realizar una aproximación más certera de la valoración de las acciones.

Para estudiar el **valor de la acción de la empresa**, el análisis fundamental toma como referencia: la evolución de la economía y la evolución de la economía de la empresa.

Trata de establecer el valor teórico de la acción, es decir, el precio objetivo o real de una empresa determinada a partir del estudio detallado de toda su información económico y financiera (cuentas anuales, balances, liquidez, rentabilidad, etc.), además de estudiar la situación económica, ya sea a nivel nacional o mundial, en la que opera dicha empresa.

Para entender la finalidad del análisis fundamental es necesario realizar una distinción entre dos conceptos clave:

- **Precio:** es el resultado de una transacción determinada sobre un determinado bien o derecho. Esta transacción se realiza bajo unas condiciones concretas. En la fijación de precios inciden una serie de factores y circunstancia que afectan tanto al comprador como al vendedor.

- **Valor:** el valor de una empresa viene determinado por una serie e hipótesis aplicadas al negocio o empresa, que no necesariamente tiene porque ser las mismas que inciden en la fijación y determinación del precio que se paga.

Cuando centramos nuestro interés en un determinado valor bursátil debemos realizar los análisis pertinentes, a fin de determinar si la relación riesgo-rentabilidad que presenta dicho valor se ajusta a nuestro perfil inversor, y si la operación que deberíamos acometer es una inversión conocida, o si, por el contrario, no somos capaces de llevarla a cabo.

Nos centramos en este tema en el estudio financiero de la empresa, con la finalidad de saber determinar qué factores es necesario que tengamos en cuenta para el estudio de la empresa que opera en Bolsa.

8. El análisis técnico

El análisis técnico parte de la premisa de que el mercado proporciona la mejor información posible sobre el comportamiento de la acción; analiza cómo se ha comportado en el pasado y trata de proyectar su evolución futura.

Para ello, el análisis técnico se basa en **tres premisas**:

- Los precios, que se mueven en base a tendencias y obedecen a demanda y oferta.

- En la cotización se reflejan siempre todos los factores que pueden afectar a un valor.

- Los comportamientos de las cotizaciones son repetitivos, sus oscilaciones son cíclicas.

El análisis técnico, a su vez, se puede diferenciar en **dos vertientes**:

a) Una vertiente más **matemática**, la cual calcula tiempos, proyecciones, escalas, probabilidades, el efecto de que entren al mercado distintos agentes, etc.

b) Y otra puramente **gráfica**, la cual refleja el presente valor del título, facilitándonos la interacción con él, y la comprensión más ágil de lo que ocurre, y puede ocurrir en los próximos minutos, días, semanas, etc.

Este análisis utiliza *charts*, **gráficos de la evolución de la cotización**, y diversos **indicadores estadísticos** que analizan las tendencias de los valores.

Para poder trabajar con cualquier tipo de gráfico vamos a desagregar las claves básicas donde deberemos fijarnos para utilizar de manera eficaz la información que nos proporcionan:

1. **Apertura**: precio de apertura del valor.

2. **Máximo**: precio máximo del valor en el período estudiado (por defecto será diario).

3. **Mínimo**: precio mínimo del valor del período de referencia.

4. **Cierre**: último precio operado.

5. **Volumen**: número de contratos / valores contratados en el período.

Análisis técnico vs. Análisis fundamental

Podemos afirmar que, a corto plazo, más relevancia cobra el análisis técnico y menos el fundamental. Si, por el contrario, incrementamos el plazo, el fundamental comienza a adquirir mayor importancia.

El análisis fundamental requiere un mayor conocimiento sobre aspectos macroeconómicos, estar al día de las variables y las ratios, saber analizarlos e interpretarlos.

El análisis técnico es más objetivo, aunque cada analista puede interpretar de una forma u otra los charts que se presenten ante él, suele guiarse por indicadores del mercado, por el comportamiento del resto de inversores, por corazonadas, etc.

Lo ideal es tener un sólido conocimiento de análisis técnico mezclado con unas nociones de análisis fundamental, la cual nos permita tener una visión más amplia del mercado.

9. El perfil inversor

En este apartado incluimos el perfil del inversor, recomendable según las guías de la CNMV:

* **Conocimientos**

    1. Conocer la diferencia entre el ahorro y la inversión.

    2. Entender la diferencia entre la inversión y la especulación.

    3. Entender la relación entre riesgo y rentabilidad potencial.

    4. Entender el impacto que tiene la inflación en un plan financiero a largo plazo y en las inversiones a largo plazo.

    5. Entender el efecto del retorno (interés) compuesto en la acumulación de riqueza.

6. Conocer las ventajas de la diversificación de inversiones.

7. Entender los riesgos de utilizar dinero prestado para invertir (apalancamiento).

- **Habilidades y comportamiento**

1. Constituir un fondo de emergencia adecuado antes de contemplar la inversión.

2. Elegir productos de inversión en línea con el nivel de tolerancia al riesgo y los objetivos de inversión personales.

3. Diversificar las inversiones.

4. Considerar una inversión únicamente cuando el inversor sepa explicar sus características, comisiones y riesgos.

5. Establecer objetivos para cada inversión.

6. Volver a evaluar el nivel de tolerancia al riesgo cuando cambian los factores que lo afectan.

7. Invertir de forma regular y disciplinada para objetivos a largo plazo.

- **Actitudes y motivaciones**

1. Aceptar que el valor de una inversión puede subir o bajar.

2. Reconocer que la toma de decisiones de inversión sin informarse debidamente puede conllevar más riesgos.

3. Concebir la inversión como una parte del proceso de planificación financiera y no como una vía para ganancias especulativas.

10. Valores mobiliarios

10.1. Renta fija

10.1.1. Conceptos básicos de la renta fija

Los **activos de renta fija** se corresponden con un amplio conjunto de valores negociables que emiten las empresas y las instituciones públicas y que representan préstamos que estas entidades reciben de los inversores. En general, tienen un plazo determinado y una rentabilidad conocida de antemano o derivada de una fórmula. La renta fija no confiere derechos políticos a su tenedor, sino solo derechos económicos, entre los que cabe destacar el derecho a percibir los intereses pactados y la devolución de la totalidad del capital invertido en una fecha dada, llamada fecha de vencimiento.

La renta fija pública (deuda pública) la constituyen valores emitidos por el Estado, las Comunidades Autónomas y otros organismos públicos, mientras que la renta fija privada son valores emitidos por empresas del sector privado.

¿Qué opciones tengo para invertir en renta fija?

I. Mantener el título hasta su vencimiento. En este caso, recuperarás (a priori) el 100 % del capital invertido, como mínimo.

II. Vender el título en el mercado secundario antes del vencimiento. En este caso, el rendimiento será la diferencia entre su precio de venta y su precio de compra. Por tanto, la rentabilidad final obtenida puede diferir de la inicialmente prevista.

Como veremos más adelante, cada opción supone diferentes riesgos.

¿Qué rendimiento de la renta fija obtengo?

El rendimiento de la renta fija puede ser:

*   **Explícito**: si el inversor recibe el pago periódico de los intereses, llamado cupones.

*   **Implícito**: cuando el precio de adquisición del valor es inferior al importe que el inversor recibirá en el momento del reembolso (emisiones al descuento). Es decir, en las emisiones al descuento, se descuenta al inversor el importe de los intereses en el momento de la compra.

EJEMPLO 1: **Rendimiento implícito**. Emisión de un pagaré con valor nominal 1000€

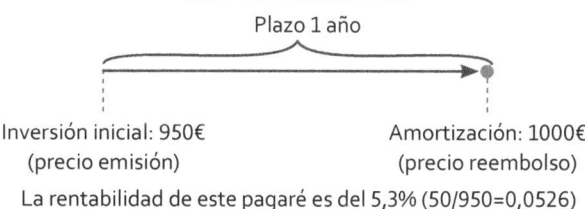

Plazo 1 año

Inversión inicial: 950€ (precio emisión) Amortización: 1000€ (precio reembolso)

La rentabilidad de este pagaré es del 5,3% (50/950=0,0526)

EJEMPLO 2: **Rendimiento explícito**. Emisión de un bono a 3 años al 3% anual, con valor nominal 1000€

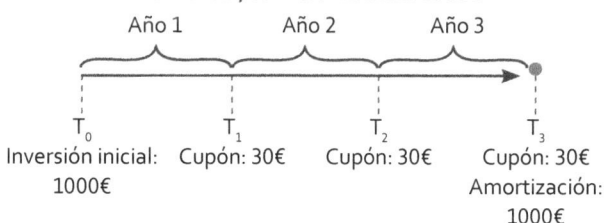

Año 1 Año 2 Año 3

T_0 T_1 T_2 T_3

Inversión inicial: 1000€ Cupón: 30€ Cupón: 30€ Cupón: 30€ Amortización: 1000€

¿Cuál es el papel de los intermediarios financieros y de los mercados?

La renta fija puede suscribirse en el momento de la emisión (mercado primario) a través de intermediarios financieros que coloquen los valores. También se puede comprar renta fija a otros inversores (mercado secundario) a través de entidades financieras autorizadas.

Aunque en algunos casos los valores no cotizan, lo más habitual es que los valores se admitan a negociación en algún mercado:

- **Bolsas de valores** (Madrid, Barcelona, Bilbao y Valencia): están admitidas a negociación diversas emisiones de renta fija privada y deuda autonómica.

- **Mercado de renta fija, AIAF**: se encuentran admitidos a negociación valores de renta fija privada. Dentro del mercado AIAF, el SEND (Sistema Electrónico de Negociación de Deuda) es una plataforma electrónica destinada específicamente a la negociación de renta fija para minoristas.

- Por otro lado, desde el inicio de 2018 la deuda pública ha pasado a registrarse y negociarse también en el Mercado regulado de deuda AIAF.

Tanto las bolsas de valores como el mercado de renta fija, AIAF, tienen la consideración de mercados regulados.

Hoy en día, existen otros centros de negociación distintos de los mercados regulados, como son los sistemas multilaterales de negociación (SMN) y los sistemas organizados de contratación (SOC). Un ejemplo de SMN es el Mercado Alternativo de Renta Fija (MARF), que se dirige principalmente a inversores institucionales. A diferencia de lo que sucede en los mercados regulados, la admisión a negociación en el MARF no requiere la aprobación de un folleto por la CNMV.

10.1.2. Renta fija pública

A) Letras del tesoro

Son activos a corto plazo (3, 6, 9 y 12 meses) emitidos por el Tesoro mediante subasta.

Son valores emitidos al descuento, por lo que su precio de adquisición es inferior al importe que el inversor recibirá en el momento del reembolso. La diferencia entre el valor de reembolso de la Letra (o precio de venta, en caso de venderla antes de su vencimiento) y su precio de adquisición será el interés o rendimiento generado (rendimiento implícito).

Al tratarse de valores a corto plazo, las variaciones de su precio en el mercado suelen ser bastante reducidas, por lo que suponen un menor riesgo para el inversor que pueda necesitar venderlos en el mercado antes de su vencimiento.

B) Bonos y obligaciones del Estado

Son los principales instrumentos de renta fija a medio y largo plazo emitidos por el Estado. Los bonos y obligaciones del Estado son iguales en todas sus características, salvo en el plazo.

En la actualidad, el Tesoro emite: bonos a 3 y 5 años; y obligaciones a 10, 15, 30 y 50 años.

Se emiten por su valor nominal a un tipo de interés, generalmente fijo, que se paga mediante cupones anuales a lo largo de su vida (rendimiento explícito).

Algunas emisiones de deuda pública a largo plazo se realizan bajo la modalidad de valores segregables o strips, en los que se pueden adquirir por separado el principal y cada uno de los cupones a los que da derecho el bono original.

C) Deuda autonómica y de otros organismos públicos

Las Comunidades Autónomas, corporaciones locales y diversos entes públicos emiten valores a corto plazo (pagarés) y a largo plazo. Sus características son similares a las de las Letras del Tesoro y los bonos y obligaciones del Estado, respectivamente.

La deuda autonómica y otra deuda pública cotizan en las bolsas de valores o, al igual que la deuda del Estado, en el Sistema Electrónico de Negociación de Activos Financieros (SENAF), SMN que es una plataforma electrónica de negociación mayorista de Bolsas y Mercados Españoles (BME) para deuda pública española, cuyo funcionamiento está supervisado por la sociedad rectora del mercado regulado de deuda AIAF.

10.1.3. Valores de renta fija privada

A) Tipos de valores de deuda privada

La renta fija privada engloba el conjunto de valores de deuda emitidos por las empresas del sector privado. Salvo ciertas excepciones, los emisores tienen la obligación de publicar un folleto informativo cuando se ofertan al público o se admiten a cotización valores de este tipo en un mercado regulado de un Estado miembro de la Unión Europea.

En algunos casos, puede existir un folleto aprobado por autoridades competentes de otros Estados miembros de la Unión Europea. Dichas autoridades competentes deberán remitir (pasaportar) a la CNMV ese folleto, junto con la notificación de su aprobación, para que los valores puedan ser ofrecidos al público o se puedan admitir a negociación en un mercado regulado con sede en España.

- **Pagarés de empresas**

Son **valores emitidos al descuento**, por lo que su rentabilidad (positiva o negativa) viene determinada por la diferencia entre su precio de adquisición y el valor nominal que se recibe al vencimiento (o el precio de venta, en caso de venderlo antes de su vencimiento). Por lo tanto, para obtener una rentabilidad positiva, el precio de emisión o compra debería ser más bajo que el obtenido a vencimiento o en el momento de la venta.

Son valores a corto plazo, existiendo vencimientos entre 3 días y 25 meses, aunque los plazos más frecuentes son de 1, 3, 6, 12 y 18 meses.

La **colocación de los pagarés en el mercado primario** se efectúa bien mediante subastas competitivas en las que se determina el precio de adquisición, o bien por negociación directa entre el inversor y la entidad financiera.

No suelen contar con ningún tipo de **garantía específica**, salvo la de la propia empresa emisora.

- **Bonos y obligaciones simples**

Los bonos y obligaciones simples son valores a **medio y largo plazo**, respectivamente, que representan una deuda para su emisor. La sociedad emisora se compromete a retribuir a los inversores con un interés que puede ser **fijo o variable** y a devolver el capital aportado en la fecha establecida para el vencimiento de los títulos. También puede existir la posibilidad de **reembolso por amortización anticipada**.

Sus características pueden variar considerablemente de un emisor a otro e, incluso, en distintas emisiones de una misma compañía. Estas diferencias pueden ser la fecha de vencimiento, el tipo de interés, la periodicidad de los cupones, los precios de emisión y amortización, las cláusulas de amortización y otras condiciones de emisión, las opciones de convertibilidad (si las hubiera), la prelación de derechos en caso de liquidación o las garantías ofrecidas, entre otras.

- **Bonos y obligaciones subordinados**

La deuda subordinada se caracteriza por su situación jurídica en caso de **quiebra o procedimiento concursal del emisor**: las obligaciones subordinadas se sitúan detrás de los acreedores privilegiados y comunes del emisor. Las entidades de crédito suelen realizar emisiones de este tipo porque, en ciertas condiciones, computan como recursos propios y, por tanto, refuerzan su solvencia. Cabe deducir que, por su mayor riesgo asociado, la deuda subordinada debería tener una rentabilidad mayor que la deuda simple emitida por la misma entidad y al mismo plazo.

- **Bonos estructurados**

Son valores en los que los rendimientos y, en ocasiones, el reembolso del principal, están vinculados a la evolución de uno o varios activos de referencia, también llamados **activos subyacentes**, que pueden ser: acciones, índices, materias primas, etc. Si el principal no está protegido, **no hay garantía de que se vaya a recuperar a vencimiento o en una fecha anterior el capital invertido**.

Los bonos estructurados **incorporan instrumentos derivados** (que conoceremos en la siguiente unidad), normalmente **opciones**, que permiten a la entidad emisora ligar la rentabilidad del producto a los activos de referencia.

Además del riesgo de la evolución de los tipos de interés, que afecta a todos los valores de renta fija, se asume el riesgo de los activos subyacentes.

- **Cédulas y bonos hipotecarios**

Son valores de **renta fija emitidos exclusivamente por entidades de crédito** y respaldados por la cartera de préstamos hipotecarios del emisor. Suelen ser emisiones a **medio plazo** y tienen distintas modalidades en cuanto a tipos de interés y condiciones de amortización. En concreto, la entidad emisora se reserva la facultad de amortizar anticipadamente parte o la totalidad de la emisión durante la vida de esta, de acuerdo con lo establecido en la Ley de regulación del mercado hipotecario.

Las **cédulas hipotecarias** están respaldadas de modo global por la cartera de préstamos hipotecarios del emisor que no estén afectos a la emisión de bonos hipotecarios. Sus tenedores tienen el carácter de acreedores singularmente privilegiados frente a cualesquiera otros acreedores en relación con la totalidad de los créditos hipotecarios.

Los **bonos hipotecarios** tienen características similares a las cédulas hipotecarias, pero, a diferencia de estas, no están respaldados de modo global por la cartera de préstamos hipotecarios concedidos por la entidad emisora, sino por un conjunto concreto de préstamos hipotecarios vinculados a los bonos. De esta forma, el principal y los intereses de las emisiones de bonos hipotecarios estarán especialmente garantizados por dichos préstamos, que deben cumplir una serie de requisitos.

- **Cédulas territoriales**

Las cédulas territoriales son valores de **renta fija emitidos por entidades de crédito**, que se encuentran respaldados por los préstamos y créditos concedidos por el emisor al Estado, las Comunidades Autónomas, los entes locales y los organismos autónomos dependientes de estos, así como a otras entidades de análoga naturaleza del Espacio Económico Europeo.

Los tenedores de cédulas territoriales tienen el carácter de acreedores singularmente privilegiados frente a cualesquiera otros acreedores en relación con el conjunto de préstamos concedidos a las Administraciones Públicas.

- **Cédulas y bonos de internacionalización**

Son valores de **renta fija**, emitidos exclusivamente por **entidades de crédito** y respaldados por la cartera de préstamos y créditos concedidos por la entidad emisora, que estén vinculados a la financiación de contratos de exportación de bienes y servicios o a la internacionalización de las empresas y que cumplan determinados requisitos.

B) Bonos de titulización

La **titulización** es un método de financiación de empresas basado en la venta o cesión de determinados activos (incluso derechos de cobro futuros) a un tercero que, a su vez, financia la compra emitiendo valores, que son los que colocan entre los inversores.

En España, el método de titulización es el siguiente: la entidad que desea financiarse —cedente— vende los activos a un fondo de titulización, que carece de personalidad jurídica y está administrado por una sociedad gestora. Los activos que se incorporan al fondo pueden ser de distinta naturaleza: préstamos hipotecarios a particulares, préstamos a empresas, créditos para la compra de automóviles, etc. A su vez, el fondo emitirá valores, que estarán respaldados por los activos adquiridos.

Entre los aspectos más relevantes de la titulización destacan:

- El fondo de titulización se configura como un patrimonio separado, de forma que la cartera titulizada queda fuera del alcance de los acreedores del cedente.

- Los valores emitidos están respaldados por los activos titulizados y no por la solvencia del cedente. Por ello, con la finalidad de aumentar la seguridad en el pago de los valores emitidos, neutralizar las diferencias de tipos de interés entre los créditos agrupados en el fondo y los valores emitidos con cargo a él y mitigar desfases temporales de flujos, se suelen contratar por cuenta del fondo operaciones financieras denominadas mejoras crediticias.

- El riesgo financiero de los valores emitidos suele ser objeto de evaluación por parte de agencias de calificación.

- Los titulares de los bonos emitidos con cargo al fondo asumen el riesgo de impago de los activos agrupados en él.

- El riesgo de amortización anticipada de los activos del fondo se traspasa a los titulares de los valores. En cada fecha de pago, los titulares de los bonos pueden soportar la amortización parcial de estos.

- Los valores emitidos podrán ser objeto de negociación en un mercado secundario oficial o en un sistema multilateral de negociación y podrán diferir entre sí en cuanto al tipo de interés, plazo y forma de amortización, derecho de prelación en el cobro o cualesquiera otras características (si van dirigidos a inversores cualificados y no van a ser admitidos en un mercado secundario oficial, la transmisión de los valores solo se podrá realizar entre inversores cualificados).

Una categoría especial de titulizaciones son las denominadas **titulizaciones STS** *(Simple, Transparent and Standard)*, que son aquellas que cumplen una serie de requisitos sobre simplicidad, estandarización y transparencia.

C) Bonos y obligaciones convertibles o canjeables

La **convertibilidad** supone la posibilidad de **transformar un activo financiero en otro**. Las obligaciones convertibles o canjeables confieren a su propietario el derecho a cambiarlas por acciones en una fecha determinada. La diferencia entre canje y conversión estriba en que, en el primer caso, la transformación en acciones se realiza mediante la entrega de acciones ya emitidas que forman parte de la autocartera del emisor, mientras que en el segundo se entregan acciones de nueva emisión.

Hasta la fecha de conversión, el tenedor recibe los intereses mediante el cobro de **cupones periódicos**. El número de acciones que se entregarán por cada bono u obligación y la forma de determinar los precios, así como las fechas de canje o conversión, se especifican en el **folleto informativo**.

Llegada la fecha del canje, el inversor tiene dos alternativas:

* Ejercitar la opción de conversión, si el precio de las acciones ofrecidas en canje/conversión es inferior a su precio de mercado.

* Mantener las obligaciones hasta la fecha de la siguiente opción de conversión o hasta su vencimiento.

Los bonos **contingentes convertibles**, llamados CoCo, son un tipo de bonos convertibles subordinados, emitidos, por lo general, por entidades de crédito. Son instrumentos perpetuos, aunque el emisor se reserva el derecho a rescatarlos transcurrido un plazo (generalmente cinco años) desde su emisión. Por otro lado, el pago del cupón puede ser cancelado por el emisor, sin que sea acumulable.

Si bien los bonos convertibles normales, como se ha señalado anteriormente, suelen dejar el poder de conversión en manos del inversor, en los bonos convertibles contingentes **esta conversión de bonos en acciones está sujeta a que se cumplan algunas condiciones establecidas** en el momento de su emisión.

La condición más común para que se produzca dicha conversión es que el nivel de capital (ratio de capital) de la entidad de crédito emisora se sitúe por debajo de un nivel mínimo previamente determinado. Si esto ocurre, el emisor convertirá de manera irrevocable y obligatoria los bonos convertibles contingentes en acciones a un precio de conversión también establecido con anterioridad. El inversor, por lo tanto, recibirá acciones como resultado de dicha conversión, de manera que pasará a ser accionista de la entidad emisora.

El hecho de que el nivel de capital se sitúe por debajo de un nivel mínimo es indicativo de un deterioro de la solvencia de la entidad, por lo que, si esto sucede, es probable que el precio de la acción esté bajando. Es preciso tener en cuenta que el precio de mercado de dichas acciones en el momento en que el inversor las reciba puede estar por debajo del precio de conversión, por lo que se pueden sufrir pérdidas significativas.

Antes de invertir en valores convertibles, hace falta saber en qué supuestos se puede producir la conversión y si esta puede ser a opción del emisor, del inversor o, por el, se produciría de manera automática si se dieran determinadas circunstancias. Hay que tener en cuenta que, en el caso de los valores contingentemente convertibles, la conversión se producirá de forma obligatoria si tienen lugar determinados eventos, como, por ejemplo, que los recursos propios de la entidad emisora se sitúen por debajo de un umbral determinado.

Ejemplo de conversión si se produce un evento prefijado

Supongamos una inversión de 10.000 euros en un bono contingentemente convertible emitido por la entidad X.

Entre otras características, las condiciones de la emisión establecen que, si en cualquier momento la ratio de capital de la entidad se encuentra por debajo del 5,125 %, los bonos se convertirán obligatoria e irrevocablemente en acciones de nueva emisión de la entidad a un precio de conversión que será el mayor de: i) el precio de mercado de referencia, ii) el precio mínimo de 5 euros y ii) el valor nominal de la acción.

Si la ratio de capital de la entidad emisora cae por debajo del 5,125 %, los bonos se convertirán en acciones. **La caída de la ratio de capital es indicativa del deterioro de la solvencia de la entidad, por lo que sus acciones estarán cayendo**. Supongamos que el precio de mercado de las acciones asciende a 1 euro, precio que coincide con el valor nominal de estas. En ese caso, el precio de conversión quedará fijado en 5 euros, por ser el mayor de los tres contemplados. Por lo tanto, el número de acciones que recibiría el titular del bono se calcularía de la siguiente manera:

10.000 € / 5 € por acción = 2.000 acciones

.../...

.../...

Como el precio de mercado de las acciones era de 1 euro, el valor de las acciones recibidas ascendería a 2.000 euros (frente a una inversión inicial de 10.000 euros al comprar el bono).

D) Participaciones preferentes

Las **participaciones preferentes**, PPR, son valores emitidos por una sociedad que no confieren participación en su capital ni derecho de voto. Tienen carácter perpetuo y su rentabilidad, por lo general de carácter variable, no está garantizada.

Las participaciones preferentes tienen una estructura similar a la de la deuda subordinada y sus principales características son las siguientes:

- Son valores perpetuos, aunque pueden ser amortizados o rescatados anticipadamente por el emisor.

- Conceden a sus titulares una remuneración predeterminada, no acumulativa, condicionada a la obtención de beneficios distribuibles.

- En el orden de prelación de créditos se sitúan por delante de las acciones ordinarias, en igualdad de condiciones con cualquier otra serie de participaciones preferentes y por detrás de todos los acreedores comunes y subordinados.

- Cotizan en el mercado regulado de deuda AIAF.

- A diferencia de las acciones, no tienen derechos políticos, salvo en determinados supuestos excepcionales.

Las participaciones preferentes pueden ser emitidas por compañías no financieras, pero suelen hacerlo entidades de crédito para cubrir sus obligaciones en materia de recursos propios. En el caso de las entidades de crédito, la elegibilidad de las participaciones preferentes para el cómputo de los recursos propios depende de que estas reúnan determinadas características como, por ejemplo, la posibilidad de que la remuneración pueda cancelarse en cualquier momento, incluso a discreción exclusiva del propio emisor o, si se producen determinados acontecimientos, la posibilidad de ajustar a la baja el valor nominal de las participaciones o realizar su conversión en otros valores.

Las participaciones preferentes contingentemente convertibles son un tipo de participaciones preferentes emitidas, por lo general, por entidades de crédito con la finalidad de mejorar su solvencia. A las anteriores características se les une la convertibilidad en acciones del emisor, que estará sujeta a determinadas condiciones fijadas en el momento de su emisión. Al igual que en el caso de los bonos convertibles contingentes, la condición más común para que se produzca dicha conversión es que el nivel de capital de la entidad de crédito emisora se sitúe por debajo de un nivel mínimo previamente determinado.

Si esto ocurre, el emisor convertirá de manera irrevocable y obligatoria las participaciones preferentes contingentemente convertibles en acciones a un precio de conversión también establecido de antemano. El inversor, por lo tanto, recibirá acciones como resultado de dicha conversión, de manera que pasará a ser accionista de la entidad emisora. El hecho de que el nivel de capital se sitúe por debajo de un mínimo es indicativo de un deterioro de la solvencia de la entidad, por lo que, si esto sucede, es probable que el precio de la acción esté bajando. Es preciso tener en cuenta que el precio de mercado de dichas acciones en el momento en que el inversor las reciba puede estar por debajo del precio de conversión, por lo que se pueden sufrir pérdidas significativas. Para ver un ejemplo en relación con la conversión, se puede consultar el incluido en el apartado anterior sobre bonos contingentes convertibles.

10.1.4. Rentabilidad y riesgo de la renta fija

A) Riesgos de la renta fija

Aunque, tradicionalmente, en la renta fija los intereses del préstamo estaban establecidos de forma exacta desde el momento de la emisión hasta su vencimiento, en la actualidad existen otras posibilidades más sofisticadas. Con frecuencia, los intereses son variables y están referenciados a determinados indicadores, generalmente tipos de interés (Euribor, etc.), índices bursátiles o, incluso, a la evolución de una determinada acción, índice, etc., teniendo a veces otras características especiales.

Ejemplo de intereses **fijos o variables**

- **Tipo 1**: Bono a 5 años al 3,25% fijo anual, pagadero trimestralmente.

- **Tipo 2**: Bono a 5 años al Euribor + 50 puntos básicos (Euribor + 0,50%) anual, pagadero semestralmente.

- **Tipo 3**: Bono a 3 años referenciado a la cotización de la compañía X. Si la cotización al cierre del primer año supera el 100% del precio inicial, recibe un cupón del 2,5%. Si la cotización al cierre del segundo año supera el 100% del precio inicial, recibe un cupón del 2,5%. Si en la fecha de amortización la cotización supera el 100% del precio inicial, recibe un cupón del 2,5%. En cualquier caso, en esta fecha el inversor recupera el 100% de su inversión.

.../...

.../...

En el primer caso, sabemos desde el principio los cupones a percibir y, por lo tanto, conocemos la rentabilidad de la inversión. En cambio, en el segundo caso la rentabilidad estará ligada a la evolución del Euribor y en el tercer caso, al precio de las acciones de la compañía X en el mercado. Por lo tanto, no podemos conocer con antelación el importe de los cupones.

Pueden existir diversos factores de riesgo inherentes a un emisor o a un tipo de valor de renta fija. Se explican a continuación los más habituales, pero pueden existir otros adicionales a los aquí descritos. Hay diferencias sustanciales entre los distintos tipos de productos. Los productos de renta fija simple que ofrecen poco riesgo generalmente llevan asociados niveles bajos de rentabilidad.

Estos riesgos siempre deberán venir detallados en el folleto de emisión del producto. Además, en determinadas ocasiones, el folleto puede incorporar advertencias de la CNMV, cuando se considere que las condiciones incorporan riesgos significativos para los inversores minoristas.

B)   Riesgo de crédito o de insolvencia

Riesgo de **crédito**, o **insolvencia**, es el riesgo de que el emisor del valor no pueda hacer frente a sus pagos (tanto de cupones como de reembolso del principal) o de que se produzca un retraso en ellos.

Conviene consultar las **calificaciones** *(ratings)* que asignan las agencias especializadas sobre la calidad crediticia y fortaleza financiera de los emisores: sociedades, Estados y Administraciones Públicas. El criterio fundamental empleado para evaluar la solvencia de un emisor suele ser su **capacidad para generar beneficios en el futuro** y, en consecuencia, para afrontar sus compromisos de pago. Cuanto menor es el riesgo de impago estimado, más alta es la calificación crediticia del emisor y, por lo tanto, más segura la inversión.

Lógicamente, **cuanto mayor es el riesgo de impago del emisor, más alta tendrá que ser la rentabilidad de sus emisiones** para atraer a los inversores. En el caso de la renta fija privada, se hacen calificaciones, además de sobre el emisor, sobre cada una de sus emisiones. Otras veces se califica la solvencia para que una emisión concreta pueda ofrecer garantías adicionales (como en el caso de las titulizaciones). Hay que tener en cuenta que las calificaciones son solo una indicación y pueden ser revisadas, suspendidas o retiradas en cualquier momento por parte de la agencia calificadora.

Hay otros riesgos que tienen que ver con el **horizonte temporal de la inversión**, que es el periodo en el que el inversor prevé mantener invertido el capital, sin poder utilizarlo para otros fines. Una característica de la renta fija es que los productos tienen una fecha de vencimiento para la recuperación del capital. Si el **horizonte temporal del inversor no coincide con el vencimiento** (por ejemplo, si necesita el dinero antes y tienes que vender el valor, o si quiere que su dinero siga invertido después del vencimiento), asume el riesgo de tipos de interés o el riesgo de reinversión.

C) Riesgo de tipos de interés / riesgo de precios

Cuando los tipos de interés de las nuevas emisiones aumentan, los precios de las ya existentes bajan, pues los inversores solo están dispuestos a comprarlas si su precio se reduce, de modo que garantice al comprador una rentabilidad equivalente a la de las nuevas emisiones. Por el contrario, cuando los tipos de interés disminuyen, el precio de las emisiones antiguas en el mercado secundario sube. En ambos casos, son los movimientos en la tasa interna de rentabilidad (TIR) los que ajustan el precio. La TIR permite homogeneizar la rentabilidad de cada emisión para compararla con los tipos de mercado.

Ejemplo de riesgo de tipos de interés

Adquieres una obligación a 10 años con valor nominal y precio de adquisición de 1000 euros y un rendimiento fijo anual del 3%. En el momento de la suscripción, queda fijado el rendimiento que obtendrás cada año, a lo largo de esos 10 años (el 3%, es decir 30 euros).

Si los intereses suben, las nuevas emisiones con las mismas características ofrecerán una rentabilidad superior (digamos el 3,5%), mientras que tu obligación seguirá pagando el 3%. Para compensar, solo podrás venderla si aceptas un precio de venta inferior al que pagaste (minusvalía).

Por el contrario, si los tipos bajan, las nuevas emisiones ofrecerán un rendimiento menor que tu obligación (digamos un 2,5% fijo anual). En ese caso, los inversores estarían dispuestos a comprar la tuya a un precio superior al que pagaste (plusvalía).

La **sensibilidad del precio frente a variaciones en los tipos de interés** depende del número de cupones pendientes, de su distribución y cuantía y del resto de los ingresos a percibir en el tiempo.

Los valores a medio y largo plazo con **rentabilidad ligada a un tipo de interés de referencia** (como el Euribor) también tienen riesgo de tipos, aunque se mantengan hasta su vencimiento.

D) Riesgo de liquidez

Es el riesgo de no encontrar contrapartida para vender los valores o sufrir una posible penalización en el precio de la inversión si se necesita recuperar el dinero con rapidez. En casos extremos, podría resultar imposible recuperar el dinero en el momento deseado. La falta de liquidez es un coste que siempre asume el inversor.

Las posibles limitaciones a la liquidez pueden derivar, por un lado, de la existencia de comisiones o penalizaciones en caso de reembolso anticipado (en aquellos productos en los que esta se permite, el coste de deshacer las coberturas de la opción asociada es elevado, existiendo la posibilidad de perder parte del principal invertido). Por otro lado, hay productos que no permiten la amortización anticipada.

En el caso de la renta fija cotizada, será el mercado el que determine la liquidez y el precio de nuestra inversión. Sin embargo, aun cuando los productos se negocien en algún mercado, es necesario considerar que existen diferencias notables en su funcionamiento, así como en la liquidez de los distintos productos que en ellos se negocian. Si los valores gozan de poca liquidez, podría ser difícil encontrar contrapartida en caso de desear venderlos.

E) Otros tipos de riesgo

- **Riesgo de reinversión**

    Si el activo adquirido tiene una vida inferior al horizonte de inversión, a su vencimiento se deberá adquirir otro hasta completar ese periodo. Esta situación origina un **riesgo de reinversión**, pues podría ocurrir que en esa fecha la rentabilidad que ofrezcan los activos resulte inferior a la que se ofrecía inicialmente a ese plazo.

Relacionado con el riesgo de reinversión, **está el riesgo de amortización anticipada**. En aquellos casos en los que se establezca la posibilidad de amortización anticipada de los valores por parte del emisor y este proceda a realizarla, podría suceder que el inversor no pueda reinvertir el importe de dicha amortización en valores comparables y al mismo tipo de interés.

- **Riesgo de subordinación y prelación de los inversores ante situaciones concursales**

  En caso de producirse una situación concursal del emisor, la posición que ocupe el inversor como acreedor y, por tanto, la probabilidad de recuperar su inversión, totalmente o en parte, dependerá de si es tenedor de valores simples o subordinados, así como de si los valores están o no garantizados.

- **Riesgo derivado del alcance de las medidas que podrían adoptarse en el marco de la reestructuración y resolución de entidades de crédito y empresas de servicios de inversión**

  Existe una serie de herramientas para resolver entidades de crédito con problemas de solvencia o inviabilidad, entre los que se encuentra el denominado instrumento de recapitalización interna (o *bail in*). Esta herramienta permite amortizar o convertir en acciones u otros instrumentos de capital los denominados pasivos admisibles para la recapitalización interna.

  Este es el denominado **riesgo de absorción de pérdidas**. Por lo tanto, en el caso de que el emisor sea una entidad de crédito, los tenedores de los valores podrían verse sujetos a una reducción del valor de estos o a su conversión en instrumentos de capital, lo que podría conllevar que los tenedores de los valores perdiesen parte o, incluso, la totalidad de su inversión.

10.2. Productos de renta variable

10.2.1. Acciones

El principal instrumento de renta variable son las **acciones**, que pueden definirse como aquellos títulos representativos de cada una de las partes iguales en las que se divide el capital social de una sociedad. Otorgan a su **propietario** (accionista) derechos económicos (reparto de beneficios en forma de **dividendos**, participación preferente en las ampliaciones de capital, participación en patrimonio resultante de la liquidación) y políticos (información, participación y voto en la junta general de accionistas).

En las acciones no es posible conocer con certeza la rentabilidad que se obtendrá de la inversión. Tanto el precio al que podrán venderse como los dividendos a percibir durante su periodo de tenencia son inciertos.

Los derechos de suscripción preferente se consideran instrumentos financieros no complejos en el proceso de asignación automática a los accionistas (por ejemplo, ampliación de capital), al ser considerados como un componente de la acción cuando el instrumento que se puede suscribir sea el mismo que el que dio lugar al derecho. Asimismo, se entiende de la adquisición en el mercado secundario de los derechos de suscripción estrictamente necesarios para redondear el número de derechos necesarios para adquirir la acción pertinente.

No obstante, cuando el ejercicio de los derechos de suscripción implica la compra de instrumentos financieros que son diferentes a las acciones que dieron lugar a los mismos, tales derechos deben considerarse como instrumentos complejos o no complejos según la clasificación de los instrumentos que se ofrecen para la compra.

Cuando los derechos de suscripción se adquieran en el mercado secundario deberán ser clasificados como productos complejos, salvo en el caso mencionado anteriormente en relación con el redondeo necesario para adquirir la acción pertinente.

Invertir en acciones supone convertirse en copropietario de una sociedad, en proporción a la participación adquirida. El rendimiento de la inversión irá ligado a la evolución de la cotización de las acciones y al reparto de beneficios de la sociedad. A diferencia de lo que ocurre con los productos clásicos de renta fija, la rentabilidad periódica de una acción no está fijada de antemano.

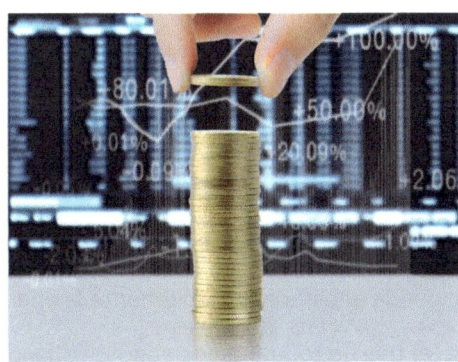

10.2.2. Derechos de los accionistas

En una sociedad se pueden encontrar dos grandes grupos de accionistas:

- **Accionistas de referencia**. Son los que cuentan con un porcentaje de participación que les permite intervenir o influir en la gestión de la compañía.

- **Accionistas minoritarios**. Tienen escasa o nula capacidad de influir en la compañía, salvo que actúen de manera agrupada.

Ambos grupos de accionistas gozan de los mismos derechos, aunque sus intereses no siempre tienen que ser coincidentes. Por un lado, están los derechos políticos y, por otro, los **económicos**:

- **Derecho al dividendo**. Es la parte del beneficio que la junta general de accionistas decide repartir a propuesta del consejo de administración. Las compañías cotizadas suelen hacer pública la política de dividendos.

- **Derecho de suscripción preferente**. Cuando una sociedad lleva a cabo una ampliación de capital o emite obligaciones convertibles en acciones, los accionistas gozan de preferencia en la suscripción de las nuevas acciones. Este derecho se negocia en la bolsa o el mercado en el que coticen las acciones. No obstante, la junta general de accionistas puede decidir su exclusión.

- **Derecho a la cuota de liquidación**. Si la sociedad llegara a liquidarse, los accionistas tendrían derecho a recibir la parte proporcional a su participación, después de que la compañía haya satisfecho sus obligaciones frente a los acreedores.

10.2.3. Las sociedades cotizadas

Las compañías cuyas acciones se negocian en una o más bolsas de valores se denominan sociedades cotizadas.

Invertir en acciones de una sociedad cotizada ofrece **ventajas** frente a la inversión en acciones no cotizadas:

- **Liquidez**. Puesto que se negocian en un mercado regulado, para comprar o vender acciones basta con transmitir a un intermediario autorizado la orden correspondiente. Esta operativa conlleva ciertos gastos: comisiones por tramitación, corretajes y cánones de bolsa, etc. En cambio, si la compañía no cotiza, es el propio inversor quien debe buscar una contraparte para su operación, lo que complica y puede encarecer notablemente la operación.

  Conviene destacar que no todas las sociedades cotizadas tienen la misma liquidez. Esta dependerá, fundamentalmente, del tamaño de la compañía y de su capital flotante (free float). El **capital flotante** es la parte del capital social que se encuentra en manos de los pequeños inversores. En principio, las empresas de mayor tamaño y con mayor capital flotante ofrecen más liquidez.

- **Valoración de la compañía**. El mercado asigna de forma continua un valor a las sociedades cotizadas, que se recoge en el precio de las acciones (cotización). Por el contrario, la valoración de una compañía no cotizada no está determinada por el mercado, por lo que es más difícil para el inversor estimar el precio de la acción.

- **Transparencia**. Las sociedades cotizadas están obligadas a difundir al mercado toda la información que pueda afectar al precio de la acción a través de su página web y las comunicaciones que deben remitir a la CNMV. La CNMV vigila de forma permanente el cumplimiento de estas obligaciones.

10.2.4. Rentabilidad de la acción: la cotización y el dividendo

El rendimiento de las acciones puede provenir de dos vías:

- Reparto de dividendos entre los accionistas o entrega de acciones gratuitas.

- Plusvalías o minusvalías generadas por la evolución de la cotización en el mercado. **Estas plusvalías o minusvalías solo se hacen efectivas en el momento en que se vende la acción**.

Ejemplo de rentabilidad de acciones

El señor Sánchez compra 500 acciones de la compañía X, que cotiza en la Bolsa de Madrid a un precio de 15 € por acción.

Los costes asociados a la operación le suponen un 0,75% sobre el efectivo.

¿Cuánto desembolsa el señor Sánchez por su inversión?

$$(500 \times 15) \times (1 + 0,0075) = 7556,25 €$$

¿Cuánto ha pagado por cada acción adquirida?

$$(7556,25) / 500 = 15,11 €$$

Al año siguiente, la compañía aprueba un reparto de dividendos de 0,34 euros por acción (descontada la comisión por cobro de dividendos).

¿Qué rentabilidad le supone al señor Sánchez el reparto de dividendos?

$$0,34 / 15,11 = 2,25\% \text{ de rentabilidad}$$

.../...

.../...

Tras el cobro del dividendo, el señor Sánchez se plantea vender sus acciones de la compañía X.

¿Qué rentabilidad obtendría el señor Sánchez en cada uno de los siguientes casos, considerando unas comisiones por venta del 0,75% sobre efectivo?

El precio de compra fue de 15,11 euros.

Caso A) En el momento de la venta, la sociedad cotiza a 17 euros por acción.

$$17 \times (1 - 0,0075) = 16,87 \text{ € por acción}$$

$$(16,87 - 15,11) / 15,11 = 11,65\% \text{ de rentabilidad vía venta de acciones.}$$

Caso B) En el momento de la venta, la sociedad cotiza a 14 euros por acción.

$$14 \times (1 - 0,0075) = 13,90 \text{ € por acción}$$

$$(13,90 - 15,11) / 15,11 = -8,01\% \text{ de rentabilidad vía venta de acciones.}$$

10.2.5. Riesgo en renta variable

Hay que señalar que el **riesgo**, como característica inherente a los valores de renta variable, significa **incertidumbre**, y eso implica la posibilidad no solo de obtener menores rentabilidades que las previstas, sino también, y con la misma probabilidad, de obtenerlas mayores.

La cotización de una acción depende en cada momento de la valoración que los participantes en el mercado realicen de la sociedad emisora. Tal valoración depende de distintos factores, los principales son las expectativas sobre el beneficio futuro de la sociedad y su tasa de crecimiento. También influyen otros factores, como las expectativas sobre distintos indicadores macroeconómicos, la confianza de los inversores, etc.

Los principales riesgos de la renta variable están vinculados a la **incertidumbre sobre sus rendimientos**:

• Las acciones no tienen una rentabilidad conocida, ni tan siquiera predecible.

- El comportamiento de una acción en el pasado no garantiza su evolución futura.

- La evolución de la acción no depende solo de la propia compañía, sino de factores ajenos como: la situación de la economía, la evolución de otros mercados, los tipos de interés, la inflación, etc. Por eso puede ocurrir que algunas compañías con buenos resultados en sus negocios no vean aumentar su valor en bolsa.

- No tienen plazo de vencimiento, por lo que la inversión solo puede deshacerse mediante la venta de las acciones.

10.2.6. Operaciones con acciones

A) Ampliaciones de capital

Las ampliaciones de capital son operaciones en las que la sociedad obtiene financiación aumentando sus fondos propios, mediante el incremento del valor nominal de las acciones ya existentes o mediante la emisión de nuevas acciones (lo habitual en las sociedades cotizadas).

En las ampliaciones de capital mediante la emisión de nuevas acciones, el precio podrá ser **a la par** (igual al valor nominal de las acciones) o con **prima de emisión** (superior al valor nominal).

- Un supuesto especial de ampliación de capital es aquel que se efectúa con **aportaciones no dinerarias**. En estos casos, al convocar la junta, debe ponerse a disposición de los accionistas un informe de los administradores, en el que se describirán con detalle las aportaciones proyectadas, su valoración y las personas que las efectúen, así como el número y valor nominal de las acciones que reciben a cambio.

- Otro caso particular son las **ampliaciones de capital liberadas**, en las que el aumento del capital se hace a costa de las reservas de la sociedad. Por tanto, no hay aumento de los fondos propios sino una simple reclasificación.

Las ampliaciones de capital son acordadas por la junta general. Suelen requerir la elaboración de un **folleto informativo** que recoge las características de la operación, con un apartado de especial relevancia para los inversores en el que se detallan los **factores de riesgo**.

B) Derechos de suscripción preferente (DSP)

En las **ampliaciones de capital**, los accionistas suelen tener el **derecho preferente** de suscribir nuevos títulos, en una proporción tal que les permita mantener su porcentaje anterior de participación en el capital social. De esta forma, se evita la dilución de sus derechos económicos y políticos, que se produciría como consecuencia del incremento en el número de acciones.

Los DSP son valores que cotizan en bolsa, por lo que el accionista puede:

- Acudir a la ampliación de capital ejerciendo los DSP asignados.

- Vender los derechos, en su totalidad o en parte.

- Adquirir en bolsa más derechos de los asignados para posteriormente acudir a la ampliación e incrementar su participación en el capital.

Los DSP que no se hayan ejercido durante el periodo de negociación se extinguen, por lo que el titular debe estar atento al plazo durante el cual puede venderlos o ejercerlos.

En caso de ampliaciones de capital liberadas con cargo a reservas, los accionistas reciben derechos de asignación gratuita, que funcionan igual que los DSP.

C) Ofertas públicas de adquisición (OPAS)

Una **oferta pública de adquisición (OPA)** es una operación por la que una o varias personas físicas o sociedades ofrecen a todos los **accionistas de una compañía cotizada** la compra de sus acciones, o de otros valores que permitan adquirirlas, a cambio de un precio. Aunque suele ofrecerse en efectivo, este precio también puede ser en acciones o mixto (dinero y acciones).

Los accionistas de una sociedad objeto de una opa disponen de varias opciones:

- **No acudir a la opa y mantener las acciones en cartera**. Esta opción no requiere actuación alguna por parte del accionista.

- **Aceptar la oferta**. En este caso debes transmitir a tu intermediario financiero tu intención de acudir a la opa.

- **No aceptar la oferta y vender las acciones en el mercado**, para lo que debes transmitir a tu intermediario financiero la correspondiente orden de venta.

Por las importantes consecuencias que pueden tener, conviene prestar especial atención a las **opas de exclusión**, cuya finalidad es que una sociedad deje de cotizar en bolsa. En estos casos, no acudir a la opa y mantener las acciones implica convertirse en accionista de una compañía no cotizada, lo que supone una pérdida de liquidez del valor, escasa transparencia de la compañía por las menores obligaciones de difusión de información, etc.

El *squeeze-out* y el *sell-out* son dos operaciones estrechamente ligadas al mundo de las opas, en las que, mediante el cumplimiento de determinados requisitos, el oferente puede exigir a los accionistas la venta de sus acciones, o los accionistas exigir al oferente la compra de estas, al precio de la opa.

D) Fusiones y desdoblamiento (SPLIT) de acciones

Una **fusión** es una operación en la que una sociedad absorbe a otra, u otras, o en la que dos o más sociedades se integran para constituir una nueva. Es más habitual la primera alternativa, la **fusión por absorción**, con el objetivo de lograr economías de escala o una mayor presencia en los mercados.

Las fusiones deben ser aprobadas por las juntas generales de todas las sociedades participantes, por lo que son los accionistas los que, en última instancia, determinan si les interesa o no la operación.

Para que los accionistas puedan votar con conocimiento de causa, desde la convocatoria de la junta tienen a su disposición, entre otros documentos, el proyecto de fusión elaborado por los administradores de las sociedades que intervienen y los informes de un experto independiente y de los administradores de cada una de las sociedades.

Como accionista tienes derecho a votar en contra de la propuesta de fusión, pero si resulta aprobada por la junta general de accionistas, la operación se llevará a cabo. En este caso, pasarás a ser accionista de la sociedad resultante, a través de un cambio automático de las acciones de la sociedad absorbida o fusionada por acciones de la sociedad absorbente o resultante.

El *split* o **desdoblamiento** consiste en dividir el valor nominal de las acciones en una proporción determinada y, de forma simultánea, multiplicar el número de acciones.

El objetivo de esta operación es aumentar la liquidez de la acción mediante el incremento del número de acciones en circulación y de la disminución de su valor nominal. Normalmente no requiere la participación del accionista.

Aunque no es frecuente, puede darse la operación contraria, que se conoce como *reverse split* y supone la agrupación de acciones de forma que aumente su precio unitario. A diferencia del *split*, el accionista deberá cuadrar sus acciones en paquetes exactos para alcanzar el nuevo valor nominal.

10.3. Conclusiones para tener en cuenta

Antes de invertir en renta fija, conviene:

- **Confirmar** el tipo de **interés** que se recibirá y qué **periodicidad** tienen los pagos, ya que este aspecto afecta a la rentabilidad. Si el interés es variable, conviene conocer cuál es la referencia y el diferencial que se le aplica. También es importante saber cómo se calcula el rendimiento (por ejemplo, mediante observaciones mensuales durante un determinado periodo) o si existe un agente de cálculo. Algunos tipos de interés aumentan o disminuyen con el transcurso del tiempo, según una programación establecida en las condiciones de emisión.

- Informarse de las **previsiones** de los distintos especialistas sobre la evolución de los tipos de interés.

- **Confirmar** el **precio de emisión** y el de **reembolso**. Este extremo es muy importante, pues en productos referenciados a la evolución de índices o de otros activos subyacentes o cestas de estos, el precio de reembolso puede ser inferior al nominal del valor, y la evolución desfavorable de dichas referencias podría ocasionar pérdidas.

- **Confirmar la fecha** y las **condiciones de amortización**. No es lo mismo comprometer el capital a 3, 5 o 10 años.

- Saber de antemano si existen **opciones de amortización anticipada**, parcial o total, a opción del emisor. En algunos casos, el emisor se reserva la opción de amortizar anticipadamente la totalidad de la emisión en un periodo preestablecido. Si los tipos de interés bajan, el emisor ejercitará la opción de amortización anticipada, y el inversor tendrá que buscar antes de lo previsto una nueva inversión a un tipo de interés inferior. En cambio, si los tipos suben, el emisor no ejercitará la opción y la inversión se mantendrá hasta el vencimiento final, devengando intereses inferiores a los de mercado.

- Otra forma de amortización anticipada es la **amortización parcial por reducción del nominal**. En este caso no es opcional, sino que es una de las condiciones de la emisión. Es necesario evaluar si una inversión de estas características se ajusta a sus necesidades, pues en unas fechas determinadas recibirá un porcentaje de su inversión inicial.

- Confirmar qué posición otorgarían los valores como **acreedor** de la entidad en caso de **concurso o quiebra** de esta, o si los valores pueden estar sujetos a los mecanismos de resolución previstos para las entidades de crédito; podrían llegar a sufrir ajustes a la baja en el valor nominal, conversiones u otras modificaciones.

- Leer atentamente las posibles **advertencias** que puedan figurar en la información que se entregue con carácter previo a la adquisición, en particular si se destaca que se trata de un producto no adecuado para inversores no profesionales debido a su especial complejidad.

En cualquier caso, las entidades están obligadas a informar a los potenciales inversores de que está a su disposición el **folleto informativo de la emisión**. Además, deben proporcionar un resumen explicativo del producto. Esta información incluye las características y los riesgos, tanto de la emisión como del emisor.

11. Los fondos de inversión y los productos derivados

11.1. Fondos de inversión

Los **fondos de inversión** son Instituciones de Inversión Colectiva, IIC. Consisten en un patrimonio formado por las aportaciones de un número variable de inversores, denominados partícipes.

El fondo lo crea una entidad, la gestora, que es la que invierte de forma conjunta esas aportaciones en diferentes activos financieros (renta fija, renta variable, derivados o cualquier combinación de estos, etc.) siguiendo unas pautas fijadas de antemano.

Así, cada partícipe es propietario de una parte del patrimonio del fondo, en proporción al valor de sus aportaciones. Los aumentos o disminuciones del valor del patrimonio se atribuyen proporcionalmente a los partícipes.

Los fondos están regulados por una normativa que pone los límites a la forma en que la sociedad gestora puede invertir el dinero, con el fin de asegurar un nivel mínimo de diversificación, liquidez y transparencia.

Tanto el tipo de activos en los que invierte (política de inversión) como el resto de las características del fondo (comisiones, posibilidad de sacar el dinero, riesgo que se asume, horizonte temporal...), están recogidas en un documento llamado folleto informativo y en el resumen del mismo, **DFI** (Datos Fundamentales para el Inversor).

11.2. Tipos de fondos

11.2.1. Clasificación de los fondos

Una de las cosas que hacen más interesantes a los fondos de inversión es que **permiten al inversor particular invertir en casi cualquier mercado financiero** utilizando todo tipo de estrategias. A través de un fondo se puede invertir en diferentes activos: renta variable española, japonesa, europea, asiática, cualquier combinación de renta fija y variable, etc.

Una primera clasificación permite distinguir entre:

- **Fondos de inversión mobiliaria**. Son instituciones de inversión colectiva que invierten en activos financieros.

- **Fondos de inversión inmobiliaria**. Son instituciones de inversión colectiva que invierten, fundamentalmente, en inmuebles para su explotación en alquiler. Son fondos, en general, menos líquidos que los de naturaleza financiera.

A su vez, los fondos de inversión mobiliaria pueden ser de diferentes tipos:

- **Ordinarios**. Invierten mayoritariamente en renta fija, renta variable y/o derivados.

- **De fondos**. Invierten mayoritariamente en otros fondos de inversión.

- **Subordinados**. Invierten en un único fondo de inversión.

- **Índice**. Su política de inversión trata de replicar un determinado índice.

- **Cotizados (ETF)**. Su peculiaridad es que se negocian en las bolsas de valores, como las acciones.

11.2.2. Tipos según la vocación inversora del fondo

Aunque hay varios criterios para clasificar la amplia gama de fondos de inversión (por ejemplo, por la zona geográfica de las inversiones) la clasificación más habitual se hace según la vocación inversora del fondo, es decir, según el tipo de activos financieros en los que el gestor invierte las aportaciones de los partícipes.

De acuerdo con este criterio, se puede hablar de los tipos de fondos que describimos a continuación.

A)   Fondos de Inversión en Activo del Mercado Monetario (FIAMM)

Estos fondos invierten en **activos del mercado monetario**. Se trata de fondos con un nivel de riesgo mínimo, lo cual no es lo mismo a que no podamos obtener pérdidas. Al menos el 90% de su patrimonio se invierte en valores de renta fija admitidos a negociación en un mercado secundario oficial o en otros valores de elevada liquidez y siempre en activos a corto plazo, cuyo vencimiento no supere los 18 meses, teniendo prohibida la inversión en activos de renta variable.

En los FIAMM disminuye la rentabilidad cuando bajan los tipos de interés a corto plazo, pero, en general mantienen una estabilidad en sus rentabilidades, por lo que son recomendables para inversores con aversión al riesgo que prefieren la seguridad a una mayor rentabilidad.

El reembolso de las participaciones por parte de la Sociedad Gestora a los partícipes que lo soliciten no podrá sobrepasar el plazo de 24 horas, por lo que son los que ofrecen mayor liquidez.

Los FIAMM también se conocen como **fondos de dinero**, porque en muchos de ellos su principal activo es el dinero o las divisas.

B) Fondos de Inversión Mobiliaria (FIM)

Estos fondos invierten en cualquier tipo de activo financiero. Esto hace que, en la actualidad, la gran mayoría de los nuevos fondos comercializados se ajusten a dicha modalidad.

Sus características más destacadas son:

- **Tipo de inversiones**: activos de renta fija (pública o privada) y activos de renta variable.

    1. **Renta fija**: valor mobiliario que produce una rentabilidad invariable (pagarés, letras, bonos, obligaciones, etc.)

    2. **Renta variable**: valor mobiliario cuya rentabilidad depende de diversos factores, generalmente relacionados con los beneficios de la sociedad emisora (acciones, obligaciones convertibles, etc.).

- **Vencimiento máximo de las inversiones realizadas**: sin vencimiento específico, dependerá de la vocación inversora del fondo.

- Un **3% del activo** debe mantenerse en cuentas a la vista en el **Depositario del Fondo**, en concepto de **liquidez**.

- El **reembolso de participaciones** se realizará, por parte de la Sociedad Gestora, en un máximo de **72 horas**.

11.2.3. Otras clasificaciones

Veamos otra clasificación:

a) **Fondos monetarios**

Los fondos monetarios se caracterizan por la ausencia de exposición a renta variable, riesgo de divisa y materias primas. Deben aceptar suscripciones y reembolsos de participaciones diariamente. Tienen por objetivo mantener el principal y obtener una rentabilidad acorde con los tipos del mercado monetario.

En función de la duración media y del vencimiento medio de la cartera del fondo, pueden ser: **fondos monetarios a corto plazo y fondos monetarios a largo plazo**.

b) **Fondos de renta fija**

Los fondos de renta fija se caracterizan por la ausencia total de exposición a renta variable. Pueden ser **renta fija euro** o **renta fija internacional**, según la exposición al riesgo divisa.

c) **Fondos de renta variable**

Los fondos de renta variable tienen una exposición mínima del 75% en renta variable. Pueden ser **renta variable euro** o **renta variable internacional**, según la exposición al riesgo divisa.

d) **Fondos mixtos**

En el grupo de fondos mixtos se podrán encontrar fondos de renta fija mixta, con una exposición a renta variable inferior al 30%, o fondos de renta variable mixta, con una exposición a renta variable inferior al 75% y superior al 30%. En general, cuanto mayor sea el porcentaje invertido en renta variable, mayores serán el riesgo y la rentabilidad potenciales.

e) **Fondos de gestión pasiva**

La política de inversión de los fondos de gestión pasiva consiste en replicar o reproducir un índice bursátil o financiero. En esta categoría se incluyen los fondos con un objetivo concreto de rentabilidad no garantizado y los fondos cotizados.

f) **Fondos garantizados**

Los fondos pueden ser total o parcialmente garantizados en función de si aseguran o no la totalidad de la inversión inicial. A su vez, dentro de los fondos totalmente garantizados encontramos: fondos que aseguran un rendimiento fijo y fondos que ofrecen la posibilidad de obtener un rendimiento vinculado a la evolución de un instrumento de renta variable, divisa o cualquier otro activo.

En estos fondos el horizonte temporal recomendado (es decir, el plazo durante el que se recomienda mantener la inversión) coincide con el período de la garantía.

Es importante recordar siempre que la **garantía es efectiva solo en la fecha de vencimiento**. Si el inversor reembolsa antes de esa fecha no se beneficiará de la garantía y puede perder dinero.

Además, es habitual que estos fondos tengan **comisión** (de hasta el 5%) si se reembolsan antes del vencimiento de la garantía (comisión de reembolso).

g)   **Fondos de retorno absoluto**

Persiguen un objetivo de gestión, no garantizado, de rentabilidad y riesgo. Los **fondos de inversión libre**, también conocidos como *hedge funds*, suelen pertenecer a esta categoría.

h)   **Fondos globales**

Son fondos cuya política de inversión no encaja en ninguna de las vocaciones anteriores.

Algunos tipos de fondos tienen un funcionamiento distinto a la operativa habitual; por ejemplo: los fondos de inversión inmobiliaria, los fondos cotizados o los fondos de inversión extranjera.

i)   **Fondos cotizados**

Los fondos cotizados, ETF, *exhange traded funds*, son fondos que se negocian en bolsas de valores como si se tratara de acciones de una empresa. Su política de inversión consiste en reproducir la evolución de algún índice bursátil, nacional o internacional, como, por ejemplo, el Ibex. También hay fondos cotizados que utilizan como referencia a índices de renta fija.

La **operativa de compra y venta** es como la de las acciones negociadas en Bolsa. El inversor sabe el precio de la participación en cada momento y puede comprar y vender cuando quiera (incluso varias veces en el mismo día a precios diferentes). Además de las comisiones de los fondos tradicionales, soportan las comisiones asociadas a la operativa bursátil (comisión de compra y venta, depósito de los títulos).

j)   **Fondos de inversión libre**

También se conocen como fondos de inversión alternativa o *hedge funds*. Su característica principal es que pueden invertir sin las limitaciones que tienen el resto de los fondos (tipo de activos, diversificación de sus inversiones y el endeudamiento).

113

En general, son productos poco líquidos y, a veces, fijan un período mínimo de permanencia a los inversores. A diferencia de los fondos tradicionales, la normativa no pone límites máximos a las comisiones. Debido a la libertad de la que gozan al invertir, el riesgo que se asume suele ser muy alto.

k) **Instituciones de inversión colectiva extranjeras**

Están constituidos en otro país. Por lo general, suelen ser sociedades de inversión y, al igual que en un fondo español, el comercializador (la entidad que lo vende) debe entregar al inversor el folleto informativo del fondo (DFI), en el que está toda la información necesaria. La diferencia es que la normativa que los regula no es la española sino la del país de origen, por lo que pueden darse diferencias, por ejemplo, en cuanto a la liquidez del producto.

Por otra parte, al ser sociedades y no fondos, los títulos están depositados en una cuenta de valores (son acciones de una sociedad); esto implica que la entidad depositaria cobrará las comisiones que tenga establecidas.

11.3. Sociedades de inversión mobiliaria

Las sociedades de inversión mobiliaria (SICAV) se diferencian de los fondos de inversión en que los primeros son simplemente un patrimonio en el cual cada ahorrador se convierte en un partícipe de dicho fondo. En cambio, las SICAV son **sociedades anónimas** y los ahorradores que aportan su dinero se convierten en **accionistas**.

- Las SICAV pueden autogestionarse o encargar su gestión a una sociedad gestora de instituciones de inversión colectiva, SGIIC.

- Al igual que los fondos de inversión, las SICAV también pueden tener compartimentos con distintas políticas de inversión y emitir diferentes series de acciones con su propio régimen de comisiones.

- Las acciones de las SICAV pueden negociarse en bolsas de valores o sistemas multilaterales de negociación o se puede invertir en ellas mediante un procedimiento similar a la suscripción y reembolso de fondos de inversión.

11.4. Elementos intervinientes

Las personas o entidades que intervienen en un fondo de inversión son las siguientes:

- **Partícipes**

Son las personas físicas o jurídicas que realizan aportaciones al fondo y se convierten, por consiguiente, en **copropietarios de los valores** en que el patrimonio del fondo está invertido, en la proporción que representen sus aportaciones. En los fondos de inversión el número de partícipes no será inferior a 100 (Art. 5 de la Ley 35/2003).

Aunque los fondos de inversión están diseñados para llegar a cualquier inversor, normalmente existe una **cuantía mínima como aportación**, que varía en función del fondo del que se trate.

Cuando un inversor realiza una aportación, lo hace a través de la **compra de participaciones**, cuyo número no variará en tanto no se realicen nuevas aportaciones o no se reembolsen algunas. Sin embargo, el valor de su aportación sí variará, revalorizándose o devaluándose sus participaciones, cuando se revalorice o devalúe la cartera del fondo. De esta forma, el valor de la inversión de cada partícipe varía cuando lo haga el conjunto de las inversiones realizadas.

El **reembolso** es la forma de recuperar, en todo o en parte, la inversión realizada. El reembolso será por el valor liquidativo de cada participación, es decir, el precio de la participación en ese determinado momento. Este valor se ha de calcular diariamente al precio que los distintos activos financieros en los que invierte el fondo, de tal modo que siempre refleja el valor real de la participación. Hemos de tener en cuenta que dicho valor es neto, ya que de él se han descontado los honorarios de la gestora y del depositario.

- **Participaciones**

    Las participaciones de un fondo de inversión son cada una de las partes alícuotas en que se divide el patrimonio formado por el fondo, es decir, las **aportaciones unitarias de cada uno de los partícipes**. Dichas participaciones tienen los mismos derechos y el mismo valor, y la propiedad de los mismos permite al partícipe, valga la redundancia, "participar" en los resultados del fondo.

    La participación es **nominativa** y están representadas a través de certificados o por anotaciones en cuenta. Todo se hace a través de la entidad gestora.

- **Entidad gestora**

    Sociedad anónima cuyo objeto social exclusivo es la **gestión y administración** del patrimonio del fondo, siendo responsable ante los partícipes de la evolución del mismo. Además, diseña y desarrolla la **política de inversión**.

    Por dicha gestión y administración cobra una comisión de gestión que descuenta directamente de la rentabilidad obtenida del fondo.

    Para la gestión del patrimonio del fondo, la sociedad gestora deberá atenerse, en todo momento, al **Reglamento de Gestión**, que regula la actividad e inversiones del fondo.

    Las sociedades gestoras han de cumplir una serie de requisitos y asumir unas determinadas funciones para su correcto funcionamiento.

a) **Requisitos**

1. Ser sociedades anónimas.

2. Han de tener un capital y recursos mínimos, cuya cuantía marcará la Legislación en cada momento.

3. El objeto social exclusivo será la administración y representación de IIC.

4. Entre sus órganos de gobierno deberá figurar un Consejo de administración.

b) **Funciones de la sociedad gestora**

1. La redacción del Reglamento de Gestión del fondo, junto con la Entidad Depositaria Llevanza de la contabilidad del fondo.

2. Determinación del valor de las participaciones, calculando diariamente el valor liquidativo. Emisión, junto con la entidad depositaria, de los certificados de participación en el fondo reembolso de las participaciones.

3. Toma del acuerdo de distribución de resultados de ejercicio, cuando se trate de fondos de reparto y proceda.

4. Selección de valores y activos de las inversiones.

5. Remitir al depositario toda aquella información que este precise para el ejercicio de sus funciones. La CNMV podrá establecer aquella información que deberá remitirse en todo caso al depositario con carácter obligatorio, así como la forma, el contenido y los plazos para la remisión.

6. Remitir a la CNMV el informe de auditoría de cuentas en los cuatro meses siguientes a la finalización del período de referencia.

7. Comunicar a la CNMV toda transmisión de acciones que formen parte de su capital en el plazo de siete días a partir de aquel en el que tuviera conocimiento de la transmisión. Anualmente, deberá remitir a la CNMV, de acuerdo con el modelo que esta establezca, la relación de todos los accionistas y sus participaciones. La relación de accionistas con participación significativa y de aquellos que, sin tener dicha participación significativa, tengan la consideración de entidad financiera, será pública.

8. Facultades de dominio sin ser propietaria del fondo.

- **Entidad depositaria**

  Es la encargada de la **custodia de los activos** que componen la cartera del fondo y a través de la cual se efectúan los cobros y pagos que dan origen al normal funcionamiento del fondo.

  Entidad depositaria puede ser un banco, una caja de ahorros (incluida la CECA), una cooperativa de crédito o sociedades y agencias de valores.

  La entidad depositaria puede recibir del fondo una **comisión de custodia** en remuneración de sus servicios.

  La entidad depositaria y la sociedad gestora deben ser, de acuerdo con la Ley, independientes. De esta forma, ninguna entidad podrá ser depositaria de fondos administrados por sociedades gestoras de su mismo grupo, salvo que cumplan, entre otros, una serie de requisitos y asuman una serie de funciones.

  a) **Requisitos**

     1. Tengan consejeros y administradores distintos.

     2. El fondo tenga en cartera menos del 1% de valores emitidos por la entidad depositaria. Tengan domicilios y centros de actividad diferentes.

  b) **Funciones**

     1. Reembolso de las participaciones.

     2. Vigilancia y supervisión de la gestión de la sociedad gestora.

     3. Cumplimentación de las suscripciones de participaciones.

     4. Emisión, en unión a la sociedad gestora, de los resguardos y certificaciones de la participación en el fondo.

     5. Realización de las órdenes de compra y venta de valores.

     6. La redacción del Reglamento de Gestión del fondo, junto con la sociedad gestora.

11.5. Participación

11.5.1. Concepto de participación

La **participación** es cada una de las partes alícuotas en que se divide el patrimonio de un fondo.

Las participaciones **no tendrán valor nominal**, tendrán la condición de instrumentos financieros y podrán representarse mediante certificados nominativos, anotaciones en cuenta o sistemas basados en tecnología de registros distribuidos.

Dentro de un mismo fondo o, en su caso, de un mismo compartimento, podrán existir distintas **clases de participaciones** que se podrán diferenciar, entre otros aspectos, por la divisa de denominación, por la política de distribución de resultados o por las comisiones que les sean aplicables. Cada clase recibirá una denominación específica, que irá precedida de la denominación del fondo y, en su caso, del compartimento.

El **valor liquidativo** de cada clase de participación será el que resulte de dividir el valor de la parte del patrimonio del fondo que corresponda a dicha clase por el número de participaciones de esa clase en circulación. A los efectos de suscripción y reembolso, se calculará y se hará público por el medio de difusión que se determine reglamentariamente, con la periodicidad que se establezca, en función de las distintas políticas de inversión, de la naturaleza de los partícipes y de liquidez del fondo.

Las participaciones se **emitirán** y **reembolsarán** por la sociedad gestora a solicitud de cualquier partícipe, en los términos que se establezcan reglamentariamente. No obstante, la Comisión Nacional del Mercado de Valores (CNMV) podrá suspender temporalmente la suscripción o reembolso de participaciones cuando no sea posible la determinación de su precio o concurra otra causa de fuerza mayor.

Con carácter general, las suscripciones y reembolsos de fondos de inversión deberán realizarse en efectivo. No obstante, excepcionalmente cuando así se prevea reglamentariamente y en el reglamento de gestión, las suscripciones y reembolsos podrán efectuarse mediante entrega de bienes, valores o derechos aptos para la inversión, adecuados a la vocación inversora del fondo.

11.5.2. Características de las participaciones

El **patrimonio del fondo** puede aumentar o disminuir por dos motivos:

- **Entradas o salidas de partícipes**. Los fondos de inversión son instituciones de carácter abierto, es decir, en general cualquier inversor puede entrar o salir del fondo según su conveniencia, comprando o vendiendo participaciones. La compra de participaciones se denomina **suscripción**, y la venta supone un **reembolso**, parcial o total, de la cantidad invertida. Por tanto, el número de participaciones en circulación varía constantemente, a medida que los inversores entran o salen del fondo.

- **Variaciones en el valor de mercado de los activos que componen la cartera del fondo**. Estas fluctuaciones en la valoración de la cartera son las que determinan la obtención de resultados positivos o negativos para el fondo y, en consecuencia, para cada uno de los partícipes.

Una característica muy importante de los fondos es que los resultados, ya sean beneficios o pérdidas, no son percibidos de manera efectiva por el inversor mientras no se produzca el reembolso de las participaciones.

El tratamiento fiscal de las participaciones en fondos de inversión resulta ventajoso porque hasta el momento del reembolso no se tributa por las plusvalías.

Hay dos elementos que pueden ayudar al inversor a tener una idea más aproximada del riesgo que incorpora un determinado fondo de inversión: la volatilidad y la duración.

- **Volatilidad**

  La **volatilidad** nos indica si históricamente los valores liquidativos del fondo han experimentado variaciones importantes o si, por el contrario, han evolucionado de manera estable.

  Un fondo muy volátil tiene más riesgo porque es difícil prever si el valor liquidativo va a subir o a bajar. Por tanto, en el momento del reembolso, lo mismo podrían obtenerse ganancias significativas que pérdidas importantes.

  Si el inversor adopta la volatilidad como criterio de decisión, debe tener en cuenta que existen distintas formas de cálculo y presentación (diaria, mensual, anualizada o sin anualizar…). Por eso es aconsejable seleccionar una fuente de confianza y ceñirse a la misma, ya que los datos de distintas fuentes pueden no ser del todo comparables.

- **Duración**

  La **duración** (o plazo medio de vencimiento) es un concepto que permite estimar cómo responderán los activos de renta fija ante variaciones de los tipos de interés (riesgo de tipo de interés).

  Cuando los tipos suben, los valores de renta fija en la cartera del fondo pierden valor. Y al contrario si los tipos bajan. Este efecto se acusa menos para valores a corto plazo. Por eso, a mayor duración más sensibilidad y más riesgo.

11.6. Comisiones de los fondos de inversión

Podemos distinguir entre las siguientes comisiones de los fondos de inversión:

- **Comisiones de gestión y depósito**. Son las que cobran la gestora y el depositario, respectivamente. Estas comisiones son implícitas, es decir, ya están deducidas del valor liquidativo del fondo, puesto que se cargan directamente al fondo de inversión.

- **Comisiones de suscripción y reembolso**. Pueden ser a favor de la gestora o del propio fondo (en este caso se denomina descuento a favor del fondo). Son explícitas, es decir, se cargan al partícipe en el momento en que se realiza la suscripción o el reembolso, como un porcentaje del importe suscrito o reembolsado y deduciéndose de este.

Es posible que se cobren **comisiones por cambiar la inversión de un compartimento a otro**, dentro del mismo fondo.

Además de las comisiones, existen otros gastos que también tienen repercusión en la rentabilidad final. Un concepto relevante que se encuentra en el folleto (DFI), es el de gastos totales soportados por el fondo o TER (expresados como un porcentaje sobre el patrimonio del fondo). Los gastos totales incluyen las comisiones de gestión y depositario, los servicios exteriores y otros gastos de explotación. **Cuanto menor sea este porcentaje, mayor beneficio para los partícipes**.

Conviene tener en cuenta que un fondo de inversión puede aplicar distintas comisiones a las distintas clases de participaciones que emita, diferenciándose por criterios como las políticas de comercialización, el volumen de inversión, la divisa de denominación u otros parámetros.

11.7. El documento de datos fundamentales para el inversor (DFI)

Las entidades que comercializan fondos de inversión tienen la obligación de entregar al inversor una copia del documento de datos fundamentales para el inversor, DFI, anteriormente denominado **folleto simplificado**, junto con el último informe semestral publicado, siempre antes de que suscriba el fondo.

El **objetivo** que persigue el DFI es **tratar de mejorar la información para el inversor**, por lo que el lenguaje del documento es sencillo, claro y conciso, permitiendo a los inversores conocer las características del fondo y poder hacer una comparativa con el resto de los productos. Además, este documento obliga a la entidad a cumplir con el contenido del mismo.

Es esencial consultar este documento antes de cualquier operación, ya sea de invertir (suscribir) o reembolsar (vender) sus participaciones. El DFI (KID, por sus siglas en inglés, Key *investor document*) tiene una extensión máxima de dos páginas (ampliable a tres en caso de fondos estructurados) y recoge toda la información necesaria y relevante para que el inversor pueda tomar una decisión sobre si le conviene invertir o no ese fondo.

Este documento es analizado y registrado por la CNMV en el momento de la creación del fondo. El DFI es un extracto del folleto completo, ya que este último incluye además un anexo del reglamento de gestión del fondo y los últimos informes, trimestral y anual.

Los apartados del DFI son:

1. **Datos identificativos del fondo**. Muestra denominación del fondo, código ISIN, nº de registro en CNMV e identificación de la gestora.

2. **Objetivos y políticas de inversión**. Contiene la descripción detallada de la estrategia del fondo (en qué y cómo invierte):

    a) Categoría de fondo – vocación, de acuerdo comuna clasificación estandarizada: monetarios, renta fija, renta variable, mixtos, total o parcialmente garantizados, gestión pasiva, globales, retorno absoluto, etc.

    b) Política de inversión: descripción detallada de la estrategia del fondo para invertir el patrimonio de los partícipes.

    c) Objetivo de gestión: si tienen o no un índice de referencia.

    d) Valor liquidativo aplicable en caso de suscribir o reembolsar las participaciones.

3. **Perfil de riesgo y remuneración**. Ofrece un dato indicativo del riesgo del fondo en una escala de 1 a 7 niveles. Va de potencialmente menor rendimiento / menor riesgo (1) a potencialmente mayor rendimiento / mayor riesgo (7). Es importante tener en cuenta que la categoría (1) no significa que la inversión esté libre de riesgo.

4. **Gastos corrientes y comisiones**. Por un lado, se incluye el indicador de los fastos corrientes TER (*Total expense ratio*) como media de los gastos totales que soporta el fondo. Dichos gastos reducen la rentabilidad del fondo; por tanto, a mayor TER, menor beneficio potencial para el partícipe. Por otro lado, también se incluyen las comisiones que asume el partícipe de forma directa (reembolso, suscripción, comisión sobre resultados, etc.).

5. **Rentabilidad histórica**. Mediante un gráfico de barras se muestra la rentabilidad anual que ha obtenido el fondo a lo largo de 10 años y, en el caso de la que antigüedad del fondo sea inferior, se incluirá una simulación. En este apartado, es importante tener en cuenta que rentabilidades pasadas no son indicativas de resultados futuros.

6. **Información práctica**. Sobre el depositario (custodia de valores y vigilancia supervisión de la gestora), sobre la inversión mínima inicial, la fiscalidad y dónde se puede consultar otra información del fondo.

11.8. Productos derivados

11.8.1. Concepto y características de los productos derivados

Los **productos derivados** son instrumentos financieros cuyo valor deriva de la evolución de los precios de otro activo, denominado activo subyacente.

Se llama **activo subyacente** al activo que utilizamos con sus precios de contado para obtener los productos derivados del mismo, y pueden ser de varios tipos: divisas, materias primas, renta fija, bonos, acciones, productos energéticos, índices inmobiliarios, etc.

Básicamente, un derivado es una contratación a plazo en la que se establecen todos los detalles en el momento del acuerdo, mientras que el intercambio efectivo se produce en un momento futuro.

Son productos sujetos al efecto apalancamiento, ya que la inversión inicial necesaria es reducida en comparación con la exposición al subyacente que se obtiene, por lo que los resultados pueden multiplicarse, tanto en sentido positivo como negativo, en relación con el efectivo desembolsado. Por lo tanto, son productos de riesgo elevado.

En su origen estos productos aparecen con la finalidad de dar cobertura o *hedge* al agricultor que desconoce el futuro precio al cual puede vender una cosecha y con este producto se garantiza un precio futuro de venta. Así en un producto derivado encontraremos la figura del inversor que especula (sobre una posible subida o bajada de un activo) y otro inversor que se cubre sobre los mismos movimientos. Su nombre, producto derivado, se debe a que el precio o valor del producto se obtiene o deriva del precio de contado del mismo.

Imaginemos que vamos a comprar al supermercado un kilo de naranjas. Lo normal es que el acuerdo y la transacción se realicen en el mismo momento, es decir, a la entrega del kilo de naranjas se paga el precio establecido.

Supongamos ahora que acordamos con el frutero que para la semana que viene me venda un kilo de naranjas al precio al que están hoy. Esto se podría entender como un derivado o contrato a plazo; hemos fijado los detalles del acuerdo, la cantidad y el precio en el momento actual, si bien el intercambio se hará en una fecha futura.

Por lo tanto, la variación del precio podrá jugar a nuestro favor si el precio del kilo de naranjas sube, o en contra si el kilo de naranjas baja de precio, beneficiándose el frutero del acuerdo realizado.

Los activos sobre los que obtenemos el precio de contado en su origen eran exclusivamente activos reales que requieren una entrega física a vencimiento. Hoy también pueden ser índices de diferentes activos cuya entrega a vencimiento es por diferencia entre precios. Se caracterizan por:

- **Apalancamiento**: tener una inversión financiera mayor que el dinero que depositamos en garantía.

- **Valoración**: el precio del producto derivado varía con los cambios de precio del activo subyacente.

- Son **contratos a plazos**; tienen vencimiento.

- Cotizan en **mercados organizados** y en los mercados **OTC** (no organizados).

Los derivados se pueden negociar en mercados organizados o no organizados. En España, el **mercado oficial de futuros y opciones financieras es MEFF**, donde se negocian futuros y opciones sobre el Ibex 35 y sobre acciones individuales, además de determinados futuros sobre renta fija (Bono 10). Al negociarse en un mercado organizado presentan las siguientes características:

- Las condiciones de los contratos están estandarizadas. Por lo tanto, el importe nominal, el activo subyacente y la fecha de vencimiento están predeterminadas y el inversor no las puede modificar.

- El contrato se puede comprar o vender en cualquier momento de la sesión de negociación, sin necesidad de esperar a la fecha de vencimiento.

- La negociación tiene que hacerse a través de un intermediario autorizado que sea miembro del mercado MEFF.

- En algunos casos (futuros y venta de opciones) hay que realizar un depósito de garantías para asegurar el cumplimiento de las obligaciones de pago.

11.8.2. Tipos de productos derivados

A) Futuros

Un **futuro** es un contrato por el que se acuerda el intercambio de una cantidad concreta de activo subyacente (valores, índices, productos agrícolas, materias primas...) en una fecha futura predeterminada, a un precio convenido de antemano.

Se denomina **posición larga** a la que adopta el comprador de futuros; al vencimiento del contrato tendría derecho a percibir el activo subyacente (si se liquidara por entrega física). Sin embargo, puede que el comprador prefiera cerrar su posición en el mercado antes del vencimiento realizando la operación contraria, es decir, vendiendo futuros.

La **posición corta** es la del vendedor de futuros, que se compromete a entregar el subyacente al vencimiento (si se liquidara por entrega física), a cambio del precio establecido en el contrato. Igualmente, puede deshacerse tal posición comprando antes del vencimiento.

En los contratos de futuros negociados en MEFF existe una **liquidación diaria de pérdidas y ganancias**, esto es, MEFF calcula los beneficios o pérdidas para la posición del cliente, resultado de comparar el precio fijado en el contrato (denominado precio de ejercicio), con el precio de mercado del subyacente del contrato, y abona o carga en la cuenta del cliente.

Sus principales **características** son:

- Obligación entre comprador y vendedor.

- Tiene vencimiento prefijado.

- No exige desembolso.

- Es lo mismo que un *forward* (contrato de futuros) que se da en los Mercados OTC.

- Tanto comprador como vendedor depositan una garantía (en negociados).

- Se puede vender algo que no se tiene en la actualidad.

B) Opciones

Una **opción** es un contrato que implica un derecho para el comprador y una obligación para el vendedor al comprar (o vender) una determinada cuantía del activo subyacente en un plazo estipulado a un precio convenido de antemano (precio de ejercicio).

El precio de la opción es lo que el comprador paga por obtener ese derecho y se denomina prima. Llegada la fecha de vencimiento, al comprador le interesará o no ejercerlo en función de la diferencia entre el precio fijado para la operación y el precio que en ese momento tenga el subyacente en el mercado de contado.

Pueden existir distintos tipos de opciones, atendiendo a diferentes criterios:

- **Según el derecho que otorgan**

  1. **Opción de compra o *call***: el comprador tiene el derecho (pero no la obligación) a adquirir el subyacente a un precio determinado, en la fecha de vencimiento establecida.

  2. **Opción de venta o *put***: el comprador tiene el derecho (pero no la obligación) a vender el subyacente a un precio fijado, en la fecha de vencimiento.

- **Según el momento en el que puedan ejercerse**:

  1. **Opción americana**: se puede ejercer en cualquier momento hasta la fecha de vencimiento.

  2. **Opción europea**: solo puede ejercerse en la fecha de vencimiento.

Sus principales **características** son:

- Obligación solo para el vendedor y no para el comprador.

- Tiene vencimiento prefijado.

- El comprador paga una prima por el derecho.

- Solo el vendedor deposita una garantía que varía diariamente según los movimientos del activo subyacente.

- Lo que cotiza en el mercado es la prima.

C) *Warrants*

Warrants es un producto negociable que incorpora el derecho de comprar o vender un activo (subyacente) a un precio de ejercicio y para un plazo determinado.

El que adquiere un warrant tiene el derecho, pero no la obligación, de comprar o vender el subyacente en la fecha de vencimiento. Que ejerza o no ese derecho dependerá de cuál sea en ese momento el precio del subyacente (precio de liquidación) en relación con el precio de ejercicio.

Existen diferentes tipos de *warrants*:

- *Warrants* de compra *(call warrant)*. Otorgan al titular el derecho a comprar el activo subyacente al precio de ejercicio. Si el precio del subyacente (precio de liquidación) es superior al de ejercicio, el contrato se liquidará por abono al titular de la diferencia resultante.

- *Warrants* de venta *(put warrant)*. El titular adquiere el derecho a vender el activo subyacente al precio de ejercicio. Si el precio de liquidación es inferior al de ejercicio, el contrato se liquidará abonando al titular la diferencia resultante.

Los activos subyacentes pueden ser muy diversos: hay *warrants* sobre valores de renta variable (acción o cesta de acciones), negociados en mercados españoles o extranjeros; *warrants* sobre índices nacionales o extranjeros, sobre tipos de interés, divisas, materias primas, etc.

Según las posibilidades de ejercicio, los *warrants* pueden ser de tipo americano (es posible ejercerlos durante toda la vida del *warrant*, hasta vencimiento) o de tipo europeo (solo se pueden ejercer en la fecha de vencimiento). En España, los *warrants* más complejos solo se dirigen a inversores cualificados.

En España, las emisiones de *warrants* se registran en la CNMV y sus folletos informativos pueden consultarse en los registros oficiales. La contratación se realiza en la Bolsa española, en un segmento especial del mercado continuo. Puede consultarse en la Bolsa las características de negociación de los diferentes *warrants*. Se debe tener en cuenta que para comprar o vender el inversor tiene que transmitir la orden a un intermediario financiero.

D)   Certificados, contrato compra – venta de opciones

Otros tipos de **productos derivados** son los siguientes:

- **Certificados**

  Los **certificados** son valores que replican un activo subyacente y su evolución, dando derecho a recibir un determinado importe sobre el nominal del certificado en función de la variación del subyacente. Este activo puede ser un índice bursátil, una cesta de acciones, divisas o materias primas. Son emitidos por entidades financieras.

  Los certificados se negocian en Bolsa; pueden estar admitidos a negociación en la Bolsa española certificados que están exentos de obligación de registro de folleto porque han sido emitidos fuera de España (pasaportes recibidos por la CNMV). La inversión en certificados debe realizarse a través de intermediarios financieros autorizados, que se encargarán de canalizar las órdenes al mercado.

- **Contratos de compra – venta de opciones**

  Los **contratos de compra – venta de opciones** son contratos de venta de opciones sobre un determinado subyacente, que puede ser una acción, cesta de acciones, un índice, etc. Estas emisiones deben tener un folleto de emisión registrado en la CNMV.

  Cuando se realiza la inversión en el mismo, se establece el precio inicial del subyacente al que está referenciado el producto en la fecha determinada en el folleto informativo. Los intereses pactados se pagan en cualquier situación de mercado (suba o baje el subyacente), normalmente al vencimiento. La devolución del capital al vencimiento del producto depende de ciertas condiciones de la evolución del subyacente durante la vida del producto.

  No negocian en un mercado secundario oficial. Es un producto ilíquido que debe mantenerse hasta vencimiento.

- **Contratos por diferencias, CFD**

  Los **contratos por diferencias, CFD** *(Contracts for Difference)*, son contratos en los que un inversor y una entidad financiera acuerdan intercambiarse la diferencia entre el precio de compra y el precio de venta de un determinado activo subyacente (valores negociables, índices, divisas, tipos de interés y otros activos de naturaleza financiera).

  Son productos no estandarizados, por lo que el inversor debe considerar las posibles particularidades y riesgos específicos que pudieran presentar en cada caso (negociación de forma bilateral, cotización fuera de mercados regulados, riesgo de contraparte...).

  Además, se trata de productos apalancados con alto riesgo, que pueden ocasionar pérdidas superiores al capital inicial desembolsado.

  No se negocian en un mercado secundario oficial. Se negocian en las plataformas electrónicas establecida por la entidad financiera que los emite.

En cada Bolsa se define un **índice bursátil** que mide la evolución de un conjunto de valores representativos; el de España es el Ibex35, con empresas como: Inditex, Telefónica, Banco Santander, etc.

Los **productos derivados** son instrumentos financieros con un valor proveniente de la evolución de los precios de los activos subyacentes. Un producto derivado es un tipo de contratación a plazo en el que se establecen los detalles en el momento del acuerdo, en cambio, el canje de efectivo se produce en un momento futuro.

Los **activos de renta fija** son valores que emiten las empresas y las instituciones públicas y que representan préstamos que estas entidades reciben de los inversores. En general, tienen un plazo determinado y una rentabilidad conocida de antemano o derivada de una fórmula. La renta fija no confiere derechos políticos a su tenedor, sino solo derechos económicos, entre los que cabe destacar el derecho a percibir los intereses pactados y la devolución de la totalidad del capital invertido en una fecha dada, llamada fecha de vencimiento.

Aunque en algunos casos los valores no cotizan, lo más habitual es que los valores se admitan a negociación en algún mercado:

- En las **bolsas de valores** (Madrid, Barcelona, Bilbao y Valencia) están admitidas a negociación diversas emisiones de renta fija privada y deuda autonómica.

- En el **mercado de renta fija AIAF** se encuentran admitidos a negociación valores de renta fija privada. Dentro del mercado AIAF, el SEND (Sistema Electrónico de Negociación de Deuda) es una plataforma electrónica destinada específicamente a la negociación de renta fija para minoristas.

- Por otro lado, desde el inicio de 2018 la **deuda pública** ha pasado a registrarse y negociarse también en el Mercado regulado de deuda AIAF.

- Las **Letras del Tesoro** son valores emitidos al descuento, por lo que su precio de adquisición es inferior al importe que el inversor recibirá en el momento del reembolso.

.../...

- La **renta fija privada** engloba el conjunto de valores de deuda emitidos por las empresas del sector privado. Salvo ciertas excepciones, los emisores tienen la obligación de publicar un folleto informativo cuando se ofertan al público o se admiten a cotización valores de este tipo en un mercado regulado de un Estado miembro de la Unión Europea.

- Los **pagarés de empresa** son valores emitidos al descuento, por lo que su rentabilidad (positiva o negativa) viene determinada por la diferencia entre su precio de adquisición y el valor nominal que se recibe al vencimiento (o el precio de venta, en caso de venderlo antes de su vencimiento). Por lo tanto, para obtener una rentabilidad positiva, el precio de emisión o compra debería ser más bajo que el obtenido a vencimiento o en el momento de la venta.

- Los **bonos y obligaciones simples** son valores a medio y largo plazo, respectivamente, que representan una deuda para su emisor.

- Los **bonos estructurados** son valores en los que los rendimientos y, en ocasiones, el reembolso del principal, están vinculados a la evolución de uno o varios activos de referencia (también llamados activos subyacentes), que pueden ser acciones, índices, materias primas, etc.

- Las **cédulas y bonos hipotecarios** son valores de renta fija emitidos exclusivamente por entidades de crédito y respaldados por la cartera de préstamos hipotecarios del emisor.

- La **titulización** es un método de financiación de empresas basado en la venta o cesión de determinados activos (incluso derechos de cobro futuros) a un tercero que, a su vez, financia la compra emitiendo valores, que son los que colocan entre los inversores.

- Las **participaciones preferentes (PPR)** son valores emitidos por una sociedad que no confieren participación en su capital ni derecho de voto. Tienen carácter perpetuo y su rentabilidad, por lo general de carácter variable, no está garantizada.

.../...

129

…/…

- El principal instrumento de renta variable son las acciones, que pueden definirse como aquellos títulos representativos de cada una de las partes iguales en las que se divide el capital social de una sociedad. Otorgan a su propietario (accionista) derechos económicos (reparto de beneficios en forma de dividendos, participación preferente en las ampliaciones de capital, participación en patrimonio resultante de la liquidación) y políticos (información, participación y voto en la junta general de accionistas).

- Las ampliaciones de capital son operaciones en las que la sociedad obtiene financiación aumentando sus fondos propios, mediante el incremento del valor nominal de las acciones ya existentes o mediante la emisión de nuevas acciones (lo habitual en las sociedades cotizadas).

- Una **oferta pública de adquisición** (**OPA**) es una operación por la que una o varias personas físicas o sociedades ofrecen a todos los accionistas de una compañía cotizada la compra de sus acciones, o de otros valores que permitan adquirirlas, a cambio de un precio.

- Una **fusión** es una operación en la que una sociedad absorbe a otra, y otras, o en la que dos o más sociedades se integran para constituir una nueva. Es más habitual la primera alternativa (fusión por absorción), con el objetivo de lograr economías de escala o una mayor presencia en los mercados.

- El *split* o **desdoblamiento** consiste en dividir el valor nominal de las acciones en una proporción determinada y, de forma simultánea, multiplicar el número de acciones.

…/…

…/…

Los **fondos de inversión** son IIC (instituciones de inversión colectiva). Consisten en un patrimonio formado por las aportaciones de un número variable de inversores, denominados partícipes. Tanto el tipo de activos en los que invierte (política de inversión) como el resto de las características del fondo (comisiones, posibilidad de rescatar el dinero, riesgo que se asume, horizonte temporal…), están recogidas en un documento llamado folleto informativo y en el resumen del mismo DFI (Datos Fundamentales para el Inversor).

Los **productos derivados** son instrumentos financieros cuyo valor deriva de la evolución de los precios de otro activo, denominado activo subyacente. Se llama **activo subyacente** al activo que utilizamos con sus precios de contado para obtener los productos derivados del mismo, y pueden ser de varios tipos: divisas, materias primas, renta fija, bonos, acciones, productos energéticos, índices inmobiliarios, etc.

UNIDAD DIDÁCTICA 4

Descripción de Conceptos Financieros

Introducción

1. Activos financieros

2. Mercado financiero

3. Intermediarios financieros

4. Política monetaria

5. Mercado de divisas

6. Mercados de renta fija

7. Mercados de renta variable

8. Fintech

9. Decisiones de inversión y desinversión

10. Directiva MiFID

Resumen

Los **objetivos** de esta unidad son:

1. Identificar la finalidad del sistema financiero en una economía de mercado.

2. Identificar los elementos que componen el sistema financiero español.

3. Diferenciar los mercados de renta fija y de renta variable.

4. Definir las consecuencias de las nuevas tecnologías en el sistema financiero español.

5. Establecer las decisiones de la empresa en materia de inversión y financiación.

Introducción

En esta unidad conoceremos los elementos fundamentales del sistema financiero español. Nos aproximaremos a diferenciar entre valores de renta fija y renta variable y conoceremos el mercado de divisas FOREX.

1. Activos financieros

1.1. Concepto

 Los **activos financieros** pueden definirse como títulos que las unidades económicas demandantes de recursos lanzan al mercado financiero y son comprados por las unidades económicas que ofrecen recursos al mercado.

En este intercambio, los primeros, demandantes de recursos, consiguen los fondos que necesitan para financiarse a corto plazo, mientras que los segundos obtienen una rentabilidad a medio y largo plazo, a través de la explotación de su activo.

La existencia de un activo financiero genera en el emisor la obligación de cumplir con la promesa de pago, en la cantidad y fechas fijadas; por su parte, el comprador posee el derecho a solicitar y recibir dicho pago, es decir, supone un derecho económico para quien entrega el dinero y lo adquiere, y un mecanismo de financiación para quien lo emite y recibe el préstamo. Por tanto, **los activos financieros contribuyen de manera fundamental en el proceso de movilización de recursos de una economía**.

1.2. Clasificación

Los activos financieros se clasifican en dos tipos:

1. **Acciones** o capital de una empresa.

2. **Títulos de deuda**, ya sea pública o privada.

Algunos ejemplos de activos financieros son los certificados de depósito, los bonos, las acciones, los fondos de inversión, las divisas, los títulos de tesorería, los papeles comerciales, los depósitos bancarios, los títulos de capitalización, el papel moneda, las letras de cambio o los pagarés, entre otros.

En un activo financiero debemos considerar tres aspectos:

1. **Rentabilidad**: vendrá marcada por la relación entre el rendimiento que genera y su coste de adquisición. Ejemplos de rentabilidad serían la percepción de dividendos, intereses, ganancias por la participación en capital, etc.

2. **Flexibilidad**: será su capacidad de convertirse en dinero líquido. El inversor, una vez establezca la rentabilidad que espera, se sentirá más atraído hacia un activo cuanto mayor sea su liquidez.

3. **Riesgo**: el riesgo a no percibir los derechos o rendimientos esperados a su vencimiento vendrá determinado por la fiabilidad y solvencia de quien lo ha emitido. Cuanto mayor es el riesgo, mayor será la rentabilidad esperada.

Algunos de los principales activos del sistema financiero español son:

1. Préstamos: a tipo fijo, variable, con garantía real, etc.

2. Depósitos bancarios: con cobertura del Fondo de Garantía de Depósitos hasta 100.000 euros.

3. Letras del tesoro: valores de renta fija emitidos por el Tesoro Público.

4. Pagarés de empresa: valores de renta fija emitidos por entidades de crédito y empresas.

5. Acciones: renta variable que otorgan a su titular derechos como, por ejemplo, a cobrar un dividendo o participar en el beneficio de la compañía.

2. Mercado financiero

2.1. Conceptos y funciones

 Un **mercado financiero** es el lugar (físico o no), sistema o mecanismo donde los agentes económicos negocian o intercambian los activos financieros. Este intercambio puede operar de forma física o electrónica.

Entre las principales funciones de los mercados financieros se encuentran:

1. Trasladar flujos monetarios desde los oferentes de recursos y fondos hacia los demandantes de los mismos.

2. Fijar los precios justos, basado en las reglas de la interacción de la oferta y la demanda.

3. Reducir los costos de negociación y transacción: tanto en la búsqueda de los activos que se pretendan emitir o adquirir, como en la obtención de información sobre los mismos.

2.2. Cualidades

La calidad de un mercado financiero viene determinada por las siguientes cualidades:

• **Amplitud**: cantidad numérica de títulos financieros que se negocian.

• **Profundidad**: viene determinada por las fluctuaciones de las curvas de oferta y demanda respecto al precio de equilibrio fijado por el mercado en un momento concreto; es decir, la cantidad de personas dispuestas a comprar a un precio por encima del de mercado, o bien vender por debajo del mismo.

• **Libertad**: vendrá determinado por la existencia, o no, de barreras o limitaciones a la entrada y salida del mercado por parte de los agentes económicos.

• **Flexibilidad**: es la capacidad que tienen los precios de los activos financieros de un determinado mercado, para variar (de alza o a la baja) ante cualquier suceso que se produzca en la economía. A mayor capacidad para fluctuar, mayor flexibilidad.

• **Transparencia**: es el grado de accesibilidad a cualquier tipo de información sobre el mercado financiero. Cuanto más fácil sea obtener esa información, más transparente será el mercado.

Un mercado financiero ideal sería aquel que tuviera gran cantidad de productos financieros (elevada amplitud), un número elevado y equitativo de oferentes y demandantes, de forma que ni los unos ni los otros pudieran influir de forma exclusiva sobre los precios (elevada profundidad), que no existieran costos o discriminaciones a la entrada (amplia libertad), que estuviese compuesto por activos divisibles e indistinguibles (alta flexibilidad), que la información fuera perfecta y estuviese a disposición de todos los agentes económicos (alta transparencia), y que no existan costes de transacción, ni impuestos, ni variación del tipo de interés, ni inflación.

2.3. Indicadores económicos

Todo mercado financiero es necesario analizarlo en el contexto social que marcará el ciclo económico del mismo. Para esta labor utilizaremos los indicadores económicos:

137

— **Indicadores del sector público**

Se utilizan para medir el tamaño y la evolución del sector público de un país en un momento determinado en el tiempo. Gracias a estos datos podemos comparar los sectores públicos de diferentes países. Para ello se utilizan los presupuestos del país como datos fundamentales para desarrollar los indicadores.

Son indicadores del sector público: el tamaño presupuestario, la carga fiscal, el tamaño del gasto público, la presión fiscal y el gasto corriente respecto al PIB, entre otros.

— **Indicadores del sector externo**

Al igual que los indicadores del sector público, se utilizan para medir y comparar la evolución del sector externo de un país en un determinado momento en el tiempo.

Son indicadores del sector externo: las reservas internacionales, la financiación externa, la balanza cambiaria, la balanza de pagos, la balanza comercial, la deuda externa de la Nación, la tasas de cambio y las tasas de interés internacionales.

— **Indicadores de coyuntura**

Estos indicadores permiten evaluar la salud y el comportamiento de la economía de un país.

Son indicadores de coyuntura: el índice de precios, el empleo, la tasa de desempleo, el PIB, el PNB, etc.

2.4. Ciclos

Los **ciclos económicos** son los diferentes periodos de una economía, donde se ven representadas las crisis o estabilidades económicas.

Los ciclos se pueden dividir en:

• **Prosperidad o expansión**

Se trata del punto máximo del ciclo económico. Debido a los cambios en los costes, se presenta un incremento en el nivel de los precios. Estos precios también dependen del volumen del dinero en circulación. En este sentido, en esta fase del ciclo, se produce una expansión de

los depósitos bancarios y su consiguiente aumento en ganancias e inversión, acelerándose el ritmo de producción. Se trata del pico de la curva del ciclo.

- **Recesión**

  En esta fase podemos afirmar que las fuerzas de producción se contraen. Se suele caracterizar por una serie de tensiones en el sistema bancario y en la liquidación de préstamos. En esta fase del ciclo se desciende en la curva.

- **Contracción o depresión**

  Se trata del punto mínimo del ciclo económico, existe una baja productividad. La consecuencia directa de esta baja productividad es una deformación de la relación coste y precio. Esto se debe principalmente a que hay grandes niveles de desempleo, los consumidores no tienen recursos y, por tanto, no hay demanda de bienes o servicios. Es el punto más bajo en el ciclo económico.

- **Recuperación**

  En esta fase se suele dar una armonización de la actividad económica. Se tiende al pleno empleo, además de un incremento en la producción, los salarios, los precios o las tasas de interés.

3. Intermediarios financieros

3.1. Concepto

 Los **intermediarios financieros** se podrían definir como el conjunto de instituciones encargadas de mediar entre ahorradores y demandantes de recursos económicos, que realizan dicha labor mediante la compraventa de activos en los mercados financieros.

En el ejercicio de su labor, los intermediarios financieros reciben el ahorro de las distintas unidades económicas con superávit y lo ofrecen a las unidades con déficit, en cantidades diferentes a las recibidas por cada unidad de ahorro.

Por tanto, se produce una transformación de dichos recursos en la que el intermediario financiero ofrecerá a quienes ponen a su disposición sus ahorros, una rentabilidad notoriamente más reducida que la que el propio intermediario obtendrá de quienes le demanden un préstamo.

3.2. Clasificación y funciones

Pueden ser de dos tipos:

- **Bancarios**: además de la labor de mediación, tienen capacidad para generar activos financieros. Por ejemplo, bancos y cajas de ahorro.

- **No bancarios**: no tienen capacidad para generar activos financieros. Por ejemplo, entidades de la Seguridad Social y compañías de seguros.

Las funciones básicas de los intermediarios financieros son:

- **Mediación**: captan recursos de los ahorradores, los transforman, y se los ofrecen a los demandantes.

- **Potencian e impulsan la economía**: como consecuencia de lo anterior, fomentan el ahorro y la inversión, elementos básicos en el dinamismo y correcto funcionamiento de cualquier sistema económico.

- **Reducción de riesgos y optimización del rendimiento**: gracias a sus conocimientos, labores de asesoría y, sobre todo, diversificación en las inversiones financieras.

- **Agiliza y reduce los costes de las gestiones financieras**: especialmente en las labores de búsqueda de activos y tramitaciones administrativas.

Desde un punto de vista funcional, las instituciones financieras se suelen clasificar en cuatro categorías:

1. *Brokers*

   Los *brokers* son agentes financieros que actúan por cuenta y riesgo de un cliente, facilitando las transacciones.

2. *Dealers*

   Los *dealers* actúan por cuenta propia, asumiendo los riesgos inherentes a la inversión. Su rentabilidad viene dada por la diferencia entre el precio al que compran un activo y el precio con el que lo venden posteriormente.

   Los creadores de mercado, los *markets makers*, representan un tipo de dealers que tienen como finalidad proporcionar liquidez a los activos financieros negociados.

3. Bancos de inversión

   Los bancos de inversión, los *investment banks*, ofrecen servicios financieros relacionados con el asesoramiento en las salidas a bolsa de las empresas, emisiones de valores, participan en operaciones complejas, como las fusiones.

4. Intermediarios financieros

   Los intermediarios financieros, como hemos indicado, crean activos financieros para captar el ahorro privado y transferirlo a los demandantes de esos fondos.

4. Política monetaria

El Sistema Europeo de Bancos Centrales (SEBC) tiene la responsabilidad del diseño y ejecución de la política monetaria en el área euro. Está compuesto por el Banco Central Europeo y los Bancos Centrales Nacionales de los países de la Unión Europea.

La política monetaria tiene como finalidad estabilizar los precios en la eurozona y, por tanto, controlar la inflación.

La política monetaria afecta a la disponibilidad del dinero y al coste del dinero en la economía. Tiene efecto sobre las tasas de interés y el nivel general de precios. Además, se suele ver influenciada por el entorno externo, en tanto en cuanto hay entradas y salidas de divisas que afectan a la oferta monetaria del país.

Cuando un banco central de un país emite o pone en circulación más dinero, los ciudadanos de dicho país obtienen una mayor cantidad de dinero. Pero este hecho no quiere decir que los ciudadanos sean más ricos, ya que si en el mercado hay más dinero en circulación, los precios se incrementan (inflación). Otras consecuencias de este tipo de políticas es que disminuye el tipo de interés del dinero, provocando un incremento de la inversión y el consumo.

Por el contrario, una reducción del volumen de dinero genera una reducción de las inversiones e incrementa el endeudamiento de las personas (no disponen de tanto dinero como antes) provocando, finalmente, el incremento de los tipos de interés.

- **El Euribor**

Existen una serie de **tipos de interés de referencia** que se utilizan en múltiples operaciones financieras, el Euribor (Euro Interbank Offered Rate) representa el tipo de interés promedio ofrecido por los depósitos interbancarios en la eurozona por parte de un grupo de bancos de referencia con alta solvencia a corto plazo. **El Euribor es el principal indicador de referencia para los préstamos hipotecarios**.

141

5. Mercado de divisas

5.1. Introducción

El mercado de divisas, en inglés *Foreing Exchange Market* (FOREX), es el mayor mercado financiero mundial. Permite transferir poder adquisitivo entre países.

El mercado FOREX no está centralizado en ninguna bolsa ya que, a diferencia del resto de mercado, el FOREX no dispone de una sede física concreta debido a que se negocia a nivel mundial.

Se considera un mercado extrabursátil, denominado en inglés *Over The Counter* (OTC) o mercado interbancario ya que está formado por un conjunto de redes de comunicación, de salas de cambio y departamentos de tesorería de las entidades participantes, de tal forma que cualquier persona puede acceder a este mercado ofertando y demandando cualquier divisa a cambio de la de su propio país, siendo su ubicación geográfica irrelevante.

La no centralización y el hecho de que no se requiera el intercambio físico de monedas permiten que el mercado de divisas opere 24 horas al día. Además, debemos tener en cuenta las diferentes zonas horarias en las que se encuentran los centros financieros más grandes e importantes del mundo.

Proporciona instrumentos y mecanismos para financiar el comercio y las inversiones internacionales. Ofrece facilidades para la administración de riesgos y especulación.

5.2. Tipo de cambio

Las transacciones en el mercado de divisas se realizan, como es lógico, a un precio determinado. Este precio no tiene el mismo significado que en el resto de los mercados, sino que se trata de una relación de intercambio, conocida como tipo de interés, y que no es otra cosa que el número de unidades de una moneda en función de otra u otras, a partir de la confluencia de una oferta y demanda de las mismas.

Existen dos tipos de cambios:

- **Nominal**: es la relación existente para el intercambio de la moneda de un país por la moneda de otro país.

- **Real**: aquel que se ha ajustado a los niveles de inflación.

A diferencia de las bolsas de valores, que son mercados organizados con cámara de compensación o *clearing house*, el mercado de divisas es un mercado libre no reglado o de carácter privado.

5.3. Riesgo de cambio

En las transacciones comerciales internacionales es frecuente que se acuerde entre las partes efectuar el pago de forma aplazada y en una determinada moneda. Como consecuencia de este aplazamiento existe un riesgo de cambio para el interviniente que tiene que efectuar el cambio, no así para el que efectúa el pago o recibe el cobro en su propia moneda, que traslada el riesgo de cambio a la otra parte.

Este riesgo de tipo de cambio existe cuando:

1. El exportador financia la operación en una divisa distinta a aquella en la que va a recibir el importe de la exportación.

2. El importador financia la operación en una divisa distinta a aquella en la que posteriormente va a vender la mercancía importada.

- **Riesgo de cambio en la propia operación**

Pero también puede existir **riesgo de cambio en la propia operación**, aunque no se recurra a financiación. Este riesgo de tipo de cambio existe cuando la operación viene denominada en una moneda distinta a la del exportador o a la del importador.

Un importador español compra maquinaria en EE. UU. y el importe de la operación se fija en dólares, el pago es a 90 días. Cuando el importador español tenga que pagar dentro de 90 días, la cotización del dólar puede haber variado.

El riesgo de tipo de cambio lo puede sufrir tanto el exportador como el importador, o incluso ambos a la vez.

El riesgo de tipo de cambio se puede aceptar o eliminar. Si se acepta, la variación del tipo de cambio afectará al resultado de la operación, a veces positivamente y otras veces negativamente.

No obstante, hay que tener en cuenta que el objetivo de cualquier empresa es conseguir beneficios en el desarrollo de su actividad típica, y no especulando sobre los movimientos en la cotización de las monedas: una operación comercialmente muy beneficiosa, podría resultar finalmente desastrosa como consecuencia de una evolución negativa del tipo de cambio.

6. Mercados de renta fija

6.1. Concepto

Los **instrumentos de inversión de renta fija** se pueden definir como aquellos valores que representan deudas de empresas (deuda privada) o de organismos públicos (deuda pública), que tienen una doble finalidad:

a)   Facilitar un rendimiento al tomador.

b)   Ofrecer financiación al emisor.

Cuando la empresa o el organismo público necesitan liquidez, una opción que se plantean es obtenerla mediante la emisión de títulos de renta fija. Todos aquellos que inviertan en este instrumento se convierten en acreedor de la empresa u organismo, de los que esperará obtener un rendimiento.

6.2. Características de la renta fija y mercado de deuda pública

6.2.1. Productos de renta fija

Los productos de renta fija son instrumentos con una rentabilidad, por lo general, baja, debido a su bajo riesgo asociado en comparación a otro tipo de inversiones, como los productos de renta variable.

Las características de un título de renta fija vienen determinadas por los siguientes aspectos:

- **Liquidez**. Representa la cualidad de los activos para ser convertidos en dinero efectivo de forma inmediata sin pérdida significativa de su valor, de manera que, cuánto más fácil es convertir un activo en dinero, se dice que es más líquido.

- **Rentabilidad**. A la que habrá que unir el tema de los impuestos.

- **Riesgo de interés, de reinversiones y de insolvencia**. El riesgo de interés afecta a aquellos inversores que decidan vender el título de renta fija antes de la fecha de vencimiento. El riesgo de inversión implica que los intereses que se perciben pueden reinvertirse, pero, si el tipo de interés baja, se reinvertirán un tipo menos, por lo que la TIR obtenida será más baja. El riesgo de insolvencia o impago implica la posibilidad de que, al finalizar el plazo del título, este no sea pagado. De aquí surgen las llamadas agencias de calificación, como Standard and Poors o Moody's.

6.2.2. Sector público

Al Estado, cuando actúa como agente económico, se le denomina sector público. Para financiar sus actividades, el conjunto de organismos del sector público utiliza los recursos del presupuesto anual.

Cuando el Estado gasta por encima de sus ingresos (déficit presupuestario) debe financiarse para cuadrar sus cuentas. El Estado cuenta con varios instrumentos de emisión de deuda que pone a disposición de cualquier ciudadano que lo desee, a cambio de un interés determinado que se pagará anualmente, semestralmente, mensualmente o justo en el vencimiento, momento en el que se reembolsa el dinero prestado.

Llamamos deuda pública al conjunto de deuda viva que tiene el Estado.

La emisión de deuda pública afecta de una forma más o menos directa a diferentes variables económicas de las que va a depender el funcionamiento de la economía, como son la oferta monetaria, el tipo de interés, el ahorro y la inversión, etc.

- Emitir valores atractivos para los inversores.

- Reducir el coste de la financiación del Estado.

- Establecer un grado aceptable de liquidez en el mercado y flujos de financiación estables.

Finalmente, las **características de los valores de deuda pública** se pueden sintetizar en lo siguiente:

- Existe una amplia variedad de plazos de inversión para los distintos títulos.

- Ofrecen máxima seguridad.

- Pueden adquirirse en el momento de su emisión o posteriormente. Si se adquieren después de la emisión, su liquidez es plena.

Son **instrumentos de deuda pública**:

- Letras del Tesoro

  Son títulos de deuda pública a corto plazo emitidos al descuento. Su vencimiento se sitúa entre los tres y dieciocho meses. Su rentabilidad viene determinada por la diferencia entre el precio de adquisición y el precio de reembolso (rendimiento implícito o cupón cero).

- **Bonos y obligaciones emitidos por el Estado**

  Los bonos son productos similares a las Letras del Tesoro, pero con un plazo de vencimiento mucho mayor (en torno a los tres a cinco años de vida). Las obligaciones tienen una duración de una década.

145

El Banco de España es quien supervisa las operaciones dentro del Mercado de Deuda Pública (Tesoro Público).

6.2.3. Adquisición de valores

Los valores pueden ser adquiridos directamente del emisor, en lo que se llama el mercado primario, o bien comprados posteriormente como valores secundarios, en mercados secundarios, ofrecidos por quienes compraron directamente pero no desean esperar al vencimiento. Esto se debe, normalmente, a que quieren obtener liquidez antes de que acaben los plazos de amortización convenidos.

a) Cuando se adquieren valores de renta fija en mercados secundarios, su cotización depende de las **circunstancias del mercado** y no solo de su nominal o de otras condiciones pactadas en el título al emitirse.

b) La sociedad emisora de los títulos puede emitir estos **a la par** o bajo la par. Si son emitidos a la par, el valor de emisión será el mismo que su nominal, que la parte alícuota de la deuda y que el importe que está impreso.

c) Cuando es expedido **bajo la par**, esto indica que el emisor acepta recibir un valor inferior al nominal en el acto de la venta. El **valor de reembolso**, cuando se amortice, será el nominal, el cual se devolverá, aunque el inversor pague menos a la suscripción. La diferencia entre estos valores se conoce como **prima de emisión**.

d) Los valores que se emiten por una cifra inferior a su nominal se dice que **se emiten al descuento**, porque al vencimiento el inversor percibe el nominal que es igual al efectivo más el descuento.

e) Otro caso distinto es cuando la sociedad emisora vende por el valor nominal, pero, al término, ofrece un valor de reembolso superior al nominal, lo que significa que los títulos se reembolsan **sobre la par**. En este caso, la principal diferencia entre el nominal y el valor de reembolso será la **prima de reembolso**. Esta prima es ese "precio de más" que el emisor se ha comprometido a pagar al vencimiento de la operación.

f) Cuando los valores se emiten a la par y ofrecen cupones anuales o semestrales, se dice que tienen **intereses explícitos**. En otros casos, generalmente en títulos a corto plazo, no hay cupones. Se emiten bajo la par con prima de emisión; o bien, sobre la par, sin cupones, pero con prima de reembolso. Se dice entonces que son valores con **intereses implícitos**.

6.3. Mercado de renta fija privada

6.3.1. Bonos y obligaciones

Como hemos visto, los valores de renta fija privada son emitidos por empresas del sector privado.

MERCADO DE RENTA FIJA PRIVADA

Productos de renta fija

1 BONOS
2 OBLIGACIONES
3 PAGARÉS
4 CÉDULAS
5 TITULACIONES
6 PREFERENTES

Se conoce como **valor nominal** al valor impreso en cada título. Los títulos de renta fija algunas veces se les conocen como bonos, obligaciones o cédulas, entre otros nombres, dependiendo del plazo y de otras características.

La renta fija puede estar representada mediante títulos físicos o mediante anotaciones en cuenta. Si mantenemos un producto de renta fija hasta su vencimiento, y no se produce el impago, obtendremos los intereses más la inversión depositada.

Por supuesto, habrá perfiles para los que sea una inversión óptima, aquellos más conservadores; pero, para otros perfiles de riesgo, invertir en este tipo de productos puede significar "estancar" sus recursos.

Y es que, si algo no debemos olvidar de las operaciones en renta fija es que, aunque podamos retirar nuestra inversión de forma previa, las fechas de vencimiento establecidas suelen rondar, como mínimo, el año y medio.

Aunque volveremos a tratar este tema en otra unidad, veremos otros productos de renta fija. Comenzaremos con los bonos y obligaciones:

a) Las empresas privadas pueden emitir bonos y obligaciones con la función de financiarse, ya sea para un proyecto en concreto o para reestructurar la empresa. Los bonos y obligaciones emitidos por las empresas **son valores a medio y largo plazo**.

b) Sus **características** pueden variar de un emisor a otro, o en emisiones diferentes de una misma compañía. Las diferencias pueden ser: el tipo de interés, la periodicidad de los cupones, la fecha de vencimiento, los precios de emisión y amortización, las cláusulas de amortización y otras condiciones de emisión, las opciones de convertibilidad, la relación de derechos de liquidación o las garantías ofrecidas, entre otras.

c) Cuando hablamos de **rentabilidad en un bono** nos estamos refiriendo al beneficio que de él se puede obtener durante un periodo de tiempo en función de la cantidad que hemos pagado por él en la emisión de los mismos por parte de la empresa.

d) Por Ley, la **emisión** de estas obligaciones debe ser a la par o bajo la par, y su reembolso tiene que ser a la par o sobre la par. El cálculo de los intereses se realiza con el nominal de la obligación, no el valor de emisión.

6.3.2. Pagarés

Al igual que el cheque, el pagaré es uno de los medios de cobro y pago más utilizados por la empresa, ya que permite determinar el momento en el que podrá ser hecho efectivo por su legítimo tenedor. Sus características son muy similares a las del cheque, por lo que tan solo se hará referencia a las notas distintivas del documento:

1. Es un documento que consiste en la promesa pura y simple de pagar una determinada cantidad de dinero, en un futuro, a su legítimo tenedor.

2. Así la principal diferencia con respecto del cheque es que, en el caso del pagaré, en el momento de su emisión queda determinado el momento a partir del cual se podrá hacer efectivo su cobro.

3. Su rentabilidad va a venir determinada por la diferencia entre el precio de adquisición del título y el valor de reembolso del mismo.

4. Son prácticamente lo que conocemos como valores cupón cero o de **rendimiento implícito**.

6.3.3. Titulaciones

Una **titulación** es una cartera formada por diferentes derechos de crédito.

Entre las diferentes titulaciones destacamos las **hipotecarias**, muy utilizadas por los bancos, ya que eliminan el riesgo de los préstamos hipotecarios que ofrecen a sus clientes.

6.3.4. Cédulas hipotecarias y territoriales

A continuación, veremos las diferencias entre las cédulas hipotecarias y las cédulas territoriales:

- **Cédulas hipotecarias**

  Son valores de renta fija que se emiten por las entidades de crédito. El volumen de cédulas no puede superar el 90% de los capitales no amortizados de todos los créditos hipotecarios que posea la entidad aptos para su funcionamiento como cobertura.

  Según su garantía, existen dos tipos de cédulas:

  a) **Cédulas hipotecarias con garantía especial**: son emitidos con una garantía de uno o varios préstamos hipotecarios en concreto, los cuales deben de estar identificados.

  b) **Cédulas hipotecarias con garantía global**: se encuentran garantizados con todos los préstamos de la entidad financiera, exceptuando aquellos préstamos que estén respaldando cédulas hipotecarias con garantía especial.

- **Cédulas territoriales**

  Son similares a las cédulas hipotecarias, pero estas se encuentran respaldadas por los préstamos y créditos concedidos por el emisor al Estado. En resumen, son títulos que incorporan garantías adicionales desde el punto de vista del inversor.

6.3.5. Obligaciones subordinadas y convertibles

Veamos las diferencias entre las obligaciones subordinadas y las obligaciones convertibles:

- **Obligaciones subordinadas**

  Son títulos de renta fija con rendimientos explícitos, emitidos normalmente por entidades de crédito, que ofrecen una rentabilidad mayor que otros activos de deuda.

  Es un concepto muy utilizado en las emisiones de bonos que diversas entidades españolas realizan con el fin de hacerse con liquidez.

- **Obligaciones convertibles**

  Las obligaciones convertibles son títulos con las características de un título de renta fija, pero con la diferencia de que permite al obligacionista convertirlo en un título de renta variable.

  Las acciones también pueden volver a convertirse en un título de renta fija.

6.3.6. Participaciones preferentes

Las **participaciones preferentes** son instrumentos financieros emitidos por cualquier sociedad que tienen unas características especiales. Se caracterizan por:

- No otorgar derechos de voto al inversor.

- La retribución pactada como pago de intereses se condiciona a la obtención de beneficios por parte de la sociedad emisora.

- Son instrumentos sin vencimiento determinado o indefinido, aunque el emisor se suele reservar el derecho de cancelación a partir del quinto año.

- En el caso de concurso de acreedores, la posición del inversor se encuentra justo delante de los accionistas si los hubiera.

6.3.7. Bono contingente convertible (CoCo)

Un **bono contingente convertible (CoCo)** es una emisión híbrida con características de deuda (pagan un interés al inversor) y capital (tienen capacidad de absorción de pérdidas).

Es un instrumento de vencimiento perpetuo (sin vencimiento), aunque el emisor se reserva el derecho de rescatar el bono, una vez se cumpla un período concreto desde su lanzamiento. El pago del cupón de este tipo de emisiones puede ser cancelado a instancia del emisor.

Todos estos productos de renta fija privada deben estar registrados en la Comisión Nacional del Mercado de Valores (CNMV) mediante un folleto informativo.

La compra de estos títulos se puede realizar a través de dos tipos de mercados: el primario o el secundario.

El **mercado primario** es aquel en que se negocian mediante la Ley de la oferta y la demanda valores de nueva creación (emisiones). La emisión de dichos productos obedece a criterios de liquidez y solvencia. Y su valoración y verificación se produce mediante las calificaciones de las agencias de rating.

Un título solo puede ser objeto de negociación en el mercado primario una vez, en el momento de su emisión. El resto de las negociaciones se producirán en el mercado secundario. Donde caben mercados organizados y OTC (mercado extrabursátil).

Lo cual quiere decir que: mientras que los emisores de títulos en el mercado primario son grandes empresas o entidades, necesitadas de recursos financieros; los emisores del mercado secundario pueden ser cualquier tipo de inversor, desde empresas hasta particulares.

Solo las transacciones producidas en el mercado primario dan lugar, sí o sí, a la captación de financiación. Es decir, toda puesta de acciones en el mercado primario equivale a una ampliación de capital social.

El **mercado secundario** es donde acuden los inversores para comprar y vender valores ya emitidos por las empresas privadas. La Ley que impera en los mercados secundarios es la de oferta y demanda.

6.3.8. Riesgos de la renta fija

Podemos afirmar que los productos de renta fija conllevan menos riesgo que los provenientes del mercado de renta variable, pero eso no quiere decir que los productos de renta fija estén exentos de riesgos. El riesgo principal para los productos de renta fija es el riesgo de impago.

Entre los riesgos que soportan los inversores de renta fija destacamos:

- **Riesgo de mercado**

  Hace referencia a la probabilidad de que se produzca una pérdida de valor de una cartera, debido al cambio desfavorable en el valor de los factores de riesgo de mercado. Los factores de mercado comunes son:

  a) **Riesgos de tipos de interés**: asociado al cambio en contra de los tipos de interés. Para evitar esto, las empresas pueden contratar coberturas de tipos de interés, productos financieros que les permiten eliminar o, al menos, reducir el impacto de los cambios en los tipos de interés.

  b) **Riesgos de tipos de cambio o riesgo de la divisa**: asociado a las variaciones de los tipos de cambio al a hora de realizar cambio de divisas, sobre todo para empresas que trabajan a nivel internacional y deben operar en multitud de monedas (euros, dólares, yenes, pesos). Estas empresas suelen tener contratado un seguro para evitar tales fluctuaciones del mercado y, por ende, del tipo de cambio a la hora de comerciar.

- **Riesgo de mercado como tal**

  Hace referencia al cambio en el valor de instrumentos financieros, tales como bonos, acciones, etc.

- **Riesgo de liquidez**

  Este tipo de riesgo financiero implica que una de las partes del contrato financiero no puede obtener la liquidez que necesita para asumir las obliga-

151

ciones, a pesar de disponer de activos (que no puede vender) y la voluntad de querer hacerlo.

Por tanto, el riesgo financiero de liquidez se da en el caso de que a una empresa le han prestado dinero, pero luego no dispone del líquido suficiente para saldar dicha deuda. No obstante, dispone de activos (locales, viviendas, automóviles) que, de venderlos, saldarían la deuda. Podemos encontrarlos en dos vertientes:

a) **Riesgo de liquidez de activos.** Queriendo vender un activo, no se materializa la compra o, de hacerse, se hace a un precio inadecuado.

b) **Riesgo de liquidez de pasivos.** Estos no pueden ser satisfechos en su fecha de vencimiento o, de hacerse, se hace a un precio inadecuado.

   1. **Riesgo de crédito**: asociado al hecho de que puedan producirse impagos, incumpliendo el tiempo y la forma en que debería recibirse el dinero. Ante impagos de créditos, la empresa puede sufrir pérdidas de intereses, disminución del flujo de caja, gastos por el proceso de recobro, etc.

   2. **Riesgo operacional**: el riesgo operacional, o riesgo operativo, hace referencia a las posibles pérdidas en que pueda incurrir la empresa debido a diferentes tipos de errores humanos, errores en los procesos internos o en los diferentes sistemas tecnológicos que permiten la actividad diaria de la empresas.

7. Mercados de renta variable

Los valores de renta variable son unos de los grandes protagonistas en los mercados financieros, muy por encima de los de renta fija o de los derivados.

En el mercado de renta variable se negocian este tipo de valores, principalmente los valores mobiliarios que representan las distintas partes iguales en las que se divide el capital social de las empresas. El mercado de renta variable muestra la situación económica de los distintos países partiendo de la evolución de las empresas.

Los títulos de renta variable pueden cotizar, o no hacerlo, en un mercado de valores. Podrán hacerlo siempre que reúnan una serie de requisitos que en España se regulan por la Comisión Nacional del Mercado de Valores. Dichos requisitos exigen un mínimo de capital social, accionistas y la existencia de beneficios en ejercicios anteriores. Estos requisitos se pueden resumir en los siguientes:

• **Requisitos de elegibilidad o idoneidad**. Podrán incorporarse a la Bolsa las acciones emitidas por Sociedades Anónimas, españolas y extranjeras, que tengan su capital social totalmente desembolsado y respecto de las que no haya restricción legal o estatutaria alguna que impida la negociación y transmisibilidad de sus acciones.

- **Requisitos de información**

    1. La aportación y registro en la CNMV de los documentos que acrediten la sujeción del emisor y de los valores al régimen jurídico que les sea aplicable, determinados, de conformidad con la Ley 6/2023, de 17 de marzo, de los Mercados de Valores y de los Servicios de Inversión.

    2. La aportación y registro en la CNMV de las cuentas anuales del emisor, preparadas y auditadas de acuerdo con la legislación aplicable a dicho emisor. Los estados deberán comprender, al menos, los tres últimos ejercicios en el caso de valores participativos, y los dos últimos ejercicios en los demás casos. La CNMV podrá aceptar cuentas anuales del emisor que cubran un período inferior a los señalados cuando lo decida en interés del emisor o de los inversores, siempre que entienda que los inversores disponen de la información necesaria para formarse un juicio fundado sobre el emisor y sobre los valores cuya admisión a negociación se solicita.

    3. La aportación, aprobación y registro en la CNMV de un folleto informativo, así como su publicación.

    4. Además, las cuentas siempre deberán estar auditadas. En España, a este mercado se le conoce como **Mercado Continuo**.

8. Fintech

8.1. Concepto

En los últimos años, la tecnología ha adquirido un papel protagonista en muchos sectores, entre ellos el sector financiero.

El término **fintech**, procedente de las palabras en inglés *finance* y *technology*, hace referencia a todas aquellas actividades que impliquen el empleo de la innovación y los desarrollos tecnológicos para el diseño, la oferta y la prestación de productos y servicios financieros.

Desarrollan actividades fintech tanto entidades financieras ya establecidas como nuevas empresas que intervienen en algún punto de la cadena de valor del servicio financiero aportando innovación, una mejor experiencia de usuario y movilidad. Es también habitual que estas nuevas empresas colaboren con las entidades financieras tradicionales o, incluso, que sean adquiridas por ellas.

8.2. Tipos de fintech

Atendiendo al tipo de productos o servicios ofrecidos, o al modelo de negocio, las empresas fintech pueden clasificarse en diferentes grupos (denominados verticales):

- **Asesoramiento y gestión patrimonial.** En este grupo encontramos:

  1. **Asesoramiento y gestión automatizados**: plataformas desde las que se ofrece asesoramiento o se gestiona el capital de los clientes utilizando procedimientos automatizados que incluyen complejos algoritmos o inteligencia artificial; abarcan desde la realización del test para elaborar el perfil del cliente hasta la toma de decisiones de inversión y su ejecución automática.

     Un ejemplo de este tipo de servicio son los denominados *robo advisors*, es decir, gestores automatizados que ofrecen servicios de asesoramiento en inversiones o de gestión de carteras mediante el uso de algoritmos y la automatización de procesos. Por su parte, los denominados *quant advisors* utilizan inteligencia artificial para predecir las mejores estrategias de inversión, con el objetivo de obtener beneficios con independencia de la evolución de los mercados financieros.

  2. *Social trading*: plataformas en las que los inversores se ponen en contacto entre sí o con traders profesionales, pudiendo existir diferentes modelos de negocio, que van desde el intercambio de información y opiniones de carácter financiero hasta la emulación de estrategias de inversión de terceros de forma automática.

- **Finanzas personales.** Ofrecen al consumidor la gestión eficaz de las finanzas personales y la posibilidad de comparar distintos productos financieros. Facilitan información sobre el estado y los movimientos de sus cuentas y ofrecen productos financieros perfilados a las necesidades del usuario.

- **Financiación alternativa.** Este tipo de financiación abarca los tipos siguientes:

  1. **Préstamos rápidos online**: préstamos a particulares y empresas, de pequeños importes, concedidos de forma ágil a través de plataformas.

  2. **Financiación participativa**: consiste en poner en contacto, a través de una plataforma, a promotores que necesitan financiación para sus proyectos con una pluralidad de inversores particulares. Este tipo de financiación, también conocida como *crowdfunding*, puede realizarse a través de prés-

tamos (*crowdlending*) o mediante la emisión de determinados instrumentos financieros (*crowdequity*) como son las acciones, las participaciones sociales o los bonos.

- **Servicios de pago mediante dispositivos móviles o electrónicos.**

- **Big data.** Se incluyen en esta categoría todas aquellas entidades que generan valor añadido mediante el análisis de un gran volumen de datos, pudiendo utilizar técnicas de inteligencia artificial.

- **Identificación online de clientes.** Son empresas que se dedican a proporcionar sistemas de identificación a distancia de personas utilizando las nuevas tecnologías, como la biometría. Sustituyen la tradicional contraseña para acceder a las plataformas por nuevos métodos, como pueden ser la identificación facial o la dactilar.

- **Criptoactivos.** Se trata de la representación de activos, registrados en formato digital, que se apoyan en la criptografía y en las tecnologías de registros distribuidos, como *blockchain*. Entre estos, se encuentran las criptomonedas, que se utilizan como medio de pago en determinadas transacciones.

- *Blockchain* (o cadena de bloques). Es una base de datos distribuida, construida mediante la incorporación sucesiva de bloques enlazados y que se replican en todos los ordenadores o nodos que participan en la red.

  Al tener todos los participantes la misma información, no es posible alterarla sin el consenso de la red, por lo que se puede considerar como veraz. Se utiliza la criptografía para la validación de las transacciones que se introducen en un bloque, lo que permite su trazabilidad.

- *Insurtech* **y** *proptech.* Por último, hay compañías que desarrollan modelos de negocio no referidos directamente a los mercados de valores o a pagos y que reciben otra denominación, como las *insurtech* (seguros) o las *proptech* (propiedades inmobiliarias).

9. Decisiones de inversión y desinversión

9.1. Introducción

La gestión financiera de la empresa se basa en dos actividades:

1. Decisiones de financiación.

2. Decisiones de inversión.

Toda empresa, desde su constitución, tiene unos costes de actividad, como los de mano de obra, gastos generales, etc. Además, se incluyen también los de gestión empresarial, tales como amortizaciones, inmuebles, asunción de deuda, entre otros. Por otro lado, aquellos recursos obtenidos deben ser adecuadamente invertidos con el objetivo de obtener una rentabilidad que se materializará en nuevos recursos económicos. Estos recursos soportarán los costes y deberán ser utilizados para el desarrollo de proyectos que permitan un crecimiento sostenible de la empresa.

De la gestión del activo se obtendrá una rentabilidad por las inversiones efectuadas que deberá confrontarse con el coste que se desprende de la función de financiación del pasivo. El objeto de toda empresa, desde una perspectiva financiera, es crear valor, y esto se consigue cuando la rentabilidad es mayor que el coste.

Mientras que ahorrar significa, simplemente, reservar los ingresos no gastados, invertir implica comprometer parte de esos ahorros adquiriendo ciertos activos, con la esperanza de obtener de ellos un rendimiento en el futuro. Esta decisión conlleva siempre el riesgo de que, por diversas razones, el rendimiento no sea el esperado. **Todos los productos de inversión incorporan cierto nivel de riesgo**.

La razón para asumir los riesgos de un producto de inversión, en vez de dejar los ahorros en un depósito bancario a la vista sin riesgo, es la posibilidad de obtener una rentabilidad más alta. Invertir ofrece mayor potencial de crecimiento. Invertimos en valores con el objetivo de acumular el capital necesario para llevar a cabo nuestros proyectos a medio y largo plazo (comprar una casa, ahorrar para la jubilación, etc.).

La decisión de invertir o no y en qué condiciones no es algo que se deba tomar a la ligera. Adquirir un determinado valor supone comprometer los ahorros y condiciona la capacidad financiera presente y futura. Si se compra un producto defectuoso o que no se ajusta a nuestras necesidades, tenemos la opción de devolverlo, pero las cosas no funcionan de la misma manera con los productos financieros.

9.2. Decisiones de inversión

Las decisiones de inversión dentro de la empresa se materializan en la estructura económica, en el activo del balance, que representa el empleo de fondos en bienes y derechos. Estas inversiones se pueden dividir en dos grupos, en activos fijos y circulantes, en función de cuál sea su horizonte temporal.

Estos dos tipos de elementos presentan dos ciclos reales diferentes en el proceso de generación de liquidez dentro de la sociedad: el ciclo largo, cuya duración dependerá de la vida útil de los inmovilizados, y el ciclo corto o de explotación, que se corresponde con la transformación en efectivo de los circulantes de la empresa que se produce, generalmente, en el corto plazo, debiendo la empresa mantener en equilibrio ambos ciclos.

De este modo, se puede observar cómo se dan dos tipos de decisiones de inversión en la empresa:

1. Las de **carácter estratégico**: implican la gestión de activos a largo plazo.

2. Las de **carácter táctico**: requieren la gestión de activos a corto plazo. Por tanto, las decisiones de inversión se ocupan de la asignación de los recursos financieros a lo largo del tiempo, emprendiendo proyectos de inversión o adquiriendo activos. Estas decisiones son las más importantes para la creación de valor en la empresa pues determinan la cuantía de los resultados operativos futuros, el nivel de riesgo económico y la liquidez de la sociedad.

9.3. Decisiones de financiación

Las decisiones de inversión tienen su complemento en las de financiación, que se corresponden con los pasivos que tiene la empresa y recoge los recursos financieros aplicados en los activos. Estos recursos, en función del origen y propiedad, se pueden clasificar en dos grupos:

1. **Recursos propios**: se corresponden con las aportaciones realizadas por los accionistas, así como por los beneficios no distribuidos, y que permanecen en la empresa en forma de reservas. Estos fondos tienen carácter permanente, es decir, no tienen plazo de devolución establecido, y se retribuyen vía dividendos.

2. **Recursos ajenos**: aportados por personas ajenas a la propiedad de la empresa, presentando un plazo de devolución determinado ya sea dentro del corto plazo o a largo plazo. La retribución obtenida es a través del pago de intereses.

Considerando que las inversiones presentan dos ciclos diferentes en el proceso de generación de liquidez, uno a corto y otro a largo, la exigibilidad de los pasivos debe adecuarse a los mismos. De hecho, se puede distinguir entre **pasivos con una exigibilidad dentro del corto plazo**, vinculados al ciclo de explotación de la empresa, y **recursos de carácter permanente**, que se corresponden con los fondos aportados por los accionistas y las deudas a largo plazo, relacionados con la financiación del inmovilizado (ciclo largo).

10. Directiva MiFID

10.1. Regulación

La Directiva de Mercados de Instrumentos Financieros, conocida como **MiFID**, aparece en el ámbito normativo europeo como una de las principales consecuencias del Plan de Acción de Servicios Financieros (FSAP) aprobado por la Comisión Europea en mayo de 1999.

La MiFID establece las reglas del juego para inversores, entidades y mercados y uno de sus principales objetivos es mejorar los mecanismos de protección al inversor minorista.

Apenas transcurridos tres años de vigencia de la MiFID, la Comisión Europea comienza a hablar de la necesidad de reforma. La propia Comisión pone de manifiesto cómo la MiFID ha contribuido a crear un mercado más competitivo e integrado, pero al mismo tiempo entiende que han surgido debilidades en algunas áreas o la necesidad de reforzamiento en otras. La Comisión Europea considera que la adopción de nuevas medidas es necesaria para restaurar la confianza del inversor y conseguir los objetivos iniciales de la MiFID. El fortalecimiento del marco regulatorio, por otro lado, serviría para afrontar en mejores condiciones la realidad del mercado en una situación muy diferente y mucho más compleja que en el momento en que la MiFID fue diseñada y puesta en marcha, habiéndose ampliado la diversidad de productos financieros y métodos de negociación.

Comienza así el proceso de revisión de la MiFID y el calado de las novedades es de tal magnitud que pasa a denominarse **MiFID II**.

La nueva regulación, tras un largo proceso de negociación, se plasma en dos normas:

a) Por un lado, un reglamento con los nuevos requisitos en relación con la provisión de transparencia al público, información sobre transacciones a las autoridades competentes, requisitos para autorización y funcionamiento a los proveedores de *data services*, la obligada negociación de derivados en mercados organizados y actuaciones específicas de su supervisión: el Reglamento (UE) 600/2014 del Parlamento Europeo y del Consejo, de 15 de mayo de 2014, relativo a los mercados de instrumentos financieros, conocido como MiFIR.

b) Por otro lado, una directiva que será la que modifique, entre otros, los requisitos para la prestación de servicios de inversión, los requisitos organizativos y las normas de conducta para entidades que presten servicios de inversión: la Directiva 2014/65/UE del Parlamento Europeo y del Consejo, de 15 de mayo de 2014, relativa a los mercados de instrumentos financieros, conocida como MiFID II.

El 3 de enero de 2018 comenzó la aplicación del nuevo marco normativo sobre mercados e instrumentos financieros, basado en la Directiva MiFID II y el Reglamento

MiFIR mencionados. Este nuevo paquete regulatorio tiene como objetivo asegurar unos elevados niveles de protección de los inversores y mejorar la estructura organizativa y el gobierno corporativo de las empresas de servicios de inversión, así como aumentar la seguridad, la eficiencia, el buen funcionamiento y la estabilidad de los mercados de valores.

Por un lado, MiFID II y MiFIR **refuerzan la protección al inversor** al modificar las previsiones existentes en materia de autorización, normas de conducta y requisitos organizativos de los proveedores de servicios de inversión e introducir nuevas obligaciones y medidas de supervisión preventiva.

10.2. Clientes considerados profesionales

Veamos las normas que las entidades tienen que cumplir en sus relaciones con los clientes en el ejercicio de la prestación de servicios de inversión. La normativa **considera profesionales** a los siguientes clientes:

- Entidades que precisan autorización o regulación para actuar en los mercados (entidades financieras, fondos de inversión, fondos de pensiones, inversores institucionales, etc.).

- Grandes empresas que acrediten determinadas dimensiones en cuanto al volumen de negocio, total del balance y recursos propios.

- Gobiernos y organismos nacionales e internacionales relacionados con la gestión de deuda pública o el análisis de las políticas económicas y monetarias.

- Clientes particulares y organismos públicos que soliciten la consideración de profesionales Para obtenerla deben acreditar el cumplimiento de dos de los siguientes requisitos:

  a) Realización de un volumen mínimo de operaciones en los mercados durante los cuatro trimestres anteriores.

  b) Tener una cartera de instrumentos financieros de un importe superior a 500.000 euros.

  c) Haber ocupado durante al menos un año algún cargo en el sector financiero que requiera conocimientos sobre los instrumentos con los que se desee operar.

Las obligaciones de evaluación de la adecuación del producto al cliente por parte de los intermediarios financieros varían, con carácter general, en función del tipo de producto sobre el que se preste el servicio en cuestión.

10.3. Productos complejos y no complejos

Los productos de inversión se clasifican en dos tipos: complejos y no complejos. Los productos **no complejos** deben cumplir todas y cada una de las siguientes características:

a) Se pueden reembolsar de forma frecuente a precios conocidos por el público. En general, siempre es fácil conocer su valor en cualquier momento y hacerlos efectivos.

b) El inversor no puede perder un importe superior a su coste de adquisición, es decir, a lo que invirtió inicialmente.

c) Existe información pública, completa y comprensible para el inversor minorista sobre las características del producto.

d) No son productos derivados.

e) No incorporan cláusulas o condiciones que podrían alterar el riesgo de la inversión o el perfil de pagos (por ejemplo, los bonos convertibles o los bonos emitidos por bancos que pueden ser convertidos en acciones en caso de necesidades de capital del banco).

f) No incluyen ningún coste de salida que provoque que al inversor no vaya a compensarle vender el producto.

Los productos **complejos** son los que no cumplen con todas estas características o alguna de ellas. Pueden suponer mayor riesgo para el inversor, suelen tener menor liquidez (en ocasiones no es posible conocer su valor en un momento determinado) y, en definitiva, es más difícil entender tanto sus características como el riesgo que llevan asociado.

a) La entidad debe ofrecer al cliente los productos que considere que son adecuados para él. Para ello, le pedirá información sobre sus conocimientos y experiencia previa en los mercados financieros, con el fin de asegurarse de que es capaz de comprender la naturaleza y los riesgos de los productos que le ofrece.

b) El conjunto de preguntas que le hacen al cliente y que determinará si un producto o servicio de inversión es adecuado para él se denomina **evaluación de la conveniencia**, que habitualmente se realiza a través del test de conveniencia.

c) Al asesorar o gestionar la cartera, la entidad debe recomendar productos que mejor se ajusten a la situación personal del cliente, por lo que deberá analizar sus conocimientos y experiencia previa, así como sus objetivos de inversión y situación financiera.

d) El conjunto de preguntas que hace la entidad para obtener esta información se denomina **evaluación de la idoneidad**, que habitualmente se realiza a través del denominado test de idoneidad.

La función principal de cualquier sistema financiero en una economía de mercado es captar los recursos o excedentes de los ahorradores y canalizarlos hacia los demandantes de dinero.

Los demandantes de fondos son aquellos agentes económicos (empresas, sector público y hogares) que necesitan financiación para realizar sus proyectos. Los oferentes son aquellos que disponen de un excedente de fondos y buscan rentabilizarlos.

Los elementos fundamentales del sistema financiero son:

a)   Activos financieros.

b)   Mercados financieros.

c)   Intermediarios financieros.

Los activos pueden definirse como títulos que las unidades económicas demandantes de recursos lanzan al mercado financiero, y son comprados por las unidades económicas que ofrecen recursos al mercado.

Los activos financieros se clasifican en dos tipos:

a)   Acciones o capital social de una empresa.

b)   Títulos de deuda, ya sea pública o privada.

Un mercado financiero es el lugar, físico o no, sistema o mecanismo donde los agentes económicos negocian o intercambian los activos financieros. Este intercambio puede operar de forma física o electrónica.

Los intermediarios son el conjunto de instituciones encargadas de mediar entre ahorradores y demandantes de recursos económicos, que realizan dicha labor mediante la compraventa de activos en los mercados financieros.

La política monetaria tiene como finalidad estabilizar los precios en la eurozona y por tanto, controlar la inflación.

El mercado de divisas, en inglés *Foreing Exchange Market* (FOREX), es el mayor mercado financiero mundial, no está centralizado en ninguna bolsa. Se considera un mercado extrabursátil, denominado en inglés *Over The Counter* (OTC).

.../...

.../...

El mercado de divisas permite la transferencia de poder adquisitivo de unos países a otros, además proporciona financiación a las operaciones internacionales. Por otra parte, proporciona cobertura de riesgos de tipos de interés y tipos de cambio a través de los instrumentos que se negocian en él.

Los instrumentos de inversión de renta fija se pueden definir como aquellos valores que representan deudas de empresas (deuda privada) o de organismos públicos (deuda pública), que tienen una doble finalidad:

a)   Facilitar un rendimiento al tomador.

b)   Ofrecer financiación al emisor.

Los productos de renta fija son instrumentos con una rentabilidad, por lo general, baja debido a su bajo riesgo asociado en comparación a otro tipo de inversiones, como los productos de renta variable.

Los títulos de renta variable pueden cotizar, o no hacerlo, en un mercado de valores. Podrán hacerlo siempre que reúnan una serie de requisitos que en España se regulan por la Comisión Nacional del Mercado de Valores.

El término fintech, procedente de las palabras en inglés *finance* y *technology*, hace referencia a todas aquellas actividades que impliquen el empleo de la innovación y los desarrollos tecnológicos para el diseño, la oferta y la prestación de productos y servicios financieros.

La gestión financiera de la empresa se basa en dos actividades:

a)   Decisiones de financiación.

b)   Decisiones de inversión.

Las decisiones de inversión dentro de la empresa se materializan en la estructura económica, el activo del balance, que representa el empleo de fondos en bienes y derechos. Estas inversiones se pueden dividir en dos grupos, en activos fijos y en circulantes, en función de cuál sea su horizonte temporal.

.../...

.../...

Las decisiones de inversión tienen su complemento en las de financiación, que se corresponden con los pasivos que tiene la empresa y recoge los recursos financieros aplicados en los activos.

La Directiva de Mercados de Instrumentos Financieros, conocida como MiFID16, aparece en el ámbito normativo europeo como una de las principales consecuencias del Plan de Acción de Servicios Financieros (FSAP) aprobado por la Comisión Europea en mayo de 1999.

La MiFID establece las reglas del juego para inversores, entidades y mercados y uno de sus principales objetivos es mejorar los mecanismos de protección al inversor minorista.

UNIDAD DIDÁCTICA 5

Los servicios financieros bancarios

Introducción

1. Tarjetas

2. Domiciliación de recibos

3. Transferencias

4. Gestión de cobro efectos

5. Banca electrónica

6. Pagos por móvil (Bizum)

7. Central de Información de Riesgo (CIRBE)

Resumen

Los **objetivos** de esta unidad son:

1. Identificar los servicios que prestan las entidades bancarias.

2. Diferenciar entre el tipo de tarjetas bancarias.

3. Definir la complejidad de las tarjetas *revolving*.

4. Determinar los parámetros de la domiciliación de recibos en SEPA.

Introducción

En esta unidad conoceremos los servicios que prestan las entidades bancarias.

Conoceremos la regulación SEPA, de gran importancia en materia de adeudo de recibos.

Analizaremos con el material de la unidad y material audiovisual la complejidad de las tarjetas *revolving* y aprenderemos a calcular la liquidación de dichas tarjetas.

1. Tarjetas

1.1. Tipos y características

Las tarjetas de pago permiten al titular adquirir bienes y servicios en establecimientos o empresas adheridas al sistema de pago mediante tarjeta, así como le permite de los fondos de sus cuentas a través de cajeros automáticos. Con las nuevas tecnologías, la tarjeta de pago se configura como un medio seguro y eficaz para adquirir bienes y servicios a través de Internet. Por su practicidad, se han situado como uno de los medios de pago más usados, tanto por particulares como empresas.

Existe una gran variedad de tarjetas con distintas denominaciones comerciales y diferentes funcionalidades. Conocer sus principales características te ayudará a contratar la que más te conviene en función de los servicios que te ofrezca.

En el mercado existen una gran variedad de tarjetas (de débito, de crédito, monedero, comerciales) con distintas denominaciones (Visa, MasterCard, etc.) y con diferentes funcionalidades. Dentro de cada clase suele haber varias categorías (designadas, generalmente, como "normal" o "clásica", "plata", "oro", "platino" o con términos similares), en función de los servicios que ofrece cada una de ellas.

Según quien las emita, distinguimos:

- **Tarjetas bancarias**: son las emitidas por los bancos. En España los movimientos generados por las tarjetas son gestionados por Sistemas de Tarjetas y Medios de Pago, S. A.

- **Tarjetas no bancarias**: son las que únicamente pueden usarse en aquellos establecimientos asociados (tiendas, franquicias, grandes almacenes, etc.). No obstante, en España, una parte importante de los grandes centros comerciales tiene acuerdos con un banco principal, siendo el banco el emisor de la tarjeta y no el centro comercial.

- **Tarjetas de fidelización**: son las emitidas por establecimientos comerciales o de servicios (por ejemplo, líneas aéreas) y con ellas se acumulan puntos que sirven para solicitar descuentos en la compra de los artículos o pago de los servicios del establecimiento emisor.

Entre los **tipos de tarjetas bancarias** distinguimos:

- Tarjeta de débito.

- Tarjeta de crédito.

- Tarjetas revolventes, *revolving* o de pago aplazado.

- Tarjetas de prepago o monedero.

- Tarjetas *contactless* o sin contacto

Las **características de las tarjetas bancarias** son:

- Están expedidas de forma nominativa y son intransferibles.

- Están dotadas de una banda magnética en la que incorpora los datos de la entidad bancaria que la ha emitido.

- La entidad puede cargar una comisión por la emisión, renovación o sustitución en caso de pérdida, robo o destrucción de la tarjeta.

- Tienen vinculada una comisión bancaria si el titular dispone de efectivos en cajeros que no están vinculados a la entidad financiera emisora.

- Tienen vinculado un tipo de interés por el pago aplazado de la deuda generada o por disposición de efectivo en un cajero a través de una tarjeta de crédito.

- Los establecimientos o empresas receptoras de estos pagos, habitualmente, no cobran comisiones por la operación.

1.2. Tarjeta de débito

Es una tarjeta que sirve para utilizar los fondos depositados en la cuenta corriente o de ahorro a la que está asociada. Por eso, deberá existir una cuenta a la que esté asociada.

Las tarjetas de débito pueden emplearse para realizar pagos en comercios y para sacar dinero en oficinas y cajeros automáticos, así como para consultar saldos y movimientos de la cuenta. En este tipo de tarjetas la operación se registra instantáneamente en la cuenta. Esta es la principal diferencia entre las tarjetas de débito y crédito.

En el momento en que se realiza la operación, esta se registra automáticamente en la cuenta de su titular. En las tarjetas de crédito este registro automático no se produce.

El límite lógico de una tarjeta de débito es el dinero que tenga la cuenta asociada. Sin embargo, es muy común que, por razones de seguridad, las entidades, de acuerdo con su cliente fijen un límite diario, sobre todo, para la retirada de fondos de los cajeros automáticos.

Junto con la obligación del titular de tener cuenta en el banco emisor de la tarjeta, está la de disponer fondos en la cuenta en el momento de utilizar la tarjeta. La entidad, si no hay fondos, podrá a su elección, anticipar la cantidad necesaria para realizar el pago (descubierto en cuenta) o rechazar la operación.

El descubierto en cuenta supondrá la obligación por parte del titular de la tarjeta de devolver el anticipo y de abonar los intereses, comisiones bancarias y gastos que procedan.

Habrá que tener en cuenta que existen dos contratos relacionados, el de la cuenta asociada y el de la tarjeta, por lo que la entidad no suele entregar extracto de los gastos realizados con la tarjeta, comunicando únicamente los datos de la cuenta asociada.

1.3. Tarjeta de crédito

En este tipo de tarjetas es posible hacer pagos u obtener fondos, hasta cierto límite, a crédito. A cambio el dinero deberá ser devuelto en los plazos previstos.

Muchas entidades bancarias la ofrecen sin necesidad de tener una cuenta corriente abierta en ellas girándole los recibos correspondientes a la cuenta corriente y entidad que se indique. En el caso de las emitidas por los establecimientos financieros de crédito o entidades de pago será siempre así, ya que no pueden abrir cuentas corrientes al público.

Recuerda que utilizar una tarjeta de crédito tiene las mismas consecuencias que disponer de cualquier otro crédito o modalidad de financiación: estás obligado a devolver el dinero y pagar los intereses establecidos.

El límite del crédito disponible debe figurar en el contrato de la tarjeta. Puede ser modificado tanto por el banco como por el titular. Si bien las entidades pueden ajustarlo, atendiendo a su política de riesgos y a las características personales y de solvencia económica del cliente, tú también puedes solicitar cambiar tu límite de crédito. Si lo quieres bajar, la entidad no te pondrá pegas. Si lo quieres subir, necesitarás su autorización. Suele existir un límite de crédito máximo para cada categoría de tarjeta (normal, plata, oro...).

El límite de crédito significa que la entidad no atenderá pagos por encima de la cifra fijada. Sin embargo, si está previsto en el contrato de la tarjeta, la entidad emisora podría aceptar la superación del límite, surgiendo los denominados *excedidos en cuenta*.

La devolución del dinero que se ha utilizado debe hacerse de la forma y en los plazos previstos, normalmente en los primeros días de cada mes. Se pueden elegir distintas modalidades de pago.

No todas las tarjetas de crédito son emitidas por entidades bancarias y de crédito, existen tarjetas de crédito emitidas por empresas que no están sujetas a la supervisión del Banco de España.

No existe obligación de tener abierta una cuenta en la entidad emisora, existen entidades bancarias que las ofrecen girando los recibos correspondientes en la cuenta designada por su titular. Además, conviene tener en cuenta que, si la entidad emisora es un establecimiento financiero de crédito, no un banco, los recibos se cargarán siempre en una cuenta de una entidad bancaria, ya que éstos no pueden abrir cuentas al público.

El pago con una tarjeta de crédito tiene las mismas consecuencias que disponer de cualquier crédito o modalidad de financiación, la devolución del dinero y de los intereses y comisiones pactados.

1.3.1. Comisiones

Al margen de las comisiones comunes con las tarjetas de débito, que son objeto de desarrollo en un punto posterior, la entidad emisora cobrará, siempre que se haya pactado en el contrato de la tarjeta:

- **Comisión por cancelación anticipada**, si se devuelve el dinero cuyo pago está aplazado antes de la fecha pactada.

- **Comisión por excedido**, se paga cuando se supera el límite de crédito (en el caso de que la entidad le admita esta posibilidad). Puede ser fija, variable (porcentaje sobre la cantidad máxima excedida) o una mezcla de ambas fórmulas.

- **Comisión por reclamación**, se justifica en el caso en que la entidad emisora tenga que dirigirse al titular para notificarle su retraso en los pagos e instarle al pago de las cantidades debidas. La entidad emisora debe acreditar los gastos en que ha incurrido con la reclamación.

1.3.2. Modalidades de pago

En las tarjetas de crédito hay diversas modalidades de pago, la modalidad concreta dependerá de lo estipulado en el contrato.

Las **fórmulas de pago a la entidad emisora** más usuales son:

- **Pago único de todo el saldo a fin de mes o al mes siguiente**: el dinero utilizado a lo largo de un mes se paga íntegramente al final del mismo, y se carga en la cuenta corriente designada por el titular en ese momento o en el mes siguiente. En esta modalidad la mayor parte de las entidades emisoras no cobran intereses.

- **Pago aplazado**: hay muchas variantes y en casi todas ellas se deberá pagar intereses. Se puede pagar mensualmente un porcentaje sobre el dinero que haya utilizado o bien una cantidad fija. Normalmente la parte que se va devolviendo se sumará nuevamente al importe no dispuesto del límite, incrementando el disponible. Por eso se llaman tarjetas revolventes o *revolving*.

1.3.3. Intereses

Las entidades de crédito suelen cobrar intereses por el aplazamiento del pago de las cantidades que se haya dispuesto a través de la tarjeta. El tipo de interés que se obrará por las cantidades dispuestas debe figurar en el contrato.

Además del **tipo de interés ordinario**, pueden figurar en el contrato otros dos tipos de intereses:

- El **tipo de interés por los saldos excedidos**, que se aplicará cuando el titular de la tarjeta haya sobrepasado el límite de crédito.

- El **tipo de interés de demora**, que se aplicará cuando el titular de la tarjeta deje de pagar, sin causa justificada, a la entidad emisora.

El tipo de interés de las tarjetas de crédito suele ser fijo, reservándose las entidades emisoras en el contrato la posibilidad de cambiarlo. En tal caso, la entidad deberá informar al titular de manera individualizada del cambio en el tipo de interés antes de su aplicación.

En el contrato de tarjetas de crédito suele figurar el tipo de interés nominal mensual, no el tipo de interés nominal anual. De forma que si en el contrato figura un tipo de interés del 1%, el interés anual será en realidad del 12% (1% x 12).

Para poder comparar distintas alternativas de financiación, es importante conocer la TAE, indicador que en forma de tanto por ciento anual revela el coste o rendimiento efectivo, ya que incluye, además de los intereses, los gastos y comisiones bancarias (no incluye las comisiones por emisión o renovación de tarjeta). Por ello, la TAE facilita la comparación entre las distintas tarjetas de crédito. La TAE debe aparecer en el contrato, así como en toda publicidad que haga referencia a su coste. También debe figurar en los documentos de liquidación que la entidad envíe periódicamente.

El impago o retraso en el pago a la entidad emisora determinará la obligación de pagar intereses de demora y, en su caso, comisiones por reclamación de cuotas impagadas (la fórmula para su cálculo constará en el contrato). En caso de que el impago persista, el titular de la tarjeta responderá con todos sus bienes presentes y futuros, iniciando la entidad emisora el cobro de las cantidades adeudadas a través del correspondiente procedimiento judicial.

Su operativa no depende de que la cuenta vinculada disponga de saldo, sino que los pagos se cargarán contra una línea de crédito convenida con el banco (cuyo límite se habrá pactado con el cliente) y se puede utilizar tanto en transacciones en el ámbito nacional como internacional.

1.4. Tarjetas revolventes, *revolving* o de pago aplazado

- Las tarjetas *revolving* son tarjetas de crédito en la que se ha elegido la modalidad de pago flexible.

- Te permiten devolver el crédito de forma aplazada mediante el pago de cuotas periódicas que varían en función de las cantidades dispuestas.

1.5. Tarjetas monedero o prepago

Permiten realizar pagos, en general de pequeño importe, u obtener dinero hasta el límite que hayas entregado previamente a la entidad emisora, importe que una vez agotado podrá recargarse.

Estas tarjetas tienen como finalidad el pago de pequeñas cantidades sin necesidad de llevar dinero en metálico. Estaban pensadas para que el cliente pudiera pagar un café, una merienda sin llevar dinero en efectivo y que la operación fuera aceptada por el establecimiento, ya que los establecimientos, entonces, se negaban a cobrar con tarjetas los importes inferiores al precio de un menú a causa de las comisiones que les cobraban las entidades bancarias.

Fueron muchas las escuelas y universidades que en sus carnés de alumnos habilitaban un chip convirtiendo el carné en una tarjeta monedero. Pese a que no se le puede negar la practicidad, no tuvieron éxito. Los usuarios preferían utilizar las tarjetas de débito o crédito convencionales, y en aquellos ámbitos en los que los pagos se referían a importes muy pequeños pagaban con moneda efectiva.

Actualmente, la evolución de la sociedad y el acercamiento de las nuevas tecnologías a la vida cotidiana de los ciudadanos, el uso diario de Internet para proveernos de todo tipo de productos, acompañado todo ello del miedo a ser objeto de una estafa, un robo, ha hecho que los usuarios vuelvan a optar por este tipo de tarjetas, cuyo límite de pagos viene determinado por el saldo que se ha cargado.

Estas tarjetas no están vinculadas a ninguna cuenta bancaria ni a una línea de crédito. Son tarjetas prepago, es decir, el usuario carga previamente el importe que necesita para la finalidad que le quiera dar. Los usos actuales de este tipo de tarjeta serían tarjetas para hijos, tarjetas regalos, tarjetas para viajes, etc.

El límite, como hemos indicado, se pacta con la entidad emisora antes de celebrar el contrato de uso y puede ser cargada o descargarla mediante la aplicación que normalmente se vincula a la tarjeta. La tarjeta podrá ser física o digital, y podrá ser utilizada en comercios físicos y mediante una *wallet* en un teléfono inteligente.

Las **ventajas** de este tipo de tarjetas son:

- Ideal para compras por Internet. Es muy común usarla de manera exclusiva para el comercio online ya que, si quieres, podrás recargarla únicamente con la cantidad exacta.

- Barrera de seguridad adicional. En caso de extravío o uso fraudulento, limitaríamos la pérdida al importe recargado en ese momento.

- Disponen de sistemas de autenticación reforzada. En la mayoría de los casos, es necesaria la confirmación de la compra mediante la introducción de un código vía SMS.

- Mayor control de los gastos. El hecho de tener que recargarla con periodicidad nos hace más conscientes de cuánto estamos gastando y nos ayuda a evitar las compras impulsivas.

- No es necesario tener cuenta corriente, a diferencia de las tarjetas de débito y crédito que sí deben estar asociadas a una.

Al no estar garantizada la disponibilidad de saldo en todo momento, puede que algunas empresas, como las de alquiler de coches y hoteles, no las acepten como medio de pago.

1.6. Tarjetas *contactless* o sin contacto

Son las tarjetas, tanto de débito como de crédito, que disponen de esta tecnología. Pueden realizar los pagos sin necesidad de introducir la tarjeta en el datáfono, sino simplemente acercando la tarjeta al aparato y, en caso de que se trate de operaciones por importe superior a 50 euros introduciendo el pin, en aplicación del artículo 11 del Reglamento Delegado (UE) 218/389 de la Comisión Europea .

Cada vez más comercios disponen de datáfonos o TPV adaptados que permiten una mayor rapidez a la hora de pagar. En aquellos cajeros automáticos que incorporen esta tecnología no hace falta introducir la tarjeta en el cajero, tan solo acercándola al lector contactless accederemos al menú principal. Antes de realizar una operación te pedirán el pin.

1.7. Tarjetas comerciales

Son tarjetas que emiten las empresas financieras de las grandes distribuidoras comerciales, como Carrefour, Esclat, etc. y están amparadas por una entidad bancaria.

Estas tarjetas tienen como finalidad finalizar al cliente con la empresa comercial y facilitar la adquisición de productos con aplazamientos del pago de los mismos, y la emisión de descuentos.

1.8. Tarjetas virtuales o cibertarjetas

Con la llegada de las nuevas tecnologías, los hábitos de compra de servicios y productos han cambiado, pero con esta llegada a los usuarios también el miedo o falta de confianza a la hora de hacer compras online y tener que aportar los datos bancarios a terceros.

En este contexto aparecen cibertarjetas prepago sin soporte físico.

2. Domiciliación de recibos

Este servicio permite al cliente autorizar el pago a determinadas empresas por determinados servicios mediante el cargo directo en su cuenta bancaria o tarjeta de crédito y recibe el nombre técnico de "adeudo domiciliado".

Según el Real Decreto-ley 19/2018, el adeudo domiciliado se define como el servicio de pago destinado a efectuar un cargo en la cuenta de pago del ordenante, en el que la operación de pago es iniciada por el beneficiario sobre la base del consentimiento dado por el ordenante al beneficiario, al proveedor de servicios de pago del beneficiario o al proveedor de servicios de pago del propio ordenante.

Los intervinientes en operaciones de domiciliación bancaria según el artículo 3 del Real Decreto-ley 19/2018, son:

- **Agente**: una persona física o jurídica que presta servicios de pago en nombre de una entidad de pago.

- **Beneficiario**: la persona física o jurídica que sea el destinatario previsto de los fondos que hayan sido objeto de una operación de pago.

- **Consumidor**: una persona física que, en los contratos de servicios de pago objeto de este Real Decreto-ley, actúa con fines ajenos a su actividad económica, comercial o profesional.

- **Ordenante**: la persona física o jurídica titular de una cuenta de pago que autoriza una orden de pago a partir de dicha cuenta o, en el caso de que no exista una cuenta de pago, la persona física o jurídica que dicta una orden de pago.

- **Usuario de servicios de pago**: la persona física o jurídica que hace uso de un servicio de pago ya sea como ordenante, beneficiario o ambos.

2.1. Variantes de los adeudos directos SEPA

Los adeudos directos SEPA presentan dos variantes: una modalidad básica (CORE) y otra para uso exclusivo entre empresas, autónomos o profesionales (denominada B2B). Debe tenerse en cuenta que, en el caso de que el proveedor de servicios de pago ofrezca el servicio de adeudos directos, es obligatorio para este estar adherido al esquema CORE, mientras que la opción B2B tiene carácter voluntario.

El adeudo directo **SEPA básico (CORE)** se trata de un instrumento que permite realizar cobros en euros adeudando la cuenta del deudor ya sea consumidor, empresa o autónomo.

El adeudo directo **SEPA B2B** se trata de un instrumento que permite realizar cobros en euros entre no consumidores, y que a diferencia del básico tiene un plazo de devolución reducido. Podrán ser emitidos entre empresas y autónomos, no consumidores.

Para que se proceda al cargo del adeudo deberá existir previamente un mandato. El mandato u orden de domiciliación es el medio por el que el deudor autoriza y consiente al acreedor a:

- Iniciar los cobros mediante el cargo en la cuenta indicada por el deudor.

- Autorizar a la entidad del deudor a cargar en su cuenta los adeudos presentados al cobro por la entidad bancaria del acreedor.

El mandato debe estar suscrito por el deudor como titular de la cuenta de cargo o persona en disposición de poder otorgado por este, antes de iniciar el cobro de los adeudos. El mandato firmado debe quedar almacenado en poder del acreedor mientras esté en vigor, durante el periodo de reembolso, así como durante los plazos que establezca la Ley para la conservación de documentos, una vez cancelado.

La autorización o consentimiento del deudor recogido en un mandato es válido hasta expresa revocación por parte de este o del acreedor. Para los instrumentos de adeudo directo SEPA, cuando un acreedor no presenta adeudos con arreglo a un mandato válido en un periodo de 36 meses (a contar desde la fecha del último adeudo, independientemente de que este fuera pagado, rechazado, devuelto o reembolsado), el mandato queda extinguido y, por tanto, no podrá iniciar más cobros acogidos a dicho mandato, debiendo crear uno nuevo para cobros futuros.

El emisor debe poner los ficheros a disposición de la entidad bancaria emisora con suficiente antelación respecto a la fecha de cobro:

- En el instrumento básico, con carácter general será de 7 días hábiles para primeras operaciones o únicas y de 4 días hábiles para las operaciones recurrentes.

- Para el instrumento de adeudos B2B el plazo con carácter general será de 3 días.

No obstante, de forma equivalente a como se viene haciendo en la práctica habitual, existe la posibilidad de plazos de presentación más reducidos en ambas versiones (CORE y B2B) y sin discriminación de los plazos de entrega. Estos plazos requieren un acuerdo previo con la entidad emisora siempre que las entidades estén adscritas a este servicio.

2.2. Órdenes de domiciliación

Las órdenes de domiciliación indicarán si la entidad deberá atender el adeudo de forma puntual (una sola vez) o de forma recurrente, de modo que no será necesario autorizar el pago cada vez.

La baja de la orden de domiciliación debe realizarse de forma expresa, en un documento con fecha y firma.

La revocación solo tendrá efectos si se recibe por el banco antes del final del último día hábil anterior a aquel en que esté previsto el cargo del recibo. En el caso de que se reciba con posterioridad sólo tendrá efectos sobre los efectos siguientes:

- Siempre que se reciba un adeudo por cuantía superior a los importes cargados en recibos anteriores podrá solicitarse la devolución del adeudo en un plazo de 8 semanas.

- En caso de recibir un adeudo al que no se ha concedido autorización podrá ser objeto de devolución en el plazo de 13 meses.

3. Transferencias

Se define transferencia como el servicio de pago destinado a efectuar u/n abono en una cuenta de pago de un beneficiario mediante una operación de pago o una serie de operaciones de pago con cargo a una cuenta de pago de un ordenante por el proveedor de servicios de pago que mantiene la cuenta de pago del ordenante, y prestado sobre la base de las instrucciones dadas por el ordenante.

Podemos encontrar dos tipos de transferencias:

- **Transferencia SEPA**

    SEPA es la zona compuesta por 36 Estados: los 27 Estados miembros de la Unión Europea, a los que se añaden el Reino Unido, Islandia, Liechtenstein, Noruega, Suiza, Mónaco, San Marino, Andorra y el Estado de la Ciudad del Vaticano.

    En esta zona se pueden hacer y recibir pagos en euros con las mismas condiciones con independencia de que sean o no transfronterizos.

En cuanto al plazo, si estás en un país SEPA y ordenas un pago a una cuenta de un banco en otro estado de la zona SEPA, tu dinero llegará como muy tarde el siguiente día hábil a aquel en el que el banco receptor recibió los fondos. Si la orden de transferencia la diste en papel, el plazo puede retrasarse un día más. Si la transferencia es urgente, el abono se realiza en el mismo día.

En cuanto a los gastos deben ser repartidos entre el ordenante y el beneficiario, es decir, que la entidad en la que ordeno la transferencia me cobrará a mí sus gastos y la del beneficiario le cobrará a él los suyos.

Una transferencia SEPA Inmediata confirma al emisor el abono de los fondos al destinatario antes de diez segundos, después de ejecutarse. Puede realizarse las 24 horas al día, 365 días al año, por lo que no se ven interrumpidas durante los fines de semana o días festivos.

En noviembre de 2017 el EPC lanzó el esquema de Transferencias Instantáneas SEPA (SCT Inst).

Entre sus principales características se encuentran la continua disponibilidad del servicio (24 horas al día, 365 días al año) y la rapidez con la que el proveedor de servicios de pago (PSP) del destinatario informa al PSP del ordenante sobre la recepción del dinero y, en caso de transacción exitosa, pone los fondos a disposición del destinatario.

Si bien su uso ha ido en aumento, la disponibilidad de pagos inmediatos para los titulares de cuentas de pago no era uniforme en todas las jurisdicciones de la Unión Europea. El Reglamento sobre Pagos Inmediatos (RPI) de 13 de marzo de 2024, tiene como objetivo armonizar y agilizar la prestación y la adopción de los pagos inmediatos. En la eurozona, todos los proveedores de servicios de pago deberán ofrecer el servicio de transferencias inmediatas si ofrecen el servicio de transferencias ordinarias a partir del 9 de octubre 2025, y en los países no euro de la Unión, el 9 de julio de 2027, según las disposiciones establecidas en el reglamento.

Tanto las transferencias SEPA como las SEPA Inmediatas son irrevocables, no pueden ser anuladas por el ordenante una vez ejecutadas. Además, el plazo máximo de abono de las transferencias estándar es de 1 día hábil siguiente a la fecha de emisión por la entidad ordenante, mientras que las inmediatas están disponibles en menos de 10 segundos.

- **Transferencia internacional**

Con una transferencia internacional, exterior o transfronteriza puedes enviar o recibir fondos entre diferentes países.

¿Qué hay que tener en cuenta con respecto a las transferencias internacionales?

Si los países en los que están situados el ordenante y el beneficiario de la transferencia están situados en zona SEPA, deberán tener los mismos costes que los pagos nacionales.

Si interviene un banco corresponsal, la entidad del ordenante debe informar a su cliente de la posibilidad de que aquel cargue sus propios gastos.

Si se utiliza el IBAN y el BIC (SWIFT), se consideran transferencias STP *(Straight Through Processing)* que se realizan de forma automatizada y son más rápidas y económicas.

En los casos de transferencias transfronterizas los plazos de llegada de los fondos a la cuenta destino pueden incrementarse (sobre todo si el origen o el destino está fuera de la Unión Europea).

Para realizar una transferencia necesitaremos un identificador único que es el número de cuenta que permite reconocerla de forma inequívoca. Puede estar formado solo por cifras o ser una combinación de dígitos y letras.

En España y demás países de la zona SEPA este identificador único se corresponde con el IBAN.

En una transferencia es muy importante introducir correctamente el número de cuenta (en la zona SEPA, el IBAN) del beneficiario pues la entidad del ordenante ejecutará la operación basándose en éste de forma automática, sin más comprobación, ni del ordenante, ni del beneficiario.

En consecuencia, los demás datos introducidos en la orden de transferencia (entre ellos, el concepto) son mensajes destinados al beneficiario de los fondos, no a la entidad.

Existen estas tres posibilidades de **repartir los gastos de una transferencia**:

— **SHA**: el ordenante corre con los gastos repercutidos por su entidad y el beneficiario hace frente a los que le cobre su entidad, de manera que los gastos se comparten.

— **OUR**: el ordenante paga todos los gastos de la operación.

— **BEN**: el beneficiario es el que los asume.

Recordemos que para las transferencias ejecutadas en la zona SEPA, la normativa establece que los gastos serán compartidos (SHA).

4. Gestión de cobro efectos

Una adecuada gestión financiera de la empresa depende fundamentalmente de la organización de sus cobros y pagos. La gestión financiera no garantizará un nivel alto de liquidez, pero sí permitirá prever posibles problemas y adoptar las decisiones necesarias para revertirlos.

La organización de cobros y pagos debe comprender la previsión, el control y la conciliación de los movimientos de tesorería (bancos y caja).

La gestión de cobros es fundamental en la empresa porque:

- Sin ella la empresa puede presentar problemas de liquidez.

- Si nuestro margen de negociación con el banco es limitado por la urgencia, normalmente, los gastos de la operación serán más elevados. Hay que tener en cuenta que los posibles problemas de liquidez exigirán acudir a la financiación ajena (normalmente, bancaria) y que, cuanto más reducido sea el plazo para negociar, menos ventajosas resultarán las condiciones para la empresa.

- La gestión de cobros es un aspecto importante de la imagen frente a nuestros clientes. La falta de control sobre los cobros puede contribuir a la relajación de los pagos por parte de nuestros clientes.

4.1. Problemas derivados de una inadecuada gestión de cobros

Los problemas más comunes derivados de una inadecuada gestión de cobros son:

- Duplicidad en los cobros.

- Retraso o falta de presentación de documentos en el banco.

- Impagos por falta de supervisión en el cumplimiento de las condiciones.

- Generación de gastos financieros innecesarios al acudir a la financiación bancaria sin que exista déficit de tesorería que lo justifique.

- Que las condiciones de pago sean impuestas por los clientes por carecer la empresa de pautas predefinidas al respecto.

4.2. Información de las cantidades a cobrar

La/s persona/s encargada/s de la gestión de cobros debe tener en todo momento información puntual y detallada de las cantidades a cobrar, fecha de cobro y modalidad de pago utilizada por el cliente.

Los **registros** que facilitan la obtención de la citada información son:

1. La **ficha del cliente**, que incluirá nombre, dirección, teléfono, persona de contacto, condiciones e instrumentos de pago habituales, número de cuenta, etc.

2. **Registro de efectos a cobrar**. Se trata de una relación detallada de los efectos a cobrar (en gestión de cobro y descontados) que podría contener los siguientes datos:

   - Fecha de emisión.
   - Fecha de vencimiento.
   - Fecha de pago.
   - Importe.
   - Cliente.
   - Nº de remesa.
   - Documento.
   - Tipo.
   - Banco.
   - Incidencias.

Veamos un ejemplo de registro de efectos a cobrar:

		Pagado
		Impagado
		Pagado
		Pagado
		Pte. Vto.
		Pte. Vto.

Fecha de vencimiento	Fecha de emisión	Fecha de pago	Importe	Cliente	Nº de remesa	Documento	Tipo	Incidencias
01/04/20XX	01/02/20XX		500 €	Empresa C	XX	Pagaré	Descuento	Pte. Vto.
01/04/20XX	01/02/20XX		200 €	Empresa C	XX	Pagaré	Descuento	Pte. Vto.

En la actualidad está generalizada la elaboración de los citados registros a través de hojas de Excel o de programas informáticos que, en ocasiones, están integrados en los programas contables. Además, la mayoría de las entidades financieras permiten el seguimiento y control de los efectos que obran en su poder por vía telemática.

Estos registros nos permitirán:

- Verificar que el importe del efecto coincide con el importe facturado al cliente.

- Controlar las fechas de vencimiento.

- Saber la entidad financiera en la que se han negociado los efectos.

- Saber si el efecto ha sido devuelto a su vencimiento a fin de iniciar las actuaciones tendentes a su cobro.

- Obtener listados de cobros a clientes para poder realizar una previsión que se ajuste en la medida de lo posible a la realidad.

4.3. Mejora de la gestión del cobro

La previsión de los cobros será necesaria para elaborar los presupuestos de tesorería a medio y largo plazo, de forma que podamos determinar el déficit y superávit de tesorería en cada periodo y, en su caso, adoptar decisiones relativas a necesidades de financiación (en caso de déficit) o de inversión (en el caso de superávit, para evitar la existencia de recursos ociosos).

Por otro lado, conviene que la empresa adopte aquellas rutinas que contribuyen a mejorar la gestión de cobro, como son:

- Envío de correspondencia a los clientes para recordar fechas de vencimiento, forma de pago e importes de las cantidades que deben hacer efectivas.

- Establecimiento de una política de cobros, a fin de determinar con carácter previo las formas de pago que admite la empresa, criterios para la concesión de crédito a clientes, etc.

- Seguimiento y control de los cobros.

- Asignación de riesgos a cada cliente y, en su caso, cobertura de dichos riesgos.

- Fijación de una política de impagados mediante el establecimiento de un protocolo de actuación en caso de que estos se produzcan.

Por último, señalar que, en determinados casos, por ejemplo, cuando el volumen de operaciones es muy elevado o cuando no existe personal que pueda asumir las funciones (empresas de reducida dimensión), conviene que el control de la gestión en los cobros y pagos sea asumido por un profesional o por una empresa externa.

5. Banca electrónica

Los programas de gestión resultan imprescindibles para que el departamento de tesorería realice sus funciones, ya que las tareas encomendadas le exigen dedicar cada vez menos tiempo a tareas administrativas y más tiempo a la toma de decisiones, que añaden más valor a la empresa. Pero, un buen sistema de información de tesorería no debe ceñirse a la utilización de programas informáticos, también debe comprender todas las herramientas, mecanismos y procedimientos necesarios para proporcionar información útil en la toma de decisiones.

En las pequeñas y medianas empresas la utilización de programas de gestión de tesorería está menos extendida, limitándose generalmente a los programas de contabilidad. Es en el ámbito de las grandes empresas donde habitualmente se utilizan aplicaciones informáticas específicas para la tesorería.

Sin embargo, no solo el tamaño de la empresa resulta determinante, también la importancia que se atribuya al departamento de tesorería evidencia una mayor o menor predisposición a la introducción y utilización de herramientas informáticas de gestión.

5.1. Áreas de un sistema informático de tesorería

Las principales áreas en las que un sistema informático de tesorería debe ayudar al tesorero son:

- Seguimiento de las obligaciones financieras.

- Control de la financiación de los déficits de tesorería.

- Seguimiento de los saldos en fecha valor.

- Gestión de activos monetarios en cartera.

- Elaboración y control de previsiones de tesorería.

- Registro de operaciones que impliquen movimiento de fondos.

- Aplicación de técnicas de *cash pooling*.

- Cobertura del riesgo de cambio y del riesgo de interés.

- Realización de otras tareas rutinarias que aportan escaso valor añadido a la empresa, como la conciliación bancaria.

En el momento de decidir la implantación de un sistema informático debe evaluarse su rentabilidad esperada. Para el cálculo de la rentabilidad se tendrá en cuenta: calidad de los usuarios, volumen de recursos, importancia del departamento de tesorería en la empresa, etc.

Es fundamental que el **sistema de tesorería esté integrado con el sistema contable**, de forma que el sistema de contable transmita información al sistema tesorería para la toma de decisiones, y que el sistema de información de tesorería remita información al sistema contable para el registro de operaciones. Incluso algunos sectores mantienen que determinadas tareas administrativas rutinarias, como la conciliación bancaria contable, queden en manos del sistema de información contable.

5.2. Diferencias entre el departamento contable y el departamento de tesorería

Veamos las diferencias entre el departamento contable y el departamento de tesorería:

	Dpto. Contabilidad	Dpto. Tesorería
Ámbito de actuación	Pasado	Futuro
Finalidad	Registro	Previsión
Fecha de trabajo	Fecha de operación	Fecha valor
Toma de decisiones	Certidumbre	Incertidumbre
Filosofía de trabajo	Centro de costes	Centro de beneficio

6. Pagos por móvil (Bizum)

Para poder pagar con tu móvil en un establecimiento es necesario:

- Tener un móvil con NFC *(Near Field Communicaction)*, la tecnología inalámbrica de corto alcance que permite transmitir datos entre dos dispositivos que se encuentren muy próximos. El funcionamiento es similar al de las tarjetas contactless y, al igual que con estas, es suficiente con acercar el móvil al TPV para efectuar el pago.

- Configurar una app de pagos (Apple Pay, Samsung Pay, Google Pay o la app de tu banco).

- Que la tienda disponga de un TVP o datafono contactless.

6.1. Pasos para pagar con un móvil

Para pagar con el móvil se deben seguir estos 6 pasos:

- Tener un móvil con chip NFC y tenerlo activado.

- Descargar una app compatible con las tarjetas de tu banco.

- Esperar a que el vendedor introduzca el importe de la compra en el TPV contacless.

- Desbloquear la pantalla de tu móvil (ojo, no hace falta hacer nada más, ni abrir ninguna app).

- Acercar el smartphone al TPV por la zona en la que se encuentra el chip NFC (normalmente suele ser la parte superior del teléfono).

- Introducir el PIN de tu tarjeta en el teclado del TPV si es que la compra es superior a 20 €. Si no, este último paso no será necesario.

6.2. ¿Cómo pagar con un iPhone?

Para poder pagar es necesario buscar una aplicación que sea compatible con las tarjetas de tu banco.

Estas apps sirven para vincular una tarjeta a tu teléfono y así poder pagar con ella a través del smartphone. La mejor manera de informarse de las apps compatibles con las tarjetas, buscar directamente en la página web oficial de tu banco.

Solo se puede pagar con Apple Pay. Y es que Apple ha inhabilitado hasta ahora el uso del NFC en los iPhone a otras apps de pago de terceros, según ellos por motivos de seguridad.

Con el lanzamiento de iOS 12 abrirán esta funcionalidad a otros desarrolladores, pero de momento, solo para los nuevos iPhone XR y XS. Para configurar una tarjeta tendrás que usar la app "Wallet".

En la web de Apple encontrarás un listado de las entidades colaboradoras, entre las que se encuentran: Bankia, Bankinter, Banco Sabadell, BBVA, La Caixa, Evo Banco, Openbank o Banco Santander.

6.3. ¿Cómo pagar con un móvil Android?

Android tiene varias posibilidades para pagar con el móvil: por un lado, están las apps que agrupan varios bancos a la vez, como pueden ser Samsung Pay o Google Pay, pero también se puede configurar tu tarjeta para pagar con ella a través del móvil desde la propia app del banco:

- **Samsung Pay**. Solo funciona en algunos teléfonos Samsung, según este fabricante, en toda la gama Galaxy (S9, S8 S7, S6...) y en el Galaxy A5 2016 y 2017. Al igual que con Apple Pay, bastará con configurar la tarjeta con la que quieres pagar y listo. En la web de Samsung podrás encontrar las entidades colaboradoras en España, entre las que destacan Abanca, La Caixa, Openbank, Sabadell o el Banco Santander.

- **Google Pay**. Es otro agregador de tarjetas que funciona en cualquier teléfono Android sin rootear con la versión del sistema operativo Android 5.0 o superior.

- **App del banco**. Si tu teléfono no está entre los Samsung escogidos o tu tarjeta no es compatible con Google Pay, entonces tu última opción es que tu banco te permita configurar una tarjeta para pagar con el móvil a través de la propia app del banco. Esto es posible con algunas entidades como EVO Banco, Banco Santander, Bankia, Sabadell o BBVA entre otros.

6.4. Medidas de seguridad

Podrían ser muchos los reticentes a pagar con el móvil por la desconfianza en la seguridad de la tecnología. Además, esto se ve exagerado por los muchos bulos que circulan por la web y que incluso han llegado a aparecer en las noticias sobre la facilidad con la que puede robarse dinero de las tarjetas contactless.

Para empezar, pagar con el móvil es si cabe algo más seguro que pagar con una tarjeta contactless, ya que es necesario desbloquear la pantalla del teléfono para pagar, y para ello un ladrón deberá conocer tu PIN, patrón o poseer tu huella dactilar.

Además, los usuarios están protegidos en el caso de ser víctimas de un uso fraudulento. El nuevo límite máximo la responsabilidad del titular por la utilización fraudulenta de un instrumento de pago antes de la comunicación del robo o la pérdida es de 50 euros.

En caso de robo o pérdida del teléfono, se debe actuar como en situación de robo o pérdida de las tarjetas, poniendo en contacto con la entidad financiera emisora de las mismas para comunicarlo y que las bloqueen.

Pero además convertir el teléfono móvil en un instrumento de pago implica que deben adoptarse ciertas medidas de seguridad, similares a las que utilizamos con nuestras tarjetas. Es necesario considerar los siguientes puntos:

- Mantener actualizado el sistema operativo.

- Instalar un antivirus.

- Desactivar el NFC siempre que no se esté utilizando.

- Evitar conectarse mediante redes públicas o no seguras, las que no piden contraseña de acceso.

- No dejar el teléfono a la vista de otras personas cuando no se utiliza.

- Desactivar el sistema y quitar las tarjetas si se le da a un tercero, por ejemplo, para su reparación.

- Asegurarse de que se dispone de un bloqueo de pantalla seguro con un PIN fuerte, un patrón complicado, huella dactilar.

- Tener bloqueada la tarjeta SIM con un PIN y evitar que el número sea el mismo que la contraseña usada para desbloquear la pantalla.

7. Central de Información de Riesgo (CIRBE)

La Central de Información de Riesgos, CIR, también conocida como CIRBE es una base de datos que recoge la información de los préstamos, créditos (riesgo directo), avales y garantías (riesgo indirecto) que cada entidad declarante mantiene con sus clientes. La CIRBE no es un registro de morosos. Mensualmente y de forma agregada, la CIRBE facilita a las entidades declarantes la información de las personas cuyo riesgo acumulado supere los 1.000 euros.

- La información es pública y cualquiera puede acceder de manera gratuita a la información registrada en la CIRBE sobre sí mismo, pero al mismo tiempo es confidencial, pues no se puede acceder a la información sobre otras personas.

- Cualquier persona física o jurídica puede conocer los datos declarados en la CIRBE a su nombre accediendo a Solicitud de informes de riesgos por los titulares. Abre en ventana nueva y realizando una solicitud de informe de riesgos.

- Cualquier entidad declarante o intermediario de crédito inmobiliario a que se refiere el artículo 4.5) de la Ley 5/2019 puede pedir información concreta de un titular si éste le solicita una operación de riesgo (como por ejemplo la concesión de un crédito personal o hipoteca) o figura como obligado al pago o garante en documentos cambiarios o de crédito cuya adquisición o negociación haya sido solicitada a la entidad en cuestión.

- Para la entidad es necesario conocer si tengo obligaciones contraídas con otras entidades para determinar así en qué nivel de riesgo incurre al autorizar la operación.

La CIR emite dos **tipos de informes de riesgo**. Por un lado, el informe agregado que se proporciona tanto a las entidades como al titular. Es individual para cada persona física o jurídica y los datos que proporciona son agregados por cada tipo de riesgo, es decir, no figura un listado de todos los préstamos personales que el titular pueda tener, ni las entidades que los concedieron, ni todas las condiciones, pero sí el total del importe que tenga en esa tipología de riesgo y de manera resumida los límites máximos de crédito y el crédito dispuesto, los tipos de garantías y los plazos.

Los datos que se facilitan corresponden a la última declaración mensual cerrada y a la declaración de seis meses antes. No incluye las operaciones cuyo riesgo agregado no supere los 1.000 € en una entidad.

Adicionalmente, la CIR elabora, solo para el titular, el informe de riesgos detallado que incluye detalle de cada operación: el código que la identifica, el nombre de la entidad que concedió la operación, un detalle más concreto de la deuda y en el caso de que, en alguna entidad, consten riesgos agregados con importe inferior a 1.000 € el nombre de dichas entidades.

Con carácter general, las entidades deben remitir la información correspondiente al último día de cada mes antes del día 10 del mes siguiente.

Por su parte, la CIR debe procesar esa información para que esté disponible para las entidades y los titulares el día 21 de ese mes o el inmediato hábil siguiente.

Es decir, el informe de la CIR de un determinado periodo es una "fotografía" de la totalidad de las operaciones de riesgo de un titular con el conjunto de entidades declarantes referida al último día del mes de que se trate.

Las tarjetas de pago permiten al titular adquirir bienes y servicios en establecimientos o empresas adheridas al sistema de pago mediante tarjeta, así como le permite disponer de los fondos de sus cuentas a través de cajeros automáticos. Con las nuevas tecnologías, la tarjeta de pago se configura como un medio seguro y eficaz para adquirir bienes y servicios a través de Internet. Por su practicidad, se han situado como uno de los medios de pago más usados, tanto por particulares como empresas.

Las tarjetas de débito es una tarjeta que sirve para utilizar los fondos depositados en la cuenta corriente o de ahorro a la que está asociada. Pueden emplearse para realizar pagos en comercios y para disponer de dinero en oficinas y cajeros automáticos, así como para consultar saldos y movimientos de la cuenta. En este tipo de tarjetas la operación se registra instantáneamente en la cuenta. Esta es la principal diferencia entre las tarjetas de débito y crédito.

Con la tarjeta de crédito es posible hacer pagos u obtener fondos, hasta cierto límite, a crédito.

La domiciliación de recibos permite al cliente autorizar el pago a determinadas empresas por determinados servicios mediante el cargo directo en su cuenta bancaria o tarjeta de crédito y recibe el nombre técnico de "adeudo domiciliado".

Los adeudos directos SEPA presentan dos variantes: una modalidad básica (CORE) y otra para uso exclusivo entre empresas, autónomos o profesionales (denominada B2B). Debe tenerse en cuenta que, en el caso de que el proveedor de servicios de pago ofrezca el servicio de adeudos directos, es obligatorio para éste estar adherido al esquema CORE, mientras que la opción B2B tiene carácter voluntario.

Para que se proceda al cargo del adeudo deberá existir previamente un mandato.

.../...

.../...

El emisor debe poner los ficheros a disposición de la entidad bancaria emisora con suficiente antelación respecto a la fecha de cobro:

- En el instrumento básico, con carácter general será de 7 días hábiles para primeras operaciones o únicas y de 4 días hábiles para las operaciones recurrentes.

- Para el instrumento de adeudos B2B el plazo con carácter general será de 3 días.

Siempre que se reciba un adeudo por cuantía superior a los importes cargados en recibos anteriores podrá solicitarse la devolución del adeudo en un plazo de 8 semanas.

En caso de recibir un adeudo al que no se ha concedido autorización podrá ser objeto de devolución en el plazo de 13 meses.

Se define transferencia como el servicio de pago destinado a efectuar un abono en una cuenta de pago de un beneficiario mediante una operación de pago o una serie de operaciones de pago con cargo a una cuenta de pago de un ordenante por el proveedor de servicios de pago que mantiene la cuenta de pago del ordenante, y prestado sobre la base de las instrucciones dadas por el ordenante.

Existen estas tres posibilidades de repartir los gastos de una transferencia:

- SHA: el ordenante corre con los gastos repercutidos por su entidad y el beneficiario hace frente a los que le cobre su entidad, de manera que los gastos se comparten.

- OUR: el ordenante paga todos los gastos de la operación.

- BEN: el beneficiario es el que los asume.

La Central de Información de Riesgos, CIR, también conocida como CIRBE, es una base de datos que recoge la información de los préstamos, créditos (riesgo directo), avales y garantías (riesgo indirecto) que cada entidad declarante mantiene con sus clientes. La CIRBE no es un registro de morosos.

.../...

189

UNIDAD DIDÁCTICA 6

Análisis de productos financieros de pasivo

Introducción

Resumen

Los **objetivos** de esta unidad son:

1. Identificar las fuentes de financiación de la empresa.

2. Comparar los diferentes instrumentos de crédito a corto plazo que las entidades financieras ofrecen a las empresas.

3. Definir el cálculo de los instrumentos de financiación.

Introducción

Antes de continuar nuestro estudio debemos diferenciar lo que entenderemos a partir de ahora como productos financieros de pasivo y productos financieros de activo.

Si hablamos desde el punto de vista de la entidad financiera, los **productos financieros** de pasivo serán aquellos con los que la entidad consigue los recursos para operar. Es decir, los productos financieros de pasivo de la entidad financiera son los depósitos e inversiones que realizan sus clientes.

En contrapartida, los **productos financieros de activo** de la entidad financiera serán aquellas operaciones de deuda o financiación hacia sus clientes. Es decir, los productos financieros de activo de la entidad bancaria serán, por ejemplo, los préstamos que concede a sus clientes, las líneas de descuento que concede a las empresas, etc.

Si hablamos desde el punto de vista de la empresa, nos referimos a los productos financieros de pasivo a aquellos productos que obtiene de la entidad financiera para financiación. Y, en contrapartida, los productos financieros de activo corresponderán a los depósitos, en cuenta, en imposición, que mantienen en una entidad financiera.

Para facilitar la comprensión de la materia de estudio, hemos incluido en la unidad 2 los productos financieros de pasivo desde el punto de vista de la empresa. El alumno debe recordar que, desde el punto de vista de la entidad bancaria, todos los productos que va a conocer se entenderán como productos financieros de activo.

Además, conoceremos las distintas fuentes de financiación de las que dispone la empresa y realizaremos un breve análisis de cada uno de los productos de financiación ajena con los que cuenta la empresa.

1. Fuentes de financiación

1.1. Introducción

Existen múltiples criterios de clasificación de las fuentes de financiación de que disponen los pequeños negocios o microempresas. Desde el plazo de los citados recursos (financiación a corto y a largo plazo) hasta el origen los mismos (financiación propia y financiación ajena). Será precisamente este último criterio uno de los principales criterios que utilicemos para estudiar las diferentes alternativas.

Las diferentes formas de financiación de los pequeños negocios y microempresas se pueden agrupar en cinco grandes conjuntos de fuentes que tienen características bien diferenciadas y que, por ello, permiten apreciar la estructura financiera de una empresa:

Fuentes de financiación				
Autofinanciación	Ampliación de capitales	Obtención de recursos ajenos	Crédito comercial interpersonal	Subvenciones

Así nos encontramos con fuentes de financiación externa e interna, desarrollaremos cada una de ellas en el siguiente epígrafe.

1.2. Fuentes de financiación externas

Con carácter general son las que proceden del exterior de la empresa, es decir, de terceros. Son las siguientes:

— **Financiación propia**. Son las aportaciones de los accionistas en el momento de la constitución de la sociedad, o posteriormente mediante aportaciones de capital. Figuran en el patrimonio neto del balance de situación.

El socio que se incorpora a la empresa mediante compra de las acciones o participaciones adquiere el derecho a participar en las decisiones (a través del derecho a voto) y a disfrutar de los beneficios de la compañía.

— **Financiación ajena**. Procede de terceros, no socios, de la compañía. Estos terceros pueden ser proveedores, entidades financieras, la Administración Tributaria, la Seguridad Social, entre otros.

— **Financiación mixta**. Como su propio nombre indica, es un tipo de financiación que procede de un tercero, ajeno a la compañía, pero que se convierte en socio/accionista a través del propio contrato en el que se materializa la financiación. Un ejemplo serían los préstamos participativos.

1.3. Fuentes de financiación internas

A diferencia de las externas, este tipo de financiación es autogenerado por la empresa. Cuando nos referimos a este tipo de financiación, hablamos de autofinanciación. Son las siguientes:

— **Autofinanciación de mantenimiento**. En este tipo de autofinanciación engloba las dotaciones de las amortizaciones, o fondos de reserva para cubrir la obsolescencia y el deterioro de inmovilizado.

— **Autofinanciación de enriquecimiento**. En este tipo de financiación nos encontramos aquel beneficio generado por la compañía que no ha sido distribuido a los socios/accionistas en forma de dividendos. Se encuentran en el balance de situación, en el apartado de patrimonio neto (fondos propios). Ejemplo de este tipo de autofinanciación son las reservas o el remanente.

1.4. Fuentes de financiación propia

1.4.1. Los recursos propios

Los recursos propios tienen una gran importancia en todo tipo de empresas, pero en las pequeñas son fundamentales como fuente de financiación por el limitado acceso que tienen a otras vías de financiación y la obtención de recursos ajenos distintos al crédito bancario.

Muchas empresas reinvierten en la empresa la mayor parte de sus beneficios para reforzar su estructura de capital y poder financiar el crecimiento sin tener que acudir o acudiendo limitadamente a otras fuentes de financiación más onerosas o de más difícil acceso. Así, aumentan las reservas y tienen más independencia financiera.

Los recursos propios se componen, básicamente, del capital y de las reservas o beneficios no distribuidos. El capital está constituido por las aportaciones del empresario y los socios de la empresa, en caso de tener forma societaria. Las reservas son los beneficios que el empresario renuncia a percibir para reforzar la estructura de recursos propios.

a) Los recursos propios deben tener una cuantía en el total del balance de la empresa que permita remunerarlos adecuadamente con los resultados que obtenga. Así, excesivos recursos propios frente a los beneficios darán una baja remuneración del capital propio.

b) Por el contrario, un capital demasiado reducido disminuirá los recursos permanentes de la empresa y su estructura financiera en principio será más débil.

Tanto si los recursos propios son excesivos como si hay demasiado pocos los bancos y otros financiadores ajenos tendrán reticencias a la hora de financiar la empresa por su inadecuada estructura de capital.

c)   También puede requerirse aumentar el capital cuando las compañías crecen o atraviesan una crisis. En esos momentos que se precisa financiación extraordinaria, el empresario y los socios de la empresa pueden decidir aumentar sus aportaciones al capital de la misma para reforzar su estructura financiera, absorbiendo pérdidas, en su caso, o financiando procesos de inversión, cuya financiación puede completarse con fuentes ajenas.

d)   Si el empresario no obtiene rendimientos del capital que ha invertido en el negocio, cualquier financiador externo tendrá dificultades para financiar esa empresa, porque con los costes de endeudamiento la empresa podría entrar en pérdidas. Sin embargo, una empresa que ofrezca muchos beneficios y una alta remuneración del capital propio no tendrá muchas dificultades para obtener financiación ajena, en el supuesto de que la necesite, siempre y cuando esos beneficios sean creíbles para el sector económico en el que opere la empresa.

1.4.2. Autofinanciación

La **autofinanciación** es el empleo de beneficios retenidos por las empresas para destinarlos a costear inversiones en bienes de inmovilizado, o incrementar el circulante, y que aparecen en balance bajo diferentes formas de reservas. La amortización de los elementos del activo también es una forma de autofinanciación de mantenimiento, destinada a conservar y actualizar los medios productivos de la empresa.

La autofinanciación es el recurso que más potencia la empresa, puesto que supone la reinversión de los recursos generados, pero tiene que compaginarse con la adecuada remuneración a los capitales propios y considerar cómo influye la fiscalidad en esta forma de financiación. Los beneficios de las empresas tributan por los que obtienen cuando la empresa o el microempresario está encuadrados en el régimen de estimación directa, aunque hay regímenes de tributación en el ámbito de las microempresas que tributan por índices y módulos, aunque están restringidos a una serie de actividades y tamaños de negocios. Si se trata de personas jurídicas o sociedades, lo harán por el Impuesto sobre Sociedades, y si se trata de personas físicas o empresarios individuales, lo harán por el Impuesto sobre la Renta de las Personas Físicas. Así, **la autofinanciación consistente en beneficios retenidos tiene un coste fiscal, ya que la constitución de reservas no está exenta de tributación**.

La autofinanciación no tiene ordinariamente un objetivo de financiación concreto, es decir, que constituye un reforzamiento general de los recursos propios, cuyo destino será el que convenga en cada momento, si bien es normal que se utilicen para cubrir en parte el coste de nuevas inversiones.

En momentos de crisis económicas, el crédito se restringe y el empresario suele depender más de la capacidad que tenga para obtener beneficios con los que poder reforzar la estructura financiera de la empresa mediante su reinversión en el negocio en forma de reservas, aunque precisamente en esos momentos es cuando más difícil resulta obtener esos beneficios tan necesarios.

1.4.3. Ampliación de capitales

A) Capital de riesgo

Como hemos visto, una gran diferenciación en las fuentes de financiación se encuentra en su origen. Veremos la financiación propia, aquella que diríamos, de forma muy simple, procede de la emisión de acciones, en las que está dividido el capital social, que adquieren terceros que pasan a convertirse en socios/accionistas de la compañía.

La ampliación de capitales propios puede hacerse mediante la admisión de nuevos socios o nuevas entregas de capital de los existentes. En los pequeños negocios las suele hacer el promotor o empresario y en muchas ocasiones su grupo familiar o de relaciones. Más raramente y solo en empresas con alto poder de crecimiento, el pequeño empresario podrá acceder a otras formas de aumentar su capital.

La mayoría de las fórmulas para aumentar el capital prácticamente se circunscriben a las aportaciones que pueda realizar el empresario, sus socios y, como muchas empresas son familiares, el entorno familiar.

En casos muy concretos y relacionados con empresas de alto poder de crecimiento puede acudirse a financiación a través de capital de riesgo y préstamos participativos.

a) El capital de riesgo supone la entrada en el capital del **negocio**, y el préstamo participativo es un instrumento financiero de deuda subordinada, ya que está a caballo entre los recursos propios y los ajenos.

b) Su remuneración puede depender de los beneficios de la compañía y, en caso de insolvencia y liquidación de la empresa, el titular del préstamo participativo cobrará tras todos los acreedores y tan solo antes de los accionistas. No obstante, el préstamo participativo no son recursos propios propiamente dichos, puesto que a su vencimiento habrá que devolverlo.

c) El capital de riesgo tampoco entra en el capital de la empresa con vocación de permanecer para siempre, sino que, pasado un plazo, su pretensión suele recolocar su participación a más precio a otros inversores, puesto que el crecimiento de la empresa habrá aumentado la valoración de la misma al ofrecer más beneficios.

B) Las acciones

Una acción es un título que nos da derecho a una parte del capital de una sociedad, y esa participación en la sociedad es igual a la que otorgan todas las de las demás acciones. Acumulando más o menos acciones tendremos más o menos porcentaje de participación en el capital de la sociedad.

Esa participación en el capital también nos da derecho a cobrar nuestra parte proporcional en los beneficios de la compañía, nos da derecho a votar (también de forma proporcional en las Juntas Generales de Accionistas) y, por último, en caso de que la sociedad se disuelva, nos da derecho a percibir la cuota patrimonial que nos corresponda.

¿Por qué son las acciones una fuente de financiación?

Muy sencillo: en el momento de la constitución, los accionistas aportan a la sociedad la totalidad o una parte de los fondos, necesarios para el inicio de la actividad.

A lo largo de la vida de la empresa, los títulos son transmisibles, es decir, las acciones se compran y se venden junto con sus derechos y obligaciones. Estas compraventas suponen un flujo de efectivo entre los socios, pero no suponen aumentos de la liquidez en y para la empresa.

No obstante, también a lo largo de la vida de la compañía los socios pueden necesitar de financiación adicional para sus proyectos y, para ello, aprobar una ampliación de capital que, inicialmente y de forma general, supone emitir nuevas acciones para dar entrada a nuevos accionistas.

En la mayoría de las regulaciones legales existen una serie de mecanismos que protegen al accionista antiguo del efecto "dilución" de su participación y por tanto de sus derechos. Es decir, un socio que posee el 10% de un capital compuesto por 100 acciones, verá diluida su participación del 10% al 5% si el capital se duplica a 200 acciones. Y lo mismo ocurrirá con sus derechos. Para ello, los estatutos de la compañía suelen recoger por imperativo legal la figura del "derecho preferente de suscripción" que otorga al accionista ya existente el derecho a comprar acciones nuevas en la misma proporción del capital que poseía, para así mantener su porcentaje de participación. Solo en el caso de que un accionista existente no acuda a la ampliación en los periodos de tiempo legalmente establecidos, las acciones serán ofrecidas al mercado o al resto de los accionistas antiguos.

Existen varias definiciones de **valor de una acción** como: valor nominal, valor neto contable, valor de mercado y valor económico. Aunque parezca extraño, las acciones tienen varios conceptos de valor asociados. Así, por ejemplo:

- **Valor nominal**: es el valor con el que se emiten las acciones, bien en el momento de la constitución, bien al hacer una ampliación: así, por ejemplo, se puede constituir una sociedad con 1.000 acciones de 10 euros de valor nominal, lo que dará lugar a un capital social de 10.000 euros. 10 euros será el valor nominal de la acción.

- **Valor neto contable**: es el valor del total del patrimonio neto de la compañía dividido entre el número de acciones, incluyendo en patrimonio neto las reservas de la sociedad. En el ejemplo anterior, si además del capital social de 10.000 euros, la compañía en el año n dispone de 5.000 euros en reservas, su patrimonio neto será de 15.000 euros, y el valor neto contable de la acción, de 15 euros.

- **Valor de mercado**: cuando la acción de la sociedad cotiza además en mercados secundarios (Bolsa), la acción tendrá un valor X. En los mercados ya no solo influyen las cifras contables, sino que influyen otros factores como la capacidad de generar beneficios futuros de la sociedad, el entorno económico, la cotización de la competencia, etc.

- **Valor teórico o valor económico**: es el valor real de la acción, partiendo del valor real de la compañía. Imaginemos que queremos valorar la compañía y acudimos a un experto en valoraciones. Este calculará lo que vale la compañía en función de muchas cosas: sus activos, su deuda y, finalmente, su capacidad de generar beneficios y caja en su entorno competitivo. El valor económico calculado de la compañía dividida entre el número de acciones será el valor teórico. ¿Es el mismo que el de mercado cuando la compañía cotiza en Bolsa?, pues deberían ser próximos. Pero, en épocas económicas de inestabilidad o crisis, las bolsas y las valoraciones bursátiles pueden verse afectadas por variables que hagan que los valores teóricos y de mercado calculados por expertos difieran mucho.

Los diferentes **tipos de acciones** son:

- **Ordinarias**: las que hemos descrito en los párrafos anteriores.

- **Preferentes o privilegiadas**: son acciones en las que, normalmente, no existe el derecho al voto del poseedor en las juntas generales de accionistas, pero, sin embargo, tienen derecho a recibir una participación en beneficios fija durante un periodo de tiempo determinado. El accionista "preferente" cobra dividendos antes que el accionista ordinario. En caso de liquidación de la empresa los accionistas preferentes reciben activos antes que los accionistas ordinarios.

- **Liberadas**: son las que se entregan al accionista a coste 0. Las sociedades las crean normalmente para convertir reservas en capital.

- **Rescatables**: determinadas legislaciones permiten la emisión de acciones que tienen un horizonte temporal, es decir, un vencimiento cierto, a cambio de unos dividendos prenegociados. Tienen por lo demás los mismos derechos que los de las acciones ordinarias, pero existe una amortización que se produce al llegar a vencimiento. Proporcionan a su poseedor mayor liquidez que las acciones ordinarias.

1.5. Fuentes de financiación ajenas

1.5.1. Estructura financiera de los pequeños negocios

Como vimos anteriormente, la financiación ajena procede de terceros, ajenos a la compañía. Podríamos diferenciar esta financiación en dos subgrupos.

Un primer grupo vendría determinado por aquella tipología de financiación ajena que se da en todas las empresas, y que podríamos denominar financiación ajena espontánea. Viene determinada por la propia actividad comercializadora/productiva de la compañía, a través de su relación por proveedores y acreedores o a través del cumplimiento de sus obligaciones con la Agencia Tributaria o la Seguridad Social.

Un segundo grupo vendría determinado por aquella **financiación que la compañía busca de forma activa** para atender necesidades de tesorería a corto plazo, a largo plazo o para adquirir elementos que formarán parte de su inmovilizado.

En general, los **pequeños negocios tienen una alta dependencia del crédito y préstamo bancario, ya que habitualmente es su principal fuente de financiación ajena**. Por ese motivo, la estructura financiera de los pequeños negocios suele estar orientada al corto plazo, teniendo dificultades para acceder al crédito a largo plazo en condiciones de coste razonables, lo que dificulta el desarrollo de estos negocios porque no pueden financiar en el plazo adecuado las inversiones que deben acometer. Así, la debilidad financiera estructural que algunas de estas empresas presentan les hace muy vulnerables ante las crisis generales o sectoriales, ya que si baja su actividad el peso de las deudas a corto puede lastrar su continuidad.

Para dar respuesta a los inconvenientes que esta inadecuada estructura financiera presente en las pequeñas empresas y microempresas, cuyos problemas comparten en general, existen las Sociedades de Garantía Recíproca (SGR), que como interme- diarios financieros de las pequeñas empresas ante el sistema crediticio, avalan a las mismas para la obtención de créditos y préstamos, principalmente para inversión, consiguiendo plazos adecuados en los que las entidades financieras, sin el aval de estas sociedades, tendrían más dificultades en conceder.

La SGR estudia la operación como si de un banco se tratara, y si considera que el riesgo y las garantías de la misma son aceptables, concede un aval para que una entidad financiera con ese aval le aporte los fondos al empresario. La SGR estudia las operaciones con más detalle del que puede emplear un banco y al tiempo proporciona a éste una garantía de cumplimiento del crédito o préstamo que libera al banco del riesgo, razón por la cual mediante este sistema se pueden conceder operaciones a menor tipo de interés y a mayor plazo, aunque es evidente que para el empresario el aval concedido tendrá un coste, aunque suele ser menor el coste financiero más el coste de aval que si la operación se obtuviera directamente por el empresario en el banco.

El **endeudamiento** en sí mismo no es necesario para ejercer una actividad empresarial, puesto que si esta es capaz de generar recursos por sí misma para autofinanciarse sería ocioso asumir el coste de un endeudamiento ajeno que no se precisa. Tenemos ejemplos en el mercado de empresas de todos los tamaños que no solo no han de recurrir a la financiación ajena, sino que actúan como financiadores de otros agentes económicos por los fondos que mantienen en tesorería.

Pero la situación descrita solo se produce en proyectos de gran éxito y estabilidad, no pudiendo decir lo mismo de la generalidad de las empresas, que bien para financiar sus ciclos de producción o bien sus inversiones precisan una proporción de endeudamiento en forma generalmente de créditos y préstamos bancarios. Esos recursos ajenos evidentemente tienen un coste que tendrá que ser soportado por los márgenes de la empresa, ofreciendo a su vez un beneficio al empresario.

El endeudamiento debe propiciar un incremento de los beneficios y si provoca una disminución de los mismos o incluso su anulación, se considera pernicioso para la empresa o esta tiene graves problemas de rentabilidad en su negocio. Si al tomar una deuda la empresa gana menos, el endeudamiento estará desaconsejado desde el punto de vista financiero, aunque podría ser imprescindible para la continuidad del negocio. Es esas condiciones, quien puede tener dificultades para otorgar la financiación es quien la presta, porque aumentará el riesgo de la operación que la empresa disminuya su rentabilidad al endeudarse.

Por tanto, la financiación ajena con coste, que es la mayoría que puede obtenerse, solo es un recurso razonable cuando se justifica desde el punto de vista financiero por un aumento del volumen de negocio y los beneficios. Si al endeudarse el escenario previsto no fuera este, el empresario debería pensar en otras opciones, como restructurar los costes de su negocio, ampliar los márgenes si el mercado se lo permite, acudir a subvenciones oficiales u otros apoyos financieros sin coste o de coste muy reducido e incluso ampliar el capital o recursos propios al tiempo que se replantea el funcionamiento de la empresa. Muchas veces el empresario recurre a la financiación ajena onerosa sin haber estudiado otras alternativas e incluso sin plantearse suficientemente que aspectos puede mejorar en su gestión para evitar el endeudamiento o para sacar el provecho debido de él.

En la última crisis financiera y económica se ha puesto de manifiesto que el endeudamiento excesivo, ya sea de los agentes económicos privados o públicos, es pernicioso para estos y para la economía en su conjunto. Los bancos, a la vista de las circunstancias del mercado que se derivaron de esta crisis, son más cautelosos a la hora de conceder financiaciones y más exigentes con el nivel de endeudamiento de los solicitantes, pues está demostrado que un elevado nivel de endeudamiento debilita profundamente la actividad empresarial y la hace muy vulnerable a los ciclos económicos. Las empresas muy endeudadas en los ciclos de recesión de la economía tienen un grave riesgo de desaparecer debido a las restricciones del crédito que se producen y al incremento de los costes financieros que esa restricción y otros factores llevan aparejada.

En resumen, habrá que estar a las circunstancias de cada empresa para saber si el endeudamiento es positivo o negativo para su estructura financiera, puesto que varía de unas a otras, y lo que puede ser positivo para una podría ser muy negativo o incluso hacer desaparecer a otra. Además, el empresario, antes de recurrir al endeudamiento ajeno oneroso, debe sopesar si la estructura de capital es adecuada, si no puede mejorar su fondo de maniobra actuando sobre sus cobros y pagos, si no es posible sustituir la financiación ajena por una disminución de sus costes que le genere ahorros que emplear en lo que iba a destinar la financiación y, en suma, debe pensar en la optimización de su negocio y que esté preparado para rendir lo suficiente si acaso esa financiación ajena es necesaria, con objeto de poder remunerar a todos los factores del proceso productivo, materias primas y aprovisionamientos, trabajo, obligaciones fiscales y sociales, remuneración del capital e intereses del servicio de la deuda.

Veamos las diferentes fuentes de financiación ajena que a desarrollaremos en esta unidad:

FUENTES DE FINANCIACIÓN AJENA

1 CRÉDITO COMERCIAL
2 CRÉDITO BANCARIO
3 LEASING
4 RENTING
5 ANTICIPOS BANCARIOS
6 CRÉDITO OFICIAL

- **Crédito comercial**: es el aplazamiento de pago a proveedores.

- **Crédito bancario**: se puede distinguir entre corto y largo plazo.

- **Leasing**: en sus dos formas: *leasing* mobiliario e inmobiliario.

- **Renting**: es un alquiler que evita que la empresa realice la adquisición de los bienes de equipo y vehículos que tenga que utilizar. Incluye mantenimiento, reparación y, opcionalmente, seguro.

- **Anticipos bancarios**: entre los que podemos encontrar: el descuento comercial o anticipos sobre efectos o créditos comerciales, el *factoring* y el fortfating.

- **Crédito oficial**: lo concede el Instituto de Crédito Oficial y se tramita habitualmente a través de las entidades bancarias.

1.5.2. Financiación a través de proveedores, acreedores y clientes

El **fondo de maniobra** de una empresa se define, de forma general, como la diferencia entre el activo circulante (clientes y tesorería) y el pasivo exigible (es decir, acreedores, proveedores y deuda a corto plazo también).

Podemos establecer procesos de negociación (siempre dentro de la legalidad y de la ética) mediante los cuales negociemos las condiciones contractuales con clientes y proveedores para que, anticipando los cobros de nuestros clientes a la vez que retrasamos los pagos a nuestros proveedores, podamos hacer que nuestro fondo de maniobra varíe significativamente, reduciendo las necesidades de financiación especialmente a corto plazo.

En estas negociaciones han de participar, además de la dirección financiera y el departamento legal, los departamentos de compras y comerciales. La rapidez de cobros y de pagos no ha de ser vista como una responsabilidad atribuible de forma exclusiva a ninguno de los departamentos mencionados.

1.5.3. Obligaciones y bonos

A) Elementos que configuran las obligaciones y los bonos

Desde el punto de vista de la entidad emisora, los bonos y las obligaciones son una vía de financiación basada en la emisión de deuda. Para los ahorradores suponen una alternativa de inversión mediante la adquisición de esa deuda, es decir, realizando un préstamo al emisor.

El inversor aporta una cantidad de dinero a la entidad pasando a ser acreedor de la misma. Mientras, la entidad emisora se compromete a devolver ese dinero en un plazo determinado ofreciendo además una rentabilidad.

Según la titularidad de la entidad emisora, podemos hablar de Deuda Pública si viene del Estado, de las Comunidades Autónomas o de un organismo público, y de bonos y obligaciones de renta fija privada si la deuda es emitida por empresas.

Las obligaciones y los bonos son títulos de renta fija: pagan una renta constante, (un interés pactado a lo largo de un periodo de tiempo definido).

No existen diferencias significativas entre la obligación y el bono, y en la práctica se utilizan ambas denominaciones de forma indistinta.

Los **elementos que configuran las obligaciones y los bonos** son:

- Valor nominal.

- Valor de reembolso.

- Vencimiento.

- Periodificación de cobro de intereses y principal.

Las obligaciones pueden emitirse **a la par**, es decir, cuando su precio de emisión es igual al valor nominal; **sobre la par**, cuando su precio de emisión es mayor que el valor nominal; y **bajo la par**, cuando su valor de emisión es menor que el valor nominal (actualmente está prohibido emitir bajo la par).

El valor de reembolso es la cantidad que se devuelve al vencimiento de la deuda, y si es superior al nominal, a esta diferencia se la denomina prima de reembolso.

El tipo de interés se fija sobre el nominal y a cada liquidación periódica de intereses se la denomina **cupón**.

Las obligaciones y bonos se vinculan preferentemente a grandes empresas, ya que no son comunes entre pequeñas y medianas empresas. Habitualmente se utilizan para financiar grandes proyectos de inversión y de expansión, asociados a largo plazo de ejecución. Los costes de emisión suelen ser elevados.

Es habitual que este tipo de emisiones, por su tamaño y dispersión geográfica, coticen en un mercado secundario, con lo cual el poseedor del bono /obligación puede convertir su título en liquidez, independientemente del vencimiento.

El hecho de que las obligaciones y bonos sean instrumentos de renta fija no implica que el valor de cotización en el mercado sea siempre constante. En función de las variaciones de las expectativas de los tipos de interés, del valor futuro del dinero (inflación) y de las expectativas futuras de la empresa, el valor del bono puede cambiar en el tiempo.

B)   Tipos de bonos

Al igual que para las acciones, existen varios tipos de bonos:

- **Bonos canjeables**. Son un producto mixto porque vive dos vidas, una en la renta fija y otra, si se desea, en la renta variable. Es decir, la empresa emite bonos que pagan un interés y al final de su vida útil se canjean por acciones antiguas ya en circulación con todos los derechos de estas.

- **Bonos convertibles**. Son idénticos a los canjeables, salvo que en este caso la empresa entrega acciones de nueva creación, es decir, procedentes de una ampliación de capital. Es un bono más una opción que le permite al tenedor canjearlo por acciones de la empresa emisora en fecha y precio determinado.

- **Bonos rescatables (*callable* en inglés)**. Incluyen la opción para el emisor de solicitar la recompra del bono en una fecha y por un precio determinado.

- **Indiciados o indexados**. Títulos de renta fija cuyo tipo de interés toma como referencia un determinado parámetro: tasa de inflación, interés interbancario, etc.

- **Con cupón cero**. Valor de renta fija emitido al descuento que no percibe intereses porque ya han sido descontados en el momento de la emisión y cuya rentabilidad efectiva se producirá cuando se reembolse el nominal al vencimiento.

- **Deuda perpetua**. Es aquella que, generalmente emitida por los Estados, no tiene fecha de vencimiento fijada, por lo que el emisor se puede reservar el derecho de amortizarla cuando considere oportuno.

- **Deuda subordinada**. Obligaciones con rendimiento explícito emitidos normalmente por entidades de crédito que ofrecen una rentabilidad mayor que otros activos de deuda. Sin embargo, esta mayor rentabilidad se logra a cambio de perder capacidad de cobro en caso de extinción y posterior liquidación de la sociedad (la quiebra o bancarrota), ya que está subordinado el pago en orden de prelación en relación con los acreedores ordinarios.

- *Junk bonds* o **bono basura**. Bono que tiene una mala calificación por parte de las agencias por su alto riesgo de impago.

1.5.4. Pagarés de empresa

Son valores emitidos al descuento, con rendimiento implícito o cupón cero, por lo que su rentabilidad se obtiene por diferencia entre el precio de compra y el valor nominal del pagaré que se recibe en la fecha de amortización.

— El vencimiento es a corto plazo y existen entre 7 días y 25 meses (760 días naturales), aunque los plazos más frecuentes son de 1, 3, 6, 12 y hasta 18 meses.

— La colocación de los pagarés se realiza bien mediante subastas competitivas en las que se determina el precio de adquisición, o bien mediante negociación directa entre el inversor y la entidad financiera, siendo esta la forma más habitual.

— Son también títulos de renta fija ya que, al igual que los bonos, pagan una renta constante, un interés pactado a lo largo de un periodo de tiempo determinado.

— Al estar asociado al conocimiento del emisor en los mercados y a su seriedad y solvencia (asociada a una alta calificación crediticia por las agencias de *rating*) no son fuentes de financiación que se vean asociadas a pequeñas y medianas empresas.

— Suelen emitirse al descuento y se colocan por subasta o colocación privada. En España son muy utilizadas por los bancos, que las colocan con tipos de interés atractivos entre sus inversores institucionales.

1.5.5. Préstamos y créditos

Son las formas más frecuentes de financiación de las empresas y son ampliamente conocidas porque se ofrecen en formas similares, aunque con menos cuantía y costes diferentes a los particulares.

La situación más común se da cuando los préstamos pueden ser concedidos por entidades financieras, aunque es bastante frecuente que se concedan por otras compañías no financieras, especialmente si estas forman parte del mismo grupo empresarial.

Los prestamistas ceden a las empresas prestatarias una cantidad de dinero a un plazo determinado por el que cobran una cantidad de intereses. Estos préstamos están respaldados por contratos de diversa índole.

Entre ellos están los préstamos personales, los préstamos con garantía hipotecaria, las líneas de crédito, etc. Entraremos más en detalle en las clases en las que se trate la financiación a largo y a corto plazo.

1.6. Fuentes de financiación mixta

Son fuentes de financiación mixtas aquellas que tienen parte de fuentes de financiación propias y parte de ajenas. Las principales son las subvenciones y los préstamos participativos.

1.6.1. Subvenciones

Son prestaciones económicas de carácter público concedidas normalmente a título gratuito a una sociedad para que esta lleve a cabo su actividad.

Es decir, es dinero prestado a fondo perdido por los gobiernos y sus instituciones a las empresas, aunque sí sujetos normalmente al cumplimiento de ciertos requisitos accesorios. Se denominan subvenciones de capital a aquellas que van destinadas de forma específica a realizar inversiones en inmovilizado.

1.6.2. Préstamos participativos

Es una figura que se encuentra entre los conceptos de capital social y la deuda externa con terceros. Son préstamos sin garantía a un interés variable, que se fijará en función de una serie de indicadores de la marcha de la actividad económica de la empresa prestataria (como, por ejemplo, la rentabilidad) y que, además, son deuda subordinada. Se clasifican en el balance de la compañía justo después del capital y por encima de los acreedores. Se considera patrimonio neto a efectos de una reducción de capital y liquidación de la sociedad.

Para amortizar anticipadamente el préstamo es necesario compensarlo con una ampliación de igual cuantía de los fondos propios. De esta manera la sociedad no se descapitaliza y se evita perjudicar a otros acreedores no subordinados.

Los prestamistas no suelen participar en la gestión del proyecto, aunque es frecuente encontrar a uno de sus representantes en los consejos de administración de los prestatarios.

2. Préstamos bancarios

2.1. Introducción

El contrato de préstamo es aquel por el cual la entidad financiera (prestamista) entrega al cliente (prestatario) una determinada cantidad de dinero estableciéndose contractualmente la forma en que habrá de restituirse el capital y abonar los intereses remuneratorios, generalmente en unos vencimientos prefijados en el cuadro de amortización que acompaña al contrato.

Entre las obligaciones del prestatario pueden citarse:

a) Pagar los gastos que por ley se le asignen derivados de la formalización del préstamo.

b) Abonar las comisiones devengadas por la operación.

c) Realizar las amortizaciones del capital en los plazos convenidos.

d) Pagar los intereses remuneratorios del capital en los plazos convenidos, así como los posibles intereses de demora que puedan generarse por su retraso en la amortización.

En cualquier caso, al término del plazo de la operación, el prestatario ha debido restituir la totalidad del nominal entregado, cantidad a la que se habrán sumado, lógicamente, los intereses y comisiones devengados.

Atendiendo a las disposiciones establecidas por el Banco de España sobre transparencia de las operaciones y protección a la clientela, en los contratos de las operaciones de préstamo deberán indicarse, entre otros, los siguientes extremos:

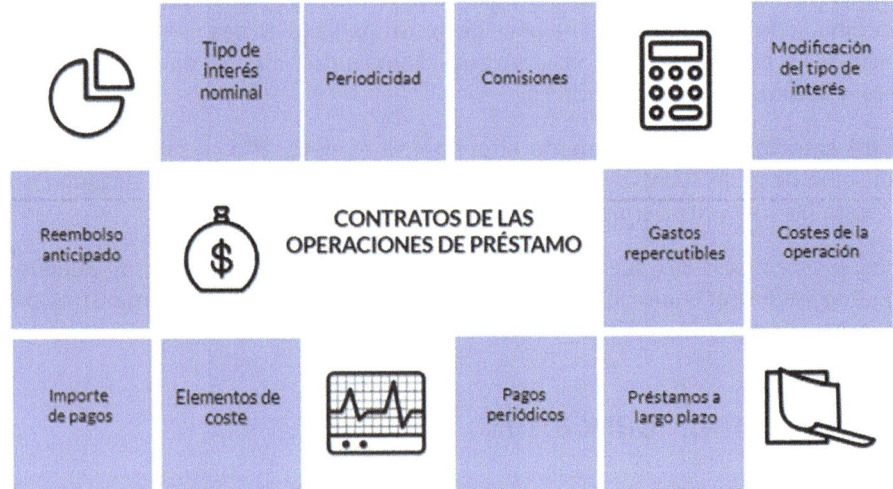

- **Tipo de interés nominal**: el tipo de interés nominal que se utilizará para la liquidación de intereses o, en el caso de operaciones al descuento, los precios efectivos inicial y final de la operación.

- **Periodicidad**: la periodicidad con que se producirá el devengo de intereses, las fechas de devengo y liquidación de los mismos o, en su caso, de los precios efectivos inicial y final de las operaciones al descuento, la fórmula o métodos utilizados para obtener el importe de los intereses devengados

- **Comisiones**: las comisiones que sean de aplicación, con indicación concreta de: concepto, cuantía, fechas de devengo y liquidación y, en general, cualquier dato necesario para el cálculo del importe absoluto de tales conceptos.

- **Modificación del tipo de interés**: los derechos que, contractualmente, correspondan a la entidad de crédito en orden a la modificación del tipo de interés pactado o de las comisiones o gastos repercutibles aplicados.

- **Reembolso anticipado**: los derechos del cliente en cuanto al posible reembolso anticipado de la operación, y los demás que deban incluirse de acuerdo con la normativa específica de cada entidad de crédito.

- **Gastos repercutibles**: cuando su cuantía no pueda determinarse en el momento de la firma del contrato, figurará, al menos, su concepto.

- **Costes de la operación**: a efectos informativos, se deberá incluir con referencia a los términos del contrato y al importe efectivo de la operación, el coste o rendimiento efectivo de la misma, expresados mediante la Tasa Anual Equivalente (TAE).

- **Importe de pagos:** el importe, número y periodicidad o fecha de los pagos que el deudor deba realizar a la entidad para el reembolso del crédito y pago de los intereses, comisiones y gastos repercutibles, así como el importe total de todos estos pagos.

- **Elementos de coste**: los elementos de coste, distintos de las comisiones y gastos repercutibles, que el cliente debe pagar en el marco de la relación contractual, incluso por su propio incumplimiento, y de las condiciones en que sean exigibles.

- **Pagos periódicos**: en los casos en los que la operación de lugar únicamente a pagos periódicos prefijados, la entrega de los sucesivos documentos de liquidación podrá sustituirse por la inclusión en el contrato de una tabla con todos los pagos o amortizaciones.

- **Préstamos a largo plazo**: en los casos en los que la operación de lugar únicamente a pagos periódicos prefijados, la entrega de los sucesivos documentos de liquidación podrá sustituirse por la inclusión en el contrato de una tabla con todos los pagos o amortizaciones.

2.2. Clasificación de las operaciones de préstamo

Resulta casi imposible establecer una clasificación que abarque todas las posibles modalidades que pueden adoptar las operaciones de préstamo. No obstante, a continuación, se apunta una de las más clásicas, sin que por ello queden agotadas todas sus posibilidades.

Según el destino	
Préstamos consuntivos	Son préstamos dedicados al consumo.
Préstamos productivos	Son préstamos dedicados a la producción de bienes y servicios, que a su vez, pueden subdividirse en: • **Explotación o circulante**: préstamos de tesorería destinados a la financiación del circulante, del ciclo de fabricación y comercialización. • **Inversión**: préstamos destinados a la inversión del inmovilizado, en elementos del activo fijo.

Según el plazo de vencimiento	
Préstamos a corto plazo	Préstamos concedidos por un plazo máximo de doce meses.
Préstamos a medio plazo	Préstamos cuyo vencimiento oscila entre doce meses y tres años.
Préstamos a largo plazo	Préstamos con plazo de amortización superior a los tres años.

Según la garantía	
Préstamos con garantía personal	Préstamos concedidos atendiendo exclusivamente a la solvencia personal del beneficiario o de alguna otra tercera persona como avalista.
Préstamos con garantía real	Préstamos en los que se sujeta al buen fin de la operación determinados bienes, muebles o inmuebles. Por lo que pueden subdividirse en: • **Préstamos con garantía hipotecaria**: en los que se sujeta al cumplimiento de la obligación bienes inmuebles. • **Préstamo con garantía pignoraticia**: en los que se asegura el pago del crédito con un bien mueble dado en prenda.

Según el beneficiario	
Préstamos privados	Préstamos que son concedidos a particulares, personas físicas o jurídicas de carácter privado.
Préstamos públicos	Préstamos concedidos al Estado, Comunidades Autónomas, Corporaciones Locales, organismos autónomos o cualquier otra entidad pública.

Según el prestamista	
Préstamos con prestamista único	Son préstamos concedidos por una única de crédito. Es la modalidad habitual del préstamo.

Según el prestamista	
Préstamos sindicados	Préstamos de elevada cuantía que precisan la intervención de varias entidades financieras: un banco, que actúa como agente, elige a unos cuantos bancos directores suscriben parte del crédito, colocando el resto entre otras entidades.

Según el tipo de interés	
Préstamos con tipo de interés fijo	Préstamos en los que el tipo de interés se mantiene fijo y constante interés fijo durante toda la vida de la operación.
Préstamos con tipo de interés variable	Préstamos en los que el tipo de interés es susceptible de variación, al alza o a la baja, en función de algún índice tomado como referencia.

Según la forma de instrumentación	
Préstamos en escritura pública	Préstamos que se documentan en escritura pública autorizada por notario, especialmente cuando se requieren garantías hipotecarias.
Préstamos en póliza mercantil	Préstamos que se documentan en póliza mercantil, intervenida por Corredor de Comercio.
Préstamos en efectos	Préstamos documentados en letra de cambio, donde el prestamista financiero acepta la letra cambio por el importe del crédito.

2.3. Operaciones de préstamo según el sistema de amortización

Según la operación de que se trate, las formas de amortización pueden ser muy variables. Las principales que se practican en nuestro país son:

1. Préstamos con liquidación de intereses y devolución del capital al vencimiento (corto plazo).

2. Préstamos por cuotas constantes comprensivas de capital e intereses postpagables.

3. Préstamos amortizados por cuotas constantes de capital, con liquidación de intereses postpagables a cada período sobre el capital vivo (cuota conjunta decreciente o pago de intereses con determinada frecuencia de liquidación y bajas de capital no coincidentes).

4. Préstamos por cuotas crecientes en progresión geométrica comprensivas de capital en intereses.

Otras formas de liquidación de préstamos que se utilizan, sobre todo con carácter regional o sectorial, son:

1. Préstamos con intereses anticipados, sobre todo en determinadas zonas geográficas, principalmente en levante.

2. Préstamos con cuota constante prepagable (sobre todo en operaciones de *leasing*, como se verá en el apartado correspondiente).

Aquí nos vamos a referir a los sistemas más habituales.

2.4. Préstamos con liquidación de intereses y devolución del capital al vencimiento

Normalmente se utilizan para operaciones a corto plazo (hasta un año) y pueden tener, entre otras, las siguientes variantes:

• Liquidación y pago de intereses periódicos.

• Liquidación y capitalización de intereses periódicos.

Esta segunda modalidad entraña la constitución de un capital final al vencimiento.

La fórmula para hallar el capital final es:

$$Cf = C(1 + I_k)^t$$

Donde: *Cf* es el capital final; *C* es el capital prestado; I_k es el tipo de interés por período en tanto por uno; *k* es el número de periodos que hay en un año; *t* es el tiempo expresado en número de períodos.

Préstamo de 10.000 euros al 6% anual, con intereses pagaderos trimestralmente.

Cálculo del interés. (I_k o interés por periodo = 0,06/4 = 0,015).

Intereses = 10.000 x 0,015 = 150 euros pagaderos cada trimestre.

El último periodo será: 10.000 + 150 = 10.150 euros.

Préstamo de 10.000 euros al 6% anual, capitalizando el interés por trimestres y devolviendo el capital final a año. (I_k= 0,06/4 = 0,015).

$$Cf = 10.000 \, (1+0,015)^4$$

$$Cf = 10.613,64 \text{ euros}$$

2.5. Préstamos por cuotas constantes comprensivas de capital e intereses postpagables

También se le denomina sistema francés. El capital se amortiza de forma creciente (en progresión geométrica), siendo los intereses decrecientes cuota a cuota (pues el capital vivo es menor), de tal suerte que en cada período la cuota conjunta por capital e intereses es idéntica a la del resto de los períodos. Como hemos dicho anteriormente, es la forma de amortización más extendida en nuestro país para todo tipo de préstamos.

Para hallar el reembolso podemos utilizar la siguiente fórmula:

$$R = C \, \frac{I_k}{1 - (1 + I_k)^{-t}}$$

Donde: R es la cuota o reembolso constante; C es el capital prestado; I_k es el tipo de interés por período en tanto por uno; k es el número de períodos que hay en un año; t es el tiempo expresado en número de períodos.

213

 Hallar el reembolso de un préstamo de 10.000 euros a 24 meses, con un interés del 6% anual.

$$I_k = 0,06/12 = 0,005.$$

$$R = 10.000 \ \frac{0,005}{1 - (1 + 0,005)^{-24}}$$

$$R = 443,20 \text{ euros}$$

En estas operaciones y en todas aquellas que se amorticen por periodos, se elaborará un cuadro de amortización en el que se detallarán las cantidades a abonar por capital y por intereses en cada periodo. En cada periodo, los intereses a abonar vendrán determinados por:

$$Ip = Cv \cdot I_k$$

Donde: Ip son los intereses del periodo; Cv es el capital vivo al comienzo del periodo; I_k es el interés por periodo.

El capital amortizado en un periodo será:

$$Cap = C - Ip$$

Donde: Cap es el capital amortizado en el periodo: C es la cuota del préstamo comprensiva de capital e intereses; Ip son los intereses del periodo, calculados con la fórmula anterior.

 Siguiendo el ejemplo que venimos desarrollando, el primer periodo será:

$$Ip = 10.000 \times 0,005 = 50 \text{ euros.}$$

Entonces, la amortización de ese primer periodo será:

$$Cap = 443,20 - 50 = 393,20 \text{ euros.}$$

Luego en el primer período la cuota será de 443,20, comprensiva de 50 euros de intereses y de 393,20 de capital amortizado.

Si queremos calcular los intereses y el capital amortizado del segundo periodo, procederemos a calcular el capital vivo de ese segundo período, que será:

$$C = 10.000 - 393,20 = 9.606,80 \text{ euros.}$$

.../...

.../...

Calculando los intereses del segundo periodo:

$Ip = 9.606,80 \times 0,005 = 48,03$ euros.

Luego el capital amortizado en ese periodo será:

$Cap = 443,20 - 48,03 = 395,17$ euros.

Con el resto de los periodos del préstamo se procederá de igual forma hasta calcular todo el plazo.

2.6. Préstamos amortizados por cuotas constantes de capital, con liquidación de intereses postpagables a cada periodo sobre el capital vivo

En esta modalidad el préstamo se amortiza por partes alícuotas en cada periodo, liquidándose los intereses por el capital pendiente correspondiente, por lo que las sucesivas cuotas son decrecientes al ser los intereses periodo a periodo menores.

En realidad, se trata de un préstamo por cuotas decrecientes, cuya razón de decrecimiento, es decir, la diferencia entre las cuotas es el montante de los intereses que devenga el capital que se amortiza en cada una de ellas. Esto sería así si la operación se liquidara por año comercial (todos los periodos considerando meses de 30 días y divisor 360).

La práctica más habitual es que estas operaciones se liquiden por año natural, es decir, los intereses se devengan por todos los días que hay en un periodo. Por tanto, la cuota conjunta por capital e intereses no será exactamente decreciente en la misma proporción periodo a periodo, pues unos periodos contendrán mayor número de días. Suele ser frecuente utilizar como base para el cálculo de intereses 360, aunque estos se devenguen por año natural.

Para hallar una determinada cuota del préstamo podemos utilizar la siguiente fórmula:

$$Rn = \frac{C}{t} + \frac{Cv_n \cdot i \cdot d_n}{B}$$

Donde: Rn es la cuota o reembolso en el periodo n ; C es el capital prestado; Cv_n es el capital vivo o pendiente en el periodo n, que se calcula con el capital pendiente en el periodo anterior menos la cuota fija de amortización; i es el tipo de interés anual expresado en tanto por uno; d_n son los días del periodo de liquidación; t es el tiempo expresado en número de periodos; B es la base o divisor para el cálculo de los intereses (360 o 365).

Hallar el reembolso de capital más intereses de un préstamo de 10.000 euros a 24 meses por cuotas alícuotas de capital, con un interés del 6% anual.

$$I_k = 0,06/12 = 0,005.$$

$$R_1 = \frac{10.000}{24} + \frac{10.000 \cdot 0,06 \cdot 30}{360} = 416,67 + 50 = 466,67$$

$$R_2 = \frac{10.000}{24} + \frac{(10.000 - 416,67) \cdot 0,06 \cdot 30}{360} = 416,67 + 47,92 = 464,59$$

El resto de las cuotas se calcularían de modo similar hasta el final del plazo. Obsérvese cómo la cuota resultante es decreciente y cumple, si el año es comercial, como ya dijimos antes una progresión aritmética decreciente, cuya razón será la diferencia de intereses, que es constante. Así que para calcular el total de la cuota bastaría:

Primera Cuota - Segunda cuota - Diferencia de intereses

466,67 - 464,59 - 2,08

La tercera cuota sería: 464,59 - 2,06 - 462,51

Donde: la amortización de capital sería 416,67 y los intereses la diferencia hasta el total de la cuota: 462,51 - 416,67 - 45,84. Obsérvese que 2,08 son los intereses que corresponden al capital amortizado en cada cuota: 416,67 - 0,005 - 2,08

2.7. Préstamos por cuotas crecientes en progresión geométrica comprensivas de capital e intereses

Esta fórmula de cálculo está actualmente muy en desuso, aunque en tiempos era un sistema de amortización que se utilizaba para operaciones entre diez y quince años, cuando los tipos de interés eran elevados, porque facilitaba al cliente el pago al ofrecerle una cuota reducida al principio de la operación, para ir aumentando paulatinamente con el paso de los años.

Con bajos tipos de interés y plazos más largos, no se encuentra una gran ventaja en su uso y puede incluso generar amortizaciones negativas, que hacen aumentar la deuda en los primeros años, circunstancia inconveniente desde el punto de vista del riesgo y de la recuperación de los fondos por parte de la entidad financiera.

Como este sistema amortizativo es marginal en el mercado financiero español en la actualidad, no vamos a tratarlo exhaustivamente.

2.8. Comparativa de los diferentes sistemas de amortización analizados

Cada sistema ofrece un distinto coste en intereses. Para préstamos al mismo plazo, tipo de interés y comisiones iniciales, se puede deducir que:

1. Los préstamos crecientes en progresión geométrica devengan más intereses, pues el capital permanece vivo durante más tiempo. Los préstamos por cuotas constantes de capital por contra son los más económicos en intereses, pues el esfuerzo de reembolso es mayor al principio de la operación que al final al tratarse de una cuota decreciente.

2. Los préstamos por cuotas constantes conjuntas se sitúan en cuanto a su coste en intereses entre las dos fórmulas vistas anteriormente ya que el capital se amortiza de forma creciente, pero en mayor cuantía que en las operaciones cuya cuota es progresiva, y en menor cuantía que las que amortizan capital en partes alícuotas.

3. El coste efectivo (TAE), habiendo comisiones iniciales, resulta ser mayor para los préstamos por cuotas constantes de capital (cuota decreciente), ya que el esfuerzo de pago se concentra al principio, a pesar de que por contra se produzca un menor devengo de intereses.

4. Los préstamos amortizados por cuotas en progresión geométrica ofrecen una TAE menor, y los de cuota constante conjunta una TAE entre las dos fórmulas anteriores.

2.9. Influencia de la periodicidad de las cuotas en el coste de los préstamos

Los períodos de liquidación más cortos generan menos intereses devengados en un préstamo. Por tanto, será más económico, considerando el pago de intereses, el que se pacte mensual que el semestral.

Veamos un comparación de dos préstamos:

a) Préstamo por cuotas constantes mensuales de 1.000.000 de euros a 1 año al 12%, con una comisión de apertura del 1%.

Costes: 12 cuotas de 88.849 euros; total de intereses: 66.186 euros.

TAE 14,8357%.

b) Préstamo por cuotas constantes semestrales de 1.000.000 de euros a 1 año al 12%, con una comisión de apertura del 1%.

Costes: 2 cuotas de 545.437 euros; total de intereses: 90.874 euros.

TAE 13,8917%.

2.10. Información de las liquidaciones de los préstamos con cuotas periódicas

Según se indica la normativa del Banco de España sobre transparencia de las operaciones y protección a la clientela, las comunicaciones de liquidaciones en las operaciones de préstamos con cuotas periódicas deberán constar, al menos, de los siguientes datos:

Intereses

• Saldo deudor sobre el que se aplique la liquidación.

• Periodo a que corresponde la liquidación, con indicación de fecha inicial y final.

• Tipo de interés contractual aplicado (con detalle en el caso de créditos a interés variable, del tipo de referencia y diferenciales aplicados).

• Importe de la cuota.

• Importe de los intereses o cargas financieras que resultan.

• Importe de la amortización.

• Impuestos liquidados, en su caso, con expresión del tipo y base de cálculo.

• Nuevo saldo pendiente.

Si durante el periodo de liquidación experimentara variación el tipo de interés, se consignarán por separado los periodos de liquidación de cada uno de los tipos aplicados e importe de los meses resultantes. Se podrán exceptuar los periodos inferiores a un mes, por los que se podrá hacer una liquidación mensual con el tipo medio ponderado que resulte, si bien deberá mencionarse esta circunstancia, señalándose los tipos extremos aplicados.

Comisiones y gastos suplidos

Los aplicados según las tarifas publicadas por cada entidad especificando concepto, magnitud base, tipo e importe en cada caso.

2.11. Préstamos a interés fijo y variable

Una de las estipulaciones en los contratos de préstamo y crédito mercantil o bancario es la fijación del tipo o tipos de interés que devengarán las sumas adeudadas, pudiendo establecerse como tipo de interés fijo o variable.

El **tipo de interés fijo** es aquel que permanece constante durante toda la vida del contrato de préstamo o crédito.

El **tipo de interés variable** es aquel que aparece en el contrato no determinado cuantitativamente, sino mediante un tipo diferencial añadido restado, según sea positivo o negativo, a un tipo de referencia especificado y conocido de forma cierta en fechas concretas establecidas en el propio contrato de préstamo o crédito mediante la especificación de un tipo de periodo (mensual, trimestral, semestral o anual, como periodos más frecuentemente utilizados) para la revisión del tipo de interés a pagar. En las operaciones a tipo variable la entidad de crédito traslada el riesgo de tipo de interés al cliente.

a) En la contratación de préstamos o créditos a tipo de interés variable el tipo diferencial, conocido también como margen (spread) es un tipo positivo expresado en puntos porcentuales en el contrato a añadir al tipo de referencia estipulado.

b) El tipo de referencia en principio puede ser cualquier tipo de interés observable en un mercado regulado, bien ofertado por una entidad, bien una media de los ofertados por determinadas entidades expresadas en el contrato, o bien una media publicada en un mercado.

c) No puede utilizarse tipos de referencia publicados por una entidad para sus propias operaciones, porque ello equivaldría a la fijación unilateral del tipo al antojo de una de las partes.

2.12. Tipos utilizados como referencia en las operaciones a interés variable

El tipo de referencia que suelen emplearse en las operaciones a interés variable para las empresas suele ser el Euribor, ya que es la referencia más popular entre las que se cotizan en el mercado. El plazo del Euribor suele ser a un año, aunque en operaciones a corto plazo podría usarse el tipo a tres meses.

Para operaciones en otras divisas, utilizadas por las empresas exportadoras, se suele utilizar el Libor de la divisa de que se trate. El Libor es el tipo interbancario en el mercado de Londres y se cotiza para muchas monedas, incluyendo el euro.

2.13. Préstamos hipotecarios

Las empresas pueden acceder a un préstamo hipotecario sobre el local de negocio o nave industrial, aunque habitualmente el banco no financiará más que el 50% del valor de tasación de este tipo de propiedades y siempre y cuando se trate de inmuebles multiusos, es decir, sirvan para la instalación de diferentes empresas con diferentes actividades. Si no fuera multiusos, no será apreciado por la entidad financiera como una garantía real válida, puesto que no tendría mercado para venderse en caso de que se tuviera que ejecutar la hipoteca.

a) La Ley 5/2019 abre en ventana nueva de contratos de crédito inmobiliario establece, entre otras cuestiones, la distribución de los gastos asociados a la contratación de una hipoteca. Por tanto, todos los contratos firmados desde entonces fijan que el cliente debe pagar la tasación del inmueble y los gastos notariales de la copia de la escritura del préstamo hipotecario, si la solicitas.

b) La entidad asumirá, en cambio, las minutas de la gestoría, los derivados de la escritura del préstamo hipotecario ante notario, los de registro y los impuestos. El cliente también tendrá que pagar la comisión de apertura si esta está contemplada en las condiciones ofrecidas por la entidad. Esta comisión se paga una sola vez y engloba la totalidad de los gastos que la entidad pueda reclamar por el estudio, la tramitación y la concesión del préstamo.

c) Es importante señalar que la Ley hace referencia únicamente a los gastos de formalización del préstamo hipotecario, no a los de una compraventa. Con anterioridad a la entrada en vigor de la Ley 5/2019, la distribución de los gastos de formalización de los préstamos hipotecarios no seguía esta pauta. En este sentido, el Tribunal Supremo se pronunció sobre la necesidad de que la cláusula que establece el gasto correspondiente haya sido debidamente informada y recogida en el contrato formalizado.

d) Solo podrán repercutirse gastos o percibirse comisiones por servicios relacionados con los préstamos que hayan sido solicitados en firme o aceptados expresamente por un prestatario o prestatario potencial y siempre que respondan a servicios efectivamente prestados o gastos habidos que puedan acreditarse.

e) Los préstamos hipotecarios, en general, son aquellos concedidos con garantía real de hipoteca, constituida por el prestatario mediante escritura pública autorizada por Notario e inscrita en el Registro de la Propiedad, lo que añade un reforzamiento al crédito mediante la afectación directa e inmediata de los bienes inmuebles al pago del crédito, posibilitando en caso de incumplimiento la ejecución hipotecaria.

2.14. Elementos de coste en las operaciones de préstamo

Las empresas establecerán libremente sus tarifas de comisiones, condiciones y gastos repercutibles a los consumidores, sin otras limitaciones que las contenidas en esta Ley, en la Ley de 23 de julio de 1908 y en el Real Decreto Legislativo 1/2007, de 16 de noviembre, en materia de cláusulas abusivas.

En las tarifas de comisiones o compensaciones y gastos repercutibles, incluidas las actividades de asesoramiento, se indicarán los supuestos y, en su caso, periodicidad con que serán aplicables. Las comisiones o compensaciones y gastos repercutidos deben responder a servicios efectivamente prestados o a gastos habidos. En ningún caso podrán cargarse comisiones o gastos por servicios no aceptados o solicitados en firme y de forma expresa por el consumidor.

No obstante lo establecido en el apartado anterior, en los préstamos o créditos hipotecarios será de aplicación lo dispuesto en materia de compensación por amortización anticipada por la legislación específica reguladora del mercado hipotecario, salvo que se tratara de préstamos o créditos hipotecarios concedidos con anterioridad al 9 de diciembre de 2007 y el contrato estipule el régimen de la comisión por amortización anticipada contenido en la Ley 2/1994, de 30 de marzo, sobre subrogación y modificación de préstamos hipotecarios, en cuyo caso, será este el aplicable.

Las restantes comisiones y gastos repercutibles a cargo del consumidor, que la empresa aplique sobre estos préstamos o créditos, deberán responder a la prestación de un servicio específico distinto de la concesión o de la administración ordinaria del préstamo o crédito.

Las empresas no podrán cargar cantidades superiores a las que se deriven de las tarifas, aplicando condiciones más gravosas o repercutiendo gastos no previstos.

Las empresas están obligadas a notificar al Registro en el que figuren inscritas, con carácter previo a su aplicación, los precios de los servicios, las tarifas de las comisiones o compensaciones y gastos repercutibles que aplicarán, como máximo, a las operaciones y servicios que prestan, y los tipos de interés máximos de los productos que comercializan, incluidos, en su caso, los tipos de interés por demora.

Los precios, tarifas y gastos repercutibles a que se refiere el apartado anterior se recogerán en un folleto, que se redactará de forma clara, concreta y fácilmente comprensible para los consumidores, evitando la inclusión de conceptos innecesarios o irrelevantes. Este folleto, que estará disponible para los consumidores conforme a lo previsto en el artículo siguiente, será asimismo remitido al Registro en el que figuren inscritas y su contenido se ajustará a las normas que reglamentariamente puedan dictar las Comunidades Autónomas en el ejercicio de sus competencias.

Los costes en las operaciones de préstamo los podemos dividir en iniciales (a favor de la entidad cedente y de formalización), periódicos, de amortización anticipada y de cancelación. A su vez pueden tener carácter financiero, de formalización y fiscal.

Comisiones a favor de la entidad concedente	
Comisiones de apertura	Son comisiones a favor de la entidad financiera que se devengan a la concesión del préstamo. Oscilan entre un 0,5 y un 2 por 100 del importe del préstamo, con mínimos de percepción muy variables en función de la finalidad de la operación.
Comisión de estudios	A favor de la entidad concedente, se percibe por la gestión de estudio de la solicitud y puede representar entre un 0,1 a 0,5 por 100 del préstamo. También puede existir un mínimo de percepción. Actualmente se tiende a no percibir esta comisión y englobarla en la comisión de apertura. Determinadas operaciones hipotecarias obligan cobrar sólo una comisión de apertura inicial, que engobe todos los gastos.

Comisiones a favor de la entidad concedente	
Tasación de bienes	Los gastos que ocasione la tasación de bienes, normalmente inmuebles o instalaciones industriales, con objeto cuantificar si las garantías reales se ajustan al valor del crédito que se pretende obtener.
Comisiones iniciales a favor terceros	Las que podría percibir una Sociedad Garantía Recíproca por avalar operación o un minorista comercio presentar operación entidad financiera repercutirá cliente.
Primas por seguro amortización	En determinadas operaciones aseguramiento crédito pacta pago prima inicial cubra toda vida préstamo. Estos seguros son impuestos entidades financieras integrarán como componentes coste efectivo (TAE).

Gastos de formalización	
Gastos intervención	Son honorarios del corredor de comercio o notario interviniente en la póliza o escritura.
Gastos de gestión y tramitación	Son los honorarios que corresponden al gestor administrativo encargado de realizar los trámites registrales u otros precisos en determinadas operaciones crediticias.
Impuestos	Cuando se requiere la documentación en escritura (préstamos hipotecarios) se devenga el impuesto de Actos Jurídicos Documentados (1 por 100 del valor por responsabilidad hipotecaria, y que incluye, además del importe del préstamo, 5 años de intereses, costas, gastos y previsión de intereses de demora -aproximadamente la base de cálculo puede estimarse en el doble del importe del préstamo-). Si el préstamos se formalizara en efectos sujetos a gravamen por AJD (letras de cambio, pagarés a la orden y otros documentos que realicen función de giro), estos devengarán su timbre correspondiente. Para préstamos que no sea necesario elevar a escritura pública, se utiliza la póliza de crédito que no está sujeta a gravamen.
Gastos registrales	En las operaciones que deban ser inscritas en un Registro Público (Registro de la Propiedad para las hipotecarias), serán los derechos del Registrador y los gastos del Registro.

Costes periódicos	
Intereses	Son los que correspondan según la forma de liquidación y tipo de interés pactado. Podrán ser postpagables, prepagables o anticipados, según lo pactado en el contrato. Se calcularán en función del capital vivo o pendiente que haya en cada periodo de liquidación.
Comisiones sobre el pendiente a favor de la propia entidad concedente	No deberían aceptarse estas comisiones, pues es criterio del Banco de España (Servicio de Reclamaciones) que las comisiones deben responder a servicios realmente prestados por las entidades financieras, y una comisión sobre el pendiente desde este punto de vista solo sería admisible atendiendo a criterios como la administración del préstamo u otros, caso en el que tampoco serían de recibo pues el propio Servicio de Reclamaciones tiene interpretado que la administración de préstamos debe realizarse por las entidades en su propio beneficio y por tanto no debe ser repercutido su coste a los clientes en forma de comisión. Además, las comisiones sobre el pendiente, por su carácter de remuneración financiera adicional, desvirtúan el coste financiero efectivo de la operación.
Comisiones sobre el pendiente a favor de terceros	Aquí podrían venir especificadas aquellas comisiones que percibiera una Sociedad de Garantía Recíproca con carácter periódico por haber avalado la operación. Sería la propia SGR la que las pasaría al cobro periódicamente (normalmente con carácter anual sobre el pendiente a primero del año).
Seguros de amortización de pago periódico	En determinadas operaciones se aseguramiento del crédito se pacta el pago una prima periódica, que puede estar en función o no del principal pendiente. Estos seguros si son impuestos por las entidades concedentes se integrarán como componentes del coste efectivo (TAE).

Costes por amortización anticipada	
Comisión por cancelación anticipada	Es una comisión que puede establecerse en la misma cuantía que la anterior, pero que se percibirá en caso de cancelación total.
Comisión por cancelación parcial	Cuando se cancela parcialmente el capital pendiente.

Costes por amortización anticipada	
Gastos de cancelación hipotecaria	Se contienen los notariales, de tramitación, registrales y fiscales (IAJD), cuya cuantía es ligeramente inferior que los incurridos en la formalización.

2.15. Coste efectivo de los préstamos

Para calcular la TAE se deben integrar todos los componentes del coste que impliquen remuneración para la entidad financiera y en particular: intereses y comisiones, además de todo tipo de gastos repercutidos que supongan remuneración para la entidad y, particularmente, los seguros de amortización en tanto sean impuestos por la entidad financiera.

No se integran en la TAE los gastos de formalización que no sean a su favor, como los de notario, gestor, registro, impuestos y todos aquellos suplidos de los que la entidad aporte prueba documental de haberse producido y sean necesarios para realizar la operación.

2.16. Intereses de demora y cierre de cuenta por impago

En los contratos de préstamo se prevén cláusulas por las que se imponen condiciones de interés más gravosas en el caso de que exista demora en el pago de una o más cuotas.

Es muy corriente también que se prevea la capitalización de los intereses de demora, habitualmente con la misma periodicidad de liquidación del préstamo. Hay que hacer notar, que solo es posible aplicar esta capitalización si se pactó en la póliza.

La capitalización de los intereses de demora supone que estos se acumulan al total impagado periodo a periodo, devengando nuevos intereses de demora de los intereses de demora, lo que origina un considerable aumento de la deuda.

En **situaciones de insolvencia** o, más raramente, por manifiesto envilecimiento de las garantías y si no se aportan garantías adicionales, la entidad financiera puede dar el préstamo por vencido anticipadamente, de tal suerte que liquide todos los periodos impagados al tipo de interés de demora correspondiente hasta la fecha de cierre.

Si el cierre no coincidiera con el vencimiento de un periodo, también el principal o capital pendiente en esa fecha devengaría los intereses ordinarios por los días que faltaran hasta el cierre desde el vencimiento de la última cuota impagada.

3. Operaciones de crédito bancario

3.1. Diferencias entre las operaciones de préstamo y las de crédito en cuenta corriente

Es evidente que un banco compondrá su cartera de créditos con un mix que le haga partícipe en los diferentes segmentos de riesgo de forma equilibrada, de tal forma que sus pérdidas esperadas sean las menores posibles y, en todo caso, puedan ser absorbidas por los márgenes, obteniendo siempre un resultado positivo. Los segmentos crediticios con peor calificación tendrán las primas de riesgo más elevadas y mayores márgenes financieros, pero provocarán los mayores quebrantos por morosidad y fallidos. Los segmentos mejor calificados, a su vez, ofrecerán márgenes más estrechos y peores oportunidades de obtener grandes beneficios por unidad invertida.

Así, se deduce que la entidad no podrá actuar de forma no diversificada en segmentos de alto riesgo porque podría acumular pérdidas inesperadas fácilmente. Por otro lado, los segmentos de mayor calidad crediticia serán aptos para actuar al por mayor por su bajísima propensión a la morosidad y su mayor margen de seguridad.

a) **Contrato de préstamo**: el contrato de préstamo es aquel en el que la entidad financiera entrega al cliente una cantidad de dinero, obligándose este último al cabo de un plazo establecido a restituir dicha cantidad, más los intereses pactados.

b) **Contrato de crédito**: por el contrario, en el contrato de cuenta de crédito, la entidad financiera se obliga a poner a disposición del cliente fondos hasta un límite determinado y durante un plazo de tiempo prefijado, percibiéndose periódicamente los intereses sobre las cantidades efectivamente dispuestas por el acreditado, movimientos que se irán reflejando en una cuenta corriente.

La **diferencia esencial** entre ambas operaciones estriba en que en el primero la entrega del dinero al prestatario es simultánea a la firma del contrato, al menos según los términos literales del mismo, en tanto que en la operación de crédito lo que se reconoce por el prestamista es un compromiso de entrega de dinero hasta un límite máximo mediante la disposición por parte del prestatario en la cuenta corriente abierta al efecto.

3.2. Concepto de crédito

El contrato de un crédito atribuye al acreditado un derecho de disposición sobre una cantidad de dinero, si bien la obligación de restitución de este queda supeditada a la efectiva utilización del mismo, que puede realizarse total o parcialmente, a lo largo de la duración del contrato, admitiéndose tanto reintegros como abonos en la cuenta que sirve de soporte contable a la operación. Por tanto, en la cuenta se reflejarán los adeudos por disposiciones del beneficiario del crédito y los abonos por reintegros de esas disposiciones, de tal forma que el saldo deudor de la cuenta representa el saldo dispuesto en cada momento por el acreditado.

a) El crédito se distingue del préstamo en que el primero concede una capacidad de disponer hasta un límite, mientras que en el segundo la disposición es total desde el mismo momento en que da comienzo la operación.

b) En el crédito solo se pagarán intereses por las cantidades dispuestas, mientras que en el préstamo los intereses se pagarán por la totalidad del préstamo que quede pendiente de amortizar en cada momento. No obstante, más adelante incidimos más profundamente en sus diferencias.

c) Un crédito sirve para atender necesidades de circulante y ciclos de explotación, de tal manera que cubre los déficit de tesorería que pueda haber en las campañas. También cubre aquellas actividades muy concentradas en un periodo del año, como pueden ser determinadas artesanías gastronómicas, productos navideños, juguetes, turismo, etc.

d) El crédito se revisará en sus condiciones y cuantía una vez al año, con motivo de su renovación, momento en el cual la empresa debe presentar la documentación contable y fiscal que justifique su solvencia.

e) El crédito se revisará en sus condiciones y cuantía una vez al año, con motivo de su renovación, momento en el cual la empresa debe presentar la documentación contable y fiscal que justifique su solvencia.

En cuanto a los **requisitos específicos para la obtención y renovación de un crédito**, podemos enumerar los siguientes:

• Canalizar operaciones a través de la cuenta de crédito que supongan una interesante rotación del saldo.

• Ofrecer ingresos adicionales por la utilización de otros productos y servicios bancaros ligados con cobros y pagos.

• No sobregirar la cuenta o hacerlo solo de forma ocasional.

• No mantener la cuenta en su saldo máximo siempre dispuesto y con escasa rotación, pues la entidad financiera pasará a considerar esa operación como un préstamos y la prestamizará a vencimiento con reducción progresivamente del saldo o, directamente, no la renovará.

3.3. Características

La característica principal de los contratos de cuenta corriente de crédito es que el beneficiario está facultado para realizar disposiciones hasta el límite total fijado y, correlativamente, abonos en restitución de las cantidades dispuestas, reflejándose estos movimientos en la cuenta, lo que dará lugar a un saldo deudor o acreedor según el importe de los reintegros e imposiciones. Con carácter general, el banco no está obligado a admitir disposiciones por importe superior al límite de crédito concedido, pero facultativamente pueden admitirse estos excesos de disposición, en cuyo caso el tratamiento será semejante a los descubiertos en la cuenta corriente, cobrándose un tipo de interés pactado, que, obviamente, será superior al tipo de interés deudor ordinario de la cuenta de crédito.

La formalización de esta operación suele llevarse a cabo en póliza de crédito, aunque también pudiera instrumentarse en escritura pública. Además, las entidades acreedoras suelen requerir la prestación de algún tipo de garantía personal (avales o fianzas) o prendaria (prenda de valores) e, incluso, aunque menos frecuentemente, hipotecaria. Las entidades de crédito están obligadas a entregar al cliente el documento contractual de estas operaciones en el que deberán recogerse, entre otros, los siguientes extremos:

a)   El tipo de interés nominal utilizado para la liquidación de intereses.

b)   La periodicidad del devengo de intereses, las fechas de devengo y liquidación de los mismos y la fórmula o métodos utilizados para tal liquidación.

c)   Las facultades de la entidad en orden a la modificación de los tipos de interés, comisiones y gastos repercutibles.

d)   Las comisiones que resulten aplicables con indicación concreta de cuantía, fechas de devengo y liquidación, debiendo facilitar al cliente un ejemplar de las tarifas de comisiones y gastos repercutibles y las normas sobre fechas de valoración que sean de aplicación.

e)   El coste o rendimiento efectivo de la operación, expresado mediante la indicación de una Tasa Anual Equivalente (TAE).

Las **comunicaciones de liquidaciones** de las cuentas corrientes de crédito deberán constar, al menos, los siguientes datos:

- **Intereses**

  1.   Principal o límite de la cuenta en el periodo de liquidación y vencimiento.

  2.   Periodo al que corresponde la liquidación, con indicación de fecha inicial y final.

3. Tipo de interés contractual aplicado.

4. Suma de los números comerciales si el cálculo se hace por este procedimiento, o saldo medio por valoración del periodo.

5. Importe de los intereses que resultan.

    En caso de que se modifique el tipo de interés en el periodo de liquidación o se produzcan excedidos en el débito sobre el principal o límite de la cuenta, se indicarán por separado los intereses y, en su caso, los números comerciales que correspondan a cada uno de los tipos de intereses aplicados.

- **Comisiones y gastos suplidos**

  Las aplicadas según las tarifas publicadas por cada entidad, especificando concepto, magnitud base, tipo e importe en cada caso.

- **Liquidación periódica de la cuenta**

  1. Saldo antes de la liquidación.

  2. Total intereses, comisiones y gastos suplidos.

  3. Impuestos liquidados en su caso, con expresión del tipo aplicado y base de cálculo.

  4. Saldo nuevo.

3.4. Modalidades

Según las diferentes necesidades y situaciones del cliente, las pólizas de crédito principalmente pueden presentar las modalidades siguientes:

- **Crédito límite fijo y renovable.** Es la más frecuente y la que suelen contratar los pequeños negocios y las microempresas para su financiación en el corto plazo. Normalmente, se contratarán a tipo fijo o variable, aunque en los muy pequeños negocios el tipo podría ser fijo durante toda la vida del contrato y hasta la posible renovación anual.

- **Crédito límite fijo y renovable.** Suele pactarse cuando el cliente o la entidad financiera desean limitar el crédito a una duración determinada, extinguiendo el mismo a su vencimiento. Esta situación se da en refinanciaciones de créditos en los que la empresa no ha sido capaz de amortizar el principal al vencimiento. El límite variable suele ser decreciente trimestralmente o con otra periodicidad, hasta dejar al vencimiento con el límite en 0. Cuando se tarta de refinanciaciones, se habla de prestamización de la póliza de crédito.

- **Crédito de disposición condicionada a la presentación de documentos.** La disposición en el crédito se condiciona, por ejemplo, a certificaciones de obras, expedición de documentos de matriculación de vehículos, etc. El crédito, por tanto, es finalista y solo se puede disponer de fondos en el casos de que se den las circunstancias pactadas y se entreguen los documentos correspondientes.

- **Crédito a más de un año.** Aunque lo frecuente es que los créditos tengan como duración establecida un año o menos, hay ofertas de entidades que incluyen la renovación automática, salvo denuncia del contrato por alguna de las partes cada año. A los trámites de recogida de información sobre la situación financiera de la empresa que se realizan en cada periodo anula se les suele denominar renovación administrativa, aunque en la práctica se evalúa el riesgo de la operación como si se tratara de una renovación ordinaria. Es más un producto comercial que un funcionamiento esencialmente diferente del contrato.

Una pequeña empresa tiene dificultades para amortizar al final del año de vigencia una póliza de crédito por importe de 60.000 euros. Una vez estudiada la viabilidad de la empresa por parte de la entidad financiera, acuerdan conjuntamente la prórroga de la operación por un año más, pero con la condición de que el límite de crédito baje trimestralmente en 15.000 euros, de tal forma que la empresa tiene la oportunidad de poco a poco reducir el límite hasta amortizar el crédito por completo.

Por supuesto, la entidad financiera penalizará esta refinanciación o prestamización de la póliza, cobrando un interés mayor y mayores comisiones de apertura, por regla general.

3.5. Liquidación de las cuentas de crédito

Los créditos en cuenta corriente, usualmente, se liquidan por el método hamburgués para cuentas con intereses no recíprocos (diferente tipo de interés para cada signo del saldo: acreedor, deudor y excedido). En las cuentas de crédito se establecen o pueden establecerse los siguientes costes:

- **Comisión de apertura**. Es un tanto por 100 del límite de crédito disponible. Junto con el resto de los gastos iniciales es una de las primeras partidas que se cargará en la cuenta.

- **Comisión de estudios.** Por el estudio y gestión de la concesión se expresa en importe o tanto por 100 del límite. Habitualmente, vienen englobado este concepto en la comisión de apertura, sin distinción de cara al cliente.

- **Comisión de disponibilidad.** Se suele pactar como un porcentaje sobre el saldo medio natural (por fecha contable o de operación) no dispuesto en cada periodo de liquidación. Hay entidades que calculan la disponibilidad sobre el saldo por valoración, aunque no es un procedimiento muy ortodoxo.

- **Comisión de exceso**. Su base de cálculo será el mayor excedido (sobrepasar el límite de crédito) que se ha producido por fecha de operación o contable en el periodo de liquidación. Se establece un porcentaje. Equivale a la comisión de descubierto de las cuentas corrientes.

- **Intereses deudores**. Son los calculados sobre el saldo medio deudor del periodo de liquidación.

- **Intereses de exceso**. Son los calculados sobre el saldo medio excedido del periodo de liquidación.

- **Intereses acreedores**. Si la cuenta presentara ese saldo, calculándose por el saldo medio acreedor del periodo de liquidación.

3.5.1. Movimientos que constituyen una liquidación

Los movimientos que constituyen una liquidación son los habidos desde la apertura o liquidación anterior, hasta el cierre de la liquidación. Para realizar la liquidación de una cuenta de crédito se debe hacer lo que se denomina escala de la cuenta, que no es otra cosa que la ordenación de los movimientos habidos en el periodo de liquidación por fechas valor, con objeto de saber cuántos días ha estado cada saldo por valoración y poder realizar el cálculo de números comerciales deudores:

$$Nc = Sdv \cdot d$$

Donde: Nc son los números comerciales que corresponden a cada saldo por valoración; Sdv es el saldo deudor (dentro de límite) por valoración al final de un día; d son los días que ha permanecido invariable. El saldo medio deudor por valoración será:

$$Smd = \frac{\sum Nc}{dl}$$

Donde: Smd es el saldo medio deudor; Nc son los números comerciales; dl son los días que comprende el periodo de liquidación. Hay que hacer notar que las entidades de crédito habitualmente realizan sus cálculos con números truncados, es decir, divididos por 100, con objeto de utilizar cantidades más pequeñas. Para calcular los intereses se procederá:

$$I = \frac{\sum Nc \cdot i}{B}$$

Donde: *I* son los intereses; *Nc* son los números comerciales (en la fórmula la suma de números); i es el tipo de interés, que cuando los números están truncados se expresará en tanto por 100 y cuando están sin truncar en tanto por uno; *B* será la base de cálculo o divisor para los intereses (360 o 365), que normalmente será 360. De igual forma que para los intereses deudores se procederá con los intereses de exceso, que habrá que detallar y calcular separadamente.

3.6. La vinculación del cliente, su conocimiento previo y trayectoria

Un cliente conocido para la entidad financiera aportará una trayectoria que será tenida muy en cuenta. La vinculación y las otras operaciones que el cliente tenga con la entidad financiera no implican necesariamente que pueda acceder a nuevas operaciones, siendo el análisis de riesgos el que debe evaluar la capacidad de pago de esas nuevas operaciones en relación con todas las obligaciones del acreditado.

Si la trayectoria del cliente es negativa, con incumplimientos anteriores registrados, será incapacitante para nuevas operaciones salvo que hayan sido actuaciones puntuales y explicables y la evolución posterior del cliente haya sido muy positiva.

Con clientes que por la razón que sea hayan incumplido anteriormente sus compromisos con la entidad, aun de forma transitoria, será muy difícil entablar nuevas operaciones, aunque la vida diaria está llena de ejemplos de precisamente lo contrario, de tal forma que hay que relativizar el peso que las diferentes entidades pueden dar a estos hechos, pues unas los consideran completamente insuperables y en otras el informe del director de sucursal o gestor de cuentas positivo puede anular la información negativa si esta no es muy relevante o es antigua.

Un cliente vinculado, en ocasiones, puede situar a la entidad en el compromiso de retirar otras operaciones, por ejemplo, de pasivo, si no obtiene alguna facilidad crediticia para sí o para un tercero. En estas situaciones de compromiso, es evidente que deben cumplirse los factores exigibles en cuanto a la capacidad de devolución del o de los acreditados, pero en todo caso la entidad sopesará el equilibrio entre todos sus negocios y obligaciones, cumpliendo unos criterios mínimos que no le lleven a arriesgar el dinero de sus depositantes y siempre y cuando las operaciones estén lo suficientemente garantizadas o avaladas.

3.7. Tipos de crédito a corto plazo

En las **operaciones de financiación a corto plazo** de las empresas se dan toda una serie de circunstancias que hay que valorar, independientemente de los aspectos de riesgo inherentes a la situación de la empresa o el pequeño negocio, que se derivan de sus estados contables, nivel de endeudamiento, etc.

La operación de financiación a corto plazo de las actividades empresariales por excelencia es el anticipo sobre ventas, que puede tomar la forma de descuento comercial, *factoring* o *confirming*. Otra operación fundamental es la póliza de crédito.

Las principales operaciones a corto plazo son:

• Descuento comercial

El descuento comercial puede basarse en efectos de comercio (letras de cambio, pagarés, recibos, etc.) o realizarse simplemente sobre créditos que la empresa comunica a la entidad financiera (en este caso se trata de un descuento de adeudos por domiciliación). Se pueden distinguir ambas fórmulas.

Aunque el riesgo concedido se mide por el total dispuesto, la pérdida esperada y el riesgo real que correrá la entidad financiera se deriva de los impagados que presente la línea de descuento. En la clasificación de riesgos por la entidad, se podrá distinguir qué tipo de efectos son admitidos para el descuento por su clase:

a) **Aceptados y domiciliados**: son los denominados de domiciliación plena, y tienen un menor incide de devolución debido al mayor compromiso que entraña para el aceptante su pago además de tener un domicilio bancario (cuenta bancaria) en la que cobrarse. Hay que recordar que el impago de efectos aceptados conlleva la inscripción del deudor en el RAI, además de disponer el acreedor y la entidad descontante (ésta última si fueron emitidos a la orden) de un título que puede tener fuerza ejecutiva. Podemos distinguir en este grupo los emitidos a la orden y no a la orden, siendo los que aportan mayor garantía para entidad financiera los emitidos a la orden. En este clase de efectos se incluyen las letras de cambio aceptadas y domiciliadas, los recibos aceptados y domiciliados y los pagarés, que siempre estarán aceptados y domiciliados.

b) **Aceptados no domiciliados**: a pesar de tener un fuerte compromiso de pago, por tratarse de una aceptación, el hecho de no estar domiciliado (no tener indicado el efecto una cuenta en la que cobrarse) provocará un mayor índice de devoluciones, simplemente porque requieren el trámite de domiciliación antes del cobro, que puede no llegar a cumplimentarse. También podemos distinguir los emitidos a la orden y los emitidos no a la orden, teniendo, como dijimos antes, mayor garantía los emitidos a la orden. En esta categoría se incluirán las letras de cambio aceptadas, pero no domiciliadas, y los recibos emitidos en las mismas condiciones. Los pagarés no pueden incluirse en esta categoría pues siempre deben estar domiciliados para ser normalizados.

c) **Domiciliados sin aceptar**: a pesar de tener una cuenta bancaria en la que cobrarse, un efecto sin aceptar convierte al librador en pagador de buena fe, de tal manera que no hacerlo no le lleva a ser inscrito en el RAI ni pueden ejercerse por la entidad financiera acciones contra el librado. Tienen, pues, una mayor propensión al impago que los efectos aceptados. La responsabilidad del buen fin del efecto es por entero del librador al no estar aceptados. Pueden ser letras de cambio o recibos emitidos sin aceptar, pero domiciliados.

d) **No domiciliados y sin aceptar**: Tienen mayor propensión al impago que los grupos anteriores pues además de su menor garantía por no estar aceptados además no se ha indicado cuenta en la que cobrarse. El librado lo es de buena fe y la responsabilidad del efecto por entero corresponde al librador. Pueden ser letras de cambio y recibos.

La entidad financiera puede establecer que solo admitirá un tipo de papel específico, es decir, solo títulos aceptados y domiciliados, emitidos a la orden, y así asegurarse la mayor garantía y calidad en los efectos que descuente, o, por el contrario, debido a la buena situación de riesgo del cedente podrá admitir cualquier tipo de efecto de los enumerados. También, por ejemplo, puede limitar a que sea papel domiciliado, con menor propensión al impago por esta circunstancia.

Además del tipo de papel que admitirá al descuento, la entidad financiera siempre se reserva el derecho a rechazar cualquier librado, si tiene anotaciones en el RAI u otros fichero de morosidad (ASNEF, BADEXCUG, etc.), e incluso sin estas inscripciones porque la entidad conozca que tiene dificultades financieras. Sobre todo, en efectos de cuantía significativa, la entidad controlará cada uno de los efectos para comprobar la calidad de los librados. Ya hemos dicho que el riesgo real que corre la entidad financiera en una operación de descuento es que el efecto no sea atendido a su vencimiento, razón por la que se harán los máximos esfuerzos en evitar las devoluciones.

Los contratos de líneas de descuento siempre conceden a la entidad la posibilidad de denegar el descuento a partir del momento en que esta crea conveniente.

Podemos citar algunos de los motivos por los que una entidad financiera puede cancelar la línea en un momento dado:

— Un elevado índice de devoluciones es el principal motivo por el que la entidad puede retirar esta operación, no permitiendo nuevos descuentos.

— Se detecte que se están incluyendo efectos en la línea que no tienen carácter comercial, y que han sido creados simplemente para obtener el descuento como papel pelota o papel de colusión. Esta utilización impropia de la línea, de detectarse, que muchas veces no es posible hacerlo, aconsejará a la entidad a cancelar la línea.

— La imposibilidad para el descontante de asumir las devoluciones que recibe si estas no pueden cargarse en cuenta. Esta circunstancia es grave porque muestra dificultades en el corto plazo que además pueden convertir los impagados de la línea en fallidos al no poder recuperarse del cedente.

— Como en el resto de las operaciones a corto plazo, por el deterioro de la situación financiera de la empresa apreciado por la entidad.

- **Descuento de certificaciones**

Se trata de descuento comercial, pero sin contar con efectos, sino con la mera declaración del cedente sobre la existencia de los créditos. Esta operación consiste en la generación de un adeudo domiciliado con vencimiento aplazado que la entidad financiera descuenta. Como tal adeudo no tiene más garantía de pago que la aportada por el cedente y el librado, como en los efectos sin aceptar, figura como pagador de buena fe. Se aplican las mismas reglan en general que al descuento comercial, pudiendo la entidad retirar el descuento en cualquier momento por similares razones a las expuestas anteriormente.

Es una operación en la que la confianza de la entidad en el cedente debe ser máxima porque se trata de la mera declaración de que existe una deuda comercial contra un tercero, sin cesión de crédito, sin toma de razón y sin ulterior comprobación por parte de la entidad financiera. Es una operación muy extendida en todo tipo de empresas, de tal manera que ha desplazado en buena medida al descuento sobre efectos, que en muchas ya no se practica.

En momentos de crisis económica, se trata de una operación que conlleva mayores riesgos para la entidad financiera pues es bastante sencillo para un cliente en apuros crear deudas inexistentes o inflar las existentes. Se dan también casos en que previo acuerdo entre librador y librado se giran cantidades a plazo con compromiso del librador de reponer fondos al vencimiento para que sean atendidos los adeudos. Ya hemos comentado anteriormente las consecuencias de este uso impropio de este instrumento, que hace necesaria una especial vigilancia por parte de las entidades financieras.

- **Póliza de crédito**

En el descuento de certificaciones y contratos con las Administraciones, las entidades financieras exigirán la toma de razón por parte del organismo o administración correspondiente, para asegurarse de que se reconoce el crédito.

- **Anticipos de créditos**

Se trata de una operación por la cual la entidad financiera concede un crédito disponible hasta un límite y que se instrumenta a través de una cuenta, que se denomina cuenta de crédito. Suelen estar contratadas por años, renovables por igual período. Estas operaciones pueden plantear problemas de recuperación en el supuesto de que la entidad decida no renovar, pues la empresa deberá disponer de la liquidez necesaria para amortizar la totalidad del saldo dispuesto. Cuando no es posible la recuperación del total importe, se puede tener que ir a una reconducción de la deuda mediante dos fórmulas diferentes preferentemente:

- — **La prestamización de la póliza**: convertir el saldo deudor en un préstamo amortizable mensualmente entre 18 meses y tres años, para facilitar su amorti-

235

zación paulatina sin comprometer la continuidad de la empresa. Será aconsejable esta fórmula sobre todo en el caso de tener otros riesgos con el cliente (por ejemplo, préstamos a largo plazo o *leasing* en vigor).

— **Convertir saldo deudor en póliza de crédito**: convertir el saldo deudor en una póliza de crédito de límite variable, por ejemplo, mediante bajas trimestrales. Si en un solo período anual, el esfuerzo no se considera asumible por la empresa, se podrían suceder dos períodos anuales de bajas de límite hasta la amortización completa de la póliza.

Cuando una póliza de crédito no ha mostrado la suficiente rotación del saldo (es decir, que apenas se han canalizado operaciones por la póliza) y ha presentado además sobregiros, es decir, disposiciones por encima del límite establecido, con frecuencia, aconsejará a la entidad financiera a que baje el límite o a proponer la cancelación.

La utilización natural de una póliza de crédito es cíclica, teniendo momentos de gran disposición y otros en los que apenas estará dispuesta. Si la disposición es constante durante todo el período de vigencia, la empresa la estará utilizando más como un préstamo de tesorería que como un crédito, y será aconsejable la total amortización o si no es posible la reconducción en las formas descritas anteriormente.

- *Factoring* y *confirming*

Se trata de una misma operación de riesgo, pero comercializada de diferentes formas.

De hecho, el *confirming* figura en CIRBE como *factoring*. El *factoring* propiamente dicho es el que se realiza sin recurso, es decir, comprando los créditos y asegurando al cedente del impago. En caso contrario se considera descuento comercial, que puede hacerse descontando facturas, pero con vía de regreso al descontante que será el principal garante de la operación.

— *Confirming*: en el caso del *confirming*, se abre una línea de riesgo al cliente por *factoring* hasta un límite, que se irá consumiendo a medida que los proveedores soliciten los anticipos de las facturas confirmadas.

En el *confirming*, la entidad financiera evaluará la solvencia de la empresa pagadora y además puede ligar esa operación con una póliza de crédito que le permita afrontar los pagos en momentos de menor liquidez. No necesita evaluar la solvencia de los proveedores que anticipen las facturas, ya que adquieren los créditos sin recurso y el único garante del pago será el pagador.

— *Factoring*: en el *factoring*, es la empresa que factura la que toma la iniciativa de cederla a una entidad financiera para que compre el crédito sin recurso y anticipe los fondos.

En el *factoring* sin recurso ocurre exactamente igual, el análisis de solvencia se deberá hacer sobre la empresa pagadora con los medios que la entidad financiera tenga a su alcance, y no realizará esta operación en caso de que no se trate de una compañía de reconocida solvencia en el mercado. Si no es una compañía de esas características la entidad financiera puede anticipar la factura, pero como un descuento comercial convencional, con recurso.

4. Descuento comercial

4.1. Introducción

Esta movilización de los créditos permite al cliente la obtención de su importe, lo que mejora su liquidez, a cambio de un coste financiero. El descuento comercial bancario es el que realizan las entidades de crédito, bancos y cajas, a sus clientes sobre los efectos de comercio en poder de estos últimos para resarcirse del importe de sus ventas de bienes, suministros o servicios antes del vencimiento, con el objetivo fundamental de obtener liquidez mediante esta movilización de los créditos. También, a criterio de la entidad, puede descontarse cualquier crédito que tenga el cedente, aunque no esté documentado. El descuento comercial bancario puede ser:

- **Descuento simple o circunstancial**

  Se negocia el descuento de un efecto o una remesa de efectos sin que se presuponga el descuento de otros futuros, esto es, se practica el descuento de forma individual o aislada.

- **Línea de descuento**

  Aquella operación de descuento continua y repetitiva al amparo de una clasificación de riesgo comercial previamente estudiada por la entidad descontante sujeta a un límite (volumen máximo de efectos pendientes de vencer en cada fecha sobre los que el banco mantiene el compromiso de descontar) y unas condiciones para su renovación periódica (porcentaje de impagados, clases de papel, compensaciones, saldos de cobertura, etc.). Generalmente la entidad descontante se reserva el derecho de rechazar determinados efectos o suspender el descuento en un determinado momento, temporal o definitivamente.

El descuento es un contrato por el cual la entidad bancaria (descontante) anticipa al cliente (cedente) el importe de un crédito aún no vencido que Este tiene frente a un tercero, deduciendo un interés que se corresponde con el tiempo que media entre el momento del anticipo y el vencimiento del crédito.

El descuento comercial es una forma de anticipo de ventas de gran importancia para la financiación de los negocios.

Una empresa de suministros vende unos productos a un cliente por importe de 4.000 euros. El pago se ha pactado a 60 días y el cliente entrega un pagaré que vence a los 60 días del suministro, pero la empresa precisa no esperar los 60 días a que se realice el cobro, porque necesita liquidez para a su vez cumplir con sus obligaciones de pago.

Se dirige a una entidad financiera y descuenta el pagaré. Los intereses, comisiones y gastos, suponen un coste de 100 euros, por lo que la entidad financiera abonará 3.900 euros al cliente descontante, cobrando al vencimiento del deudor los 4.000 euros del pagaré.

El Banco de España considera crédito comercial el descuento, por las entidades de crédito, mediante libramiento o endoso a su nombre, de efectos comerciales, letras, pagarés u otros efectos aptos para la función de giro, creados para movilizar el precio de las operaciones de compraventa de bienes o prestación de servicios, y también los anticipos sobre efectos comerciales, certificaciones y otra clase de efectos. La misma consideración le otorga al descuento de créditos indocumentados.

Se utiliza para financiar el circulante de las empresas, aunque actualmente existe la tendencia a financiar el circulante mediante medios menos onerosos, como los créditos en cuenta corriente, por ejemplo, y además las entidades financieras ofrecen otra serie de servicios, como puede ser el *confirming*, que hacen innecesaria la utilización del descuento por el titular de los crédito, pues le es ofrecido el anticipo al comunicarle por una entidad bancaria intermediaria que los derechos de cobro de una determinada factura se los puede ceder de forma irrevocable si ejecuta el anticipo que en ese momento se le ofrece.

.../...

.../...

Para que una entidad conceda una línea de descuento comercial debe estudiar la solvencia del cedente, garante del buen fin de las operaciones y que deberá soportar los impagados en vía de regreso en caso de producirse.

Como descuento comercial figuran todas las operaciones en las cuales la entidad financiera concede un anticipo de un crédito, ya sea documentado o no, y conserva el recurso contra el cedente. Las operaciones en las que se produce un anticipo, pero el crédito es cedido en firme o sin recurso a la entidad financiera constituyen operaciones de *factoring*, y así son clasificadas por el Banco de España a todos los efectos.

4.2. Coste financiero del descuento comercial

En el descuento se producen intereses por el tiempo que media entre la fecha en que se abona al cedente el efecto o crédito hasta el vencimiento y una comisión que engloba la remuneración del servicio de gestión de cobro y en parte un coste financiero adicional al interés, que no depende del tiempo sino de otros aspectos, como la domiciliación o no domiciliación del efecto y de si están o no aceptados, por lo que esta comisión debe compensar ciertos riesgos que se valoran por las circunstancias indicadas. El descuento comercial puede realizarse de dos modos diferentes:

Descuento comercial	
Comercial ordinario	Descuento a *forfait* o a tanto alzado

— **Comercial ordinario**. Es el descuento comercial normal, es decir, el que se realiza aplicando un tipo de interés por el tiempo que falta hasta el vencimiento de una deuda sobre el nominal de esta. Se calcula el interés de una única vez por toda la duración del plazo y su descuento por anticipado en el momento del abono del importe ya descontado.

— **Descuento a forfait o a tanto alzado**. Cuando el cálculo del descuento se determina mediante un porcentaje sobre el nominal, procedimiento que puede convenirse cuando el papel reúne condiciones de similitud de vencimiento y domiciliación. En definitiva, toda la remuneración por el descuento se engloba en un solo concepto, estipulado en un porcentaje sobre el nominal, que equivale al interés si se ha fijado considerando el vencimiento de los efectos, más las comisiones de descuento, y en cuya determinación suele tomarse en consideración las características del papel y de la relación de negocio bancario con el cedente, o bien en un tanto alzado sobre el total nominal.

En el descuento de papel comercial, el **coste efectivo de la operación** se cumplimentará, por cada factura liquidada, como sigue:

— Solo se integrará en el coste el importe de las comisiones que, por cada efecto, exceda de los mínimos tarifados por cada entidad. Esta circunstancia debe quedar expresamente señalada en la liquidación.

— Los efectos a menos de 15 días no se entenderán descontados a estos fines, considerándose todos sus costes como inherentes al servicio de cobranza.

— Serán liquidados separadamente.

Las entidades de crédito deberán incluir en sus liquidaciones de descuentos comerciales los siguientes datos:

— **Intereses**

  • Nominal.

  • Vencimiento.

  • Días de descuento.

  • Tipo de descuento contractual aplicado.

  • Tipo de interés (anual) equivalente.

  • Importe de los intereses que resultan.

  • Impuestos liquidados, en su caso, con expresión del tipo y base de cálculo.

— **Comisiones y gastos suplidos**

  • Los aplicados según las tarifas publicadas por cada entidad, especificando concepto, magnitud base, tipo e importe en cada caso.

4.3. Liquidación del descuento comercial

En estas liquidaciones se deberán indicar la fecha desde la que se calculan intereses, en caso de previo abono del nominal del efecto. Las liquidaciones se podrán practicar por facturas que comprendan efectos descontados en una misma fecha. En caso de que se calculen distintos tipos de interés a los efectos de una misma factura, se separarán los números e intereses correspondientes a un mismo tipo.

Fórmula de cálculo del **descuento comercial**:

$$D = \frac{N \cdot t \cdot i}{B}$$

Donde: D son los intereses del descuento; N es el nominal del efecto; t es el tiempo en días que media entre el día de descuento y el vencimiento; i es el tipo de interés anual en tanto por uno; B es la base de cálculo, que en el descuento comercial es 360.

Una banco anticipa un pagaré de 1.000 euros por 90 días a un tipo de interés del 10 por 100 anual, calculando los intereses del siguiente modo:

D = (1.000 90 0,1) / 360 = 25 euros.

El efectivo (E), será, por tanto:

E=N-D

Siguiendo el ejemplo anterior, el efectivo, es decir, el nominal del pagaré menos el interés calculado será:

E = 1.000 – 25 = 975 euros.

Podemos llamar líquido (L) a aquella cantidad que se abona tras liquidar las comisiones y otros gastos, como el correo:

L=E-(C+c+I)

Donde: C son las comisiones bancarias; c es el correo correspondiente e I son los timbres o Impuesto de Actos Jurídicos Documentados en el supuesto de que los efectos estén sujetos a él y se haya pagado a metálico por la entidad descontante.

Para calcular el líquido a abonar al cliente descontante, según el ejemplo que venimos realizando, bajo el supuesto de que la entidad perciba una comisión del 2 por 1.000 del nominal, con un mínimo de 1 euro, y el efecto esté exento de timbres por tratarse de un pagaré no a la orden, y soportando unos gastos de correo de 30 céntimos, se procederá como sigue:

L = 975 – (2 + 0,30) = 972,70 euros.

.../...

.../...

Luego la cantidad líquida que la entidad financiera abonará a su cliente será de 972,70 euros. Nótese que no se aplica el mínimo de comisión, pues el cálculo de esta resulta de mayor cuantía.

Para calcular el coste efectivo del descuento (TAE) podemos emplear la siguiente fórmula:

$$TAE = [(\frac{N}{E-C+MC})^{t} \;]^{\frac{365}{}} -1 \cdot 100$$

Donde MC será el mínimo tarifado por el efecto. Se ha utilizado 365 pues los intereses se han devengado por los días naturales transcurridos.

Siguiente el mismo ejemplo, vamos a calcular la TAE del descuento:

TAE = [(1.000 / (975 − 2 + 1) ^ (365/90)) - 1] 100 = 11,28%

4.4   Descuento de letras

La Ley 19/1986, de 16 de julio, Cambiaria y del Cheque, mejoró en su momento notablemente la regulación de la letra de cambio y del pagaré y otorgó cobertura legal a prácticas bancarias que facilitan las operaciones sobre los efectos de comercio, entre ellas su descuento.

La letra de cambio es un instrumento en desuso.

4.5.   Descuento de pagarés normalizados con funciones de giro

Los **pagarés** son títulos de crédito que contienen la promesa pura y simple de pagar una cantidad determinada en euros o moneda extranjera convertible admitida a cotización oficial a vencimiento expreso, a una persona o a su orden. La regulación de este título de crédito se encuentra en los arts. 94 a 97 de la Ley Cambiaria y del Cheque, si bien en el artículo 96 se detallan todas las normas de la letra de cambio que son aplicables al pagaré.

Existen dos normalizaciones de pagaré: el pagaré de empresa y el pagaré de cuenta corriente.

Las dos normalizaciones están vigentes, siendo similar el primero al formato de una letra de cambio y el según a un cheque.

Ambos tipos de pagarés son exactamente iguales en cuanto a su funcionamiento a efectos legales y se mantienen ambas normalizaciones, si bien es cierto que el pagaré de cuenta corriente es el que más circula, pues su formato es mucho más cómodo para las empresas e incluso para la gestión bancaria.

El descuento de pagarés es una operación muy similar al descuento de letras de cambio, pues ya hemos dicho que ambos títulos son muy similares. Lo dicho anteriormente cuando nos hemos referido a letras de cambio es válido para el pagaré.

4.6. Remesas de descuento o anticipo de créditos comunicados en fichero

Se trata del descuento de adeudos por domiciliaciones. Estos adeudos representan un crédito que tiene el cedente del adeudo contra el pagador o deudor del mismo y que la entidad financiera anticipa sobre la base de la mera declaración del acreedor.

El anticipo de créditos se realizaba utilizando el desaparecido cuaderno 58. Esta norma desapareció el 1 de enero del 2016, siendo sustituida por la remesa SEPA versión básica o B2B.

Los créditos no estarán documentados y no son cedidos bajo ninguna fórmula a la entidad financiera, de tal suerte que la empresa descontante de los mismos se hace cargo del buen fin de los cobros por entero, y si resultan impagados tendrá que aceptar los cargos que por ese concepto le realizará la entidad financiera, como en el resto de las operaciones de descuento comercial. El anticipo de adeudos es, pues, una forma específica de ejecutar el descuento comercial cuando se carece de efectos físicos (letras, pagarés, etc.) aceptados por el deudor o cuando se considera poco conveniente y costosa su puesta en circulación.

Una empresa de suministros establece un contrato con otra por el que le vende periódicamente consumibles informáticos, que se facturarán con pago a los 60 días del suministro. Ambas empresas acuerdan que la fórmula más cómoda para el cobro será enviar un adeudo domiciliado el día de vencimiento, para lo cual la empresa compradora le firmará una orden de domiciliación (documento que expresa la voluntad del deudor de usar el adeudo en una determinada cuenta como instrumento de pago para sus relaciones comerciales).

Como la empresa vendedora precisa liquidez y dispone de una línea de crédito de cuaderno 58, en lugar de esperarse a que venza cada adeudo los anticipará por los días que median entre el siguiente en que se produjo el suministro y los 60 días de vencimiento. La empresa vendedora consigue un efecto similar en su liquidez al cobro al contado, aunque evidentemente abonará por ello unos intereses y comisiones a la entidad financiera.

4.7. Remesas de efectos en fichero y a través de la banca electrónica

Las remesas de efectos para su descuento, incluso para efectuar la gestión de cobro, pueden presentarse a la entidad financiera en fichero, independientemente de que se disponga o no de efectos físicos. Normalmente esta operación de transmisión de ficheros a la entidad financiera se efectuará a través de los servicios de banca electrónica que tenga establecidos la entidad.

En caso de **operaciones documentadas**, se podrá generar un cuaderno SEPA 19, que define la información y ficheros que es preciso proporcionar a la entidad financiera para que esta pueda descontar o anticipar los efectos. Adicionalmente a la remisión del fichero, la empresa cliente deberá entregar los efectos físicos a la entidad financiera.

A partir del 1/2/2016, según lo regulado en la Zona Única de Pagos en euros (SEPA), se anularon los anteriores cuadernos 58 y 32 y fueron sustituidos por:

- Cuaderno 19. Adeudo Directo SEPA - esquema básico.

- Cuaderno 19. Adeudo Directo SEPA - esquema empresarial (B2B).

La **remisión de ficheros** es práctica habitual en la relación de las entidades financieras con sus clientes y supone una reducción de costes que puede trasladarse a la empresa cliente mediante la imputación de menores comisiones.

4.8. Actuación de la entidad de crédito descontante en caso de impago del librado

El descuento constituye a la entidad financiera en tenedora de los efectos descontados y por consiguiente está obligada a actuar con la diligencia debida, tanto en la gestión de cobro, como evitando que el efecto se perjudique (quede anulada su fuerza ejecutiva por incumplimiento de los plazos legales para su protesto en caso de que haya sido endosado previamente al cobro), realizando en su caso el protesto o la declaración equivalente.

El supuesto normal es cuando la entidad presenta al cobro el efecto vencido y el librado pague. Este podrá exigir al pagar, que la letra y otros efectos asimilados por extensión, le sea entregada con el recibí del portador, salvo que este sea una entidad de crédito, en cuyo caso le podrá entregar en lugar de la letra u efecto original, un documento acreditativo del pago en el que identifique suficientemente el giro. Este documento, según se indica en el artículo 45 de la Ley Cambiaria, tendrá pleno poder liberatorio para el librado. En el momento que la entidad de crédito ha cobrado el efecto se produce una liberación del riesgo que mantiene con el cedente (por regla general a los 5 días del vencimiento de los efectos).

Los problemas surgen ante el **impago de los efectos o créditos por el librado o pagador**.

La entidad bancaria descontó amparada en la cláusula salvo buen fin o pro solvendo, esto es, anticipa los fondos siempre y cuando cobre el efecto, de tal modo que ante el impago del librado la entidad descontante devuelve el efecto al cedente, exigiéndole el reembolso del importe anticipado junto a los gastos de devolución, que generalmente se instrumenta mediante un adeudo en la cuenta siempre que tenga saldo suficiente para ello, si bien la entidad puede ejercer las acciones que proceda, como convenga a sus intereses, contra las otras firmas que aparezcan en el efecto en su caso, supuesto por otra parte bastante infrecuente.

Por otra parte, debe tenerse presente que los efectos impagados, cuando estuviesen aceptados y protestados o con declaración equivalente, pueden ser anotados en el Registro de Aceptaciones Impagadas (RAI), con las consiguientes consecuencias en relación a la calidad del riesgo del cedente. Al RAI se incorporan los datos de los impagos, exclusivamente de personas jurídicas, de cuantía igual o superior a 300 euros, que se produzcan en documentos en los que conste la firma del deudor reconociendo la deuda (letras aceptadas, pagarés cambiarios, cheques de cuenta corriente y pagarés de cuenta corriente), que sean de uso en masa en el sistema bancario y que tengan fuerza ejecutiva. Asimismo, recoge los recibos que suplan a las letras de cambio en los que conste la aceptación del deudor con su firma y cumplan los restantes requisitos antes señalados, salvo el de fuerza ejecutiva. La información la aportan bancos, cajas de ahorro, cajas rurales y cooperativas de crédito, y el plazo de permanencia de la información es, actualmente, de sesenta meses, salvo que se abonen los efectos impagados y se dé a conocer a la entidad financiera que tenía que cargarlos en cuenta esta circunstancia.

Cuando se trata de la devolución de adeudos domiciliados impagados, no se produce inscripción en el RAI de las devoluciones, pues no se consideran aceptaciones bancarias. Los adeudos devueltos serán cargados al cliente descontante, junto con los cargos por comisiones de devolución que resulten procedentes según lo negociado con el cliente y la tarifa que le sea aplicable.

4.9. Elementos de coste en las operaciones de descuento comercial

En las operaciones de descuento, resumiendo lo dicho anteriormente, se pueden producir los siguientes costes:

- **Intereses de descuento**.

    Por el tiempo desde el día de descuento hasta el vencimiento. Se pueden fijar diferentes tipos de interés para efectos a diferente plazo, aunque hoy día es frecuente usar tipos forfait que incluyen comisiones y son válidos para todos los plazos incluidos en una determinada clasificación de riesgo.

- **Comisiones**.

    Cuando no se aplica un tipo *forfait*, se suelen aplicar diferentes comisiones para efectos cuya domiciliación sea plena y estén aceptados, que aquellos con una domiciliación incompleta, no domiciliados o no aceptados. Estas comisiones se calculan sobre el nominal del efecto, aplicándose un mínimo de percepción por cada uno. En los tipos forfait es frecuente se indique una percepción mínima por intereses a percibir en el caso en que estos no alcancen determinada cuantía.

- **Timbres**.

    En el supuesto de pago a metálico por la entidad descontante, los timbres figurarán repercutidos en la factura de liquidación de cada remesa. Hay que recordar que los efectos tributan por el Impuesto de Actos Jurídicos Documentados cuando suponen operaciones de giro entre empresas. Las entidades financieras, en el caso de pagarés a la orden o recibos físicos que hacen función de giro, deben cargar el timbre al cliente e ingresarlo en la Comunidad Autónoma correspondiente, ya que se trata de un tributo cedido a estas.

- **Correo**.

    Se liquidarán los gastos de correo en que se incurra por parte de la entidad financiera, siempre y cuando se refieran a comunicaciones realmente enviadas.

- **Gastos de devolución**.

  En el caso de devolución de efectos se suele cobrar una comisión muy elevada, cuyo mínimo tarifado suele ser también muy elevado. Los clientes deben vigilar que la devolución no se deba a un error de las entidades intervinientes, caso en el que, aportando las pruebas documentales adecuadas, que se proporcionarán al librador por el librado (saldo en la cuenta domiciliataria en el día del vencimiento), se solicitará la retrocesión de los cargos por la devolución pues este se ha debido a una mala gestión de la entidad financiera domiciliataria, y no al cedente ni al librado. No obstante, la situación normal es que la devolución se produzca, bien porque el crédito al cobro no desea ser abonado por el pagador por no considerarlo procedente en las operaciones no aceptadas o por no tener fondos en la cuenta el día del vencimiento.

- **Gastos de estudio en las clasificaciones para el descuento de papel**.

  Las aperturas de líneas de descuento suelen llevar aparejados estos gastos que pueden consistir en una cantidad fija o un tanto sobre el límite de riesgo.

4.10. Funcionamiento de una línea de descuento

La mayoría de las operaciones de descuento se realizan mediante la apertura de una línea de descuento, que clasifica al cliente para descontar hasta un determinado límite de riesgo vivo.

El riesgo vivo es la cuantía que está descontada y aún no ha vencido, de tal manera que cuando vence un efecto o crédito se libera riesgo para que el descontante pueda incluir nuevos cobros en el descuento. Cuando se produce un impagado, este será cargado en la cuenta del descontante, y si se puede llevar a la práctica este cargo, el límite de riesgo vivo no se verá afectado.

Una **línea de descuento es un crédito rotativo**, pues a medida que van venciendo los efectos o créditos comerciales y son abonados por sus librados o pagadores, se renueva la posibilidad de descontar nuevos efectos o créditos.

Una de las condiciones que las entidades incluyen cuando se suscriben las pólizas por las que se contrata el descuento comercial con un cliente, es la cancelación de la operación en cualquier momento por parte de la entidad. Es decir, que, si el volumen de devoluciones aumenta mucho o a la entidad financiera por cualquier otro motivo no le interesa seguir descontado efectos o créditos a su cliente, podrá dejar de hacerlo sin tener que alegar o argumentar nada en particular frente a su cliente, aunque las razones más lógicas son:

- El aumento de las devoluciones.

- Envilecimiento del crédito del cliente por atravesar una mala situación financiera.

- Restricción crediticia en el mercado por crisis económica.

- Cambio de política crediticia de la entidad que excluya al cliente entre sus objetivos comerciales, por el sector al que pertenece u otras razones.

Hay que recordar que el garante de la operación de descuento comercial es la empresa descontante y sus avalistas, en su caso, y que para el mantenimiento de la operación en vigor por parte de la entidad financiera es que tengan capacidad para afrontar las eventuales devoluciones que puedan producirse en la línea de descuento.

5. *Factoring*

5.1. Concepto de *factoring*

El *factoring* o anticipo de facturas, habitualmente asegurando el riesgo de cobro por parte de la entidad financiera, es una fórmula de anticipo del cobro de las ventas que pueden emplear los pequeños empresarios y microempresas, pero no es la más común, pues suelen recurrir a una operación más accesible, como es el descuento comercial. En el caso de que tengan algún cliente especial que no les entregue pagarés o efectos y que no les permita girar anticipos domiciliados, el empresario puede optar por plantear un *factoring* a partir de la factura en su poder.

a) El *factoring* sí es muy utilizado en su versión de reverse *factoring* o *confirming*, puesto que en este caso el pequeño empresario recibe un aviso de pago del banco de su cliente y la posibilidad de anticipar los fondos por la entidad financiera. El *factoring* es una alternativa financiera para convertir las facturas en títulos negociables, por medio de la venta de la cartera. Es decir, dejando en manos de terceros la labor de cobrar la cuenta, de tal forma que se recibe efectivo sin tener que esperar al vencimiento de los créditos.

b) Es un convenio de factoraje en el que durante el plazo establecido en el contrato marco se convienen operaciones sucesivas de gestión de cobro de deudas comerciales por parte del factor al cual el acreedor le ha cedido los correspondientes créditos en firme. Las empresas de *factoring* compran las facturas en el momento de su emisión y asumen la gestión de cobro de las mismas y otras funciones administrativas. Este procedimiento permite mejorar la gestión de cobro de facturas a los clientes.

c) El *factoring* se configura como una cesión de créditos. Se trata de una operación en la que el cedente comunica a sus clientes la existencia de un contrato de *factoring* con una entidad de crédito que asume la titularidad de los créditos, la gestión de cobro y, generalmente, el riesgo de insolvencia, notificándoles que los pagos de las facturas se realicen directamente a la empresa de *factoring*. No obstante, en algunos casos excepcionales, la cesión de créditos al factor puede realizarse sin el conocimiento del deudor, que al desconocer la existencia del contrato de *factoring* solo está obligado a realizar el pago a su proveedor, y será este el que realizará todas las gestiones de cobro en nombre y por cuenta de la sociedad de *factoring*.

d) El *factoring* es una herramienta financiera cada vez más usada para proporcionar liquidez a los proveedores de una empresa, librando a esta de los costosos y engorrosos trámites de cobro y permitiéndole obtener mayor flexibilidad en sus créditos. Permite a los proveedores reducir sus días de cobro en cartera, haciendo líquidas sus cuentas por cobrar, proporcionando el servicio de cobro y la eliminación del riesgo crediticio.

- **Entrega de productos y mercancias, y su factura**

a) La empresa de *factoring* (factor)analiza lacartera de clientes del proveedor para determinar el volumen de cesión (tanto del total de la cartera como por cliente) y los porcentajes.

b) Una vez que el proveedor comunica a sus clientes que el pago lo gestionará el factor, el proveedor comunicará al factor las facturas emitidas a cada cliente y las condiciones de pago.

c) El factor, en función de las necesidades del proveedor, o adelantará el cobro o esperará hasta el vencimiento de la factura para realizar el pago.

d) En la fecha de vencimiento de la factura y en función de las condiciones establecidas entre el proveedor y su cliente, el factor cobra al cliente el importe de las facturas emitidas por el proveedor.

5.2. Gestión de cobro de facturas a clientes mediante *factoring*

Como ya hemos dicho, mediante el *factoring* la empresa cede sus créditos comerciales a la sociedad de *factoring* para que esta realice todos o alguno de los siguientes servicios: gestión de cobro, administración de cuentas, cobertura de riesgos y financiación. Hay muchos tipos: general, por cliente, con recurso, sin recurso, por avance, por obra, etc. El *factoring* puede ser con o sin recurso según sea el cliente cedente o la sociedad de *factoring* quienes asuman el riesgo final de impago:

5.2.1. *Factoring* con recurso

En esta modalidad el riesgo es asumido directamente por el cedente, esto es, el riesgo de insolvencia e impago no se transmite a la sociedad de *factoring* pues esta se reserva la vía de regreso contra su cliente en caso de impago. En el *factoring* con recurso la cesión de créditos se supedita al buen fin de la operación, hasta el punto de que en caso de impago si el cedente ya ha recibido los fondos del factor vendrá obligado a restituir a este las cantidades percibidas más los intereses y posibles gastos, si bien la empresa de *factoring* facilitará y realizará las gestiones de cobro frente al deudor.

En las entidades financieras, según normativa del Banco de España, el *factoring* sin recurso tiene tratamiento a nivel de riesgos de descuento comercial, pues se asimila cuando hay anticipo a esta figura, reservándose la denominación *factoring* para la modalidad sin recurso, que vemos a continuación.

5.2.2. *Factoring* sin recurso

En el *factoring* sin recurso el riesgo es asumido por el factor, es decir, la entidad de crédito que adquiere las facturas y créditos comerciales de su cedente asume el riesgo de impago del deudor, liberando al cedente del riesgo de insolvencia. En esta modalidad la entidad de *factoring* está obligada a satisfacer a su cliente cedente el importe de los créditos cedidos con independencia de que el deudor haya o no pagado efectivamente su deuda.

Ambas fórmulas son para las empresas cedentes operaciones de financiación, mediante las cuales convierten en fondos disponibles créditos exigibles a clientes, de modo inmediato o en la forma convenida, tanto si se trata de deudas a la vista, como a uno o más plazos, sin esperar al vencimiento de estos.

Para poder tomar los créditos sin recurso, la empresa de *factoring* deberá realizar una serie de acciones para cubrir razonablemente sus riesgos, así como administrar los créditos cedidos en todas sus facetas. Por tanto, la sociedad de *factoring* analizará la solvencia y liquidez de la clientela de la empresa cedente e investigará a los nuevos deudores. La entidad financiera también realiza funciones de llevanza de la contabilidad de los créditos que administra y mantenimiento de la cuenta de su cliente, realizando todas las actividades de gestión y administración de los créditos y facturas cedidos, así como las labores relativas a la gestión de cobro de los créditos cedidos. Además, la empresa cliente también puede disponer de anticipos sobre los créditos cedidos mediante el descuento de facturas si así se ha pactado en el contrato marco y finalmente, la sociedad de *factoring* abonará al cedente el importe de los créditos cobrados en las condiciones de liquidación definitiva acordada en el contrato.

Una empresa en rápido crecimiento precisa liquidez y desea no incurrir en nuevos costes administrativos, aunque tiene que gestionar el cobro de nuevos clientes, estudiando su riesgo de crédito. Como su producto es líder y opera con buenos márgenes, opta por la externalización de su proceso de cobro, mediante un acuerdo con una entidad financiera para realizar *factoring* sin recurso. Así, somete a la aprobación de la entidad el riesgo con los clientes actuales y se compromete a informar a la entidad financiera de los nuevos clientes, para que ésta estudie si puede concederse riesgo a las mismas.

La entidad financiera se encargará de presentar al cobro las facturas en el plazo de pago que tiene establecida la empresa, que son 60 días, abonando de inmediato a la empresa el líquido de intereses y gastos de las mismas. Las cesiones de los créditos se hacen en firme a la entidad financiera, de tal suerte que ésta correrá con el riesgo de crédito del aplazamiento y absorberá las pérdidas en caso de impago. Mediante esta fórmula, la empresa no tiene que aumentar su personal administrativo dedicado a la gestión de cobros y descansa el estudio de la solvencia de sus clientes en la aceptación o no del *factoring* por parte de la entidad financiera. Si la entidad financiera no acepta la operación sobre un determinado cliente, este deberá prepagar el suministro y no se le concederá el habitual aplazamiento de pago de 60 días.

5.3. Ventajas e inconvenientes de la utilización del *factoring*

5.3.1. Ventajas

a) Ayudan a la selección de la clientela descargando a las empresas de esta labor administrativa, pues son las sociedades de *factoring* las que se encargan del estudio, análisis, selección y evaluación de la solvencia y liquidez de los clientes, con lo que ya no será necesario destinar personal propio para estas funciones ni contratar informes comerciales. No obstante, esto puede significar una restricción a la actividad comercial en determinados casos.

b) Se elimina el riesgo de impago, así como los gastos de recobro, con lo que las empresas pueden limitarse a cumplir sus acuerdos comerciales trasladando el riesgo financiero.

251

c) Posibilita la obtención del cobro al contado y el anticipo de fondos, con lo que mejora la liquidez y flujo de tesorería.

d) Elimina las sobrefinanciaciones que se producen con el descuento comercial, y se puede ir disponiendo de los créditos en función de las necesidades de la empresas.

e) En la modalidad sin recurso, es tratado como un cobro anticipado de los créditos de la empresa, por lo que no consume el crédito bancario de que dispone la empresa.

f) Permite a la finalización del ejercicio cambiar exigible a corto plazo por tesorería, lo que mejora los ratios financieros de la empresa.

5.3.2. Inconvenientes

a) Ayudan a la selección de la clientela descargando a las empresas de esta labor administrativa, pues son las sociedades de *factoring* las que se encargan del estudio, análisis, selección y evaluación de la solvencia y liquidez de los clientes, con lo que ya no será necesario destinar personal propio para estas funciones ni contratar informes comerciales. No obstante, esto puede significar una restricción a la actividad comercial en determinados casos.

b) Se elimina el riesgo de impago, así como los gastos de recobro, con lo que las empresas pueden limitarse a cumplir sus acuerdos comerciales trasladando el riesgo financiero.

c) Posibilita la obtención del cobro al contado y el anticipo de fondos, con lo que mejora la liquidez y flujo de tesorería.

d) Elimina las sobrefinanciaciones que se producen con el descuento comercial, y se puede ir disponiendo de los créditos en función de las necesidades de la empresas.

e) En la modalidad sin recurso, es tratado como un cobro anticipado de los créditos de la empresa, por lo que no consume el crédito bancario de que dispone la empresa.

f) Permite a la finalización del ejercicio cambiar exigible a corto plazo por tesorería, lo que mejora los ratios financieros de la empresa.

Otra desventaja del *factoring* sin recurso es que los créditos comerciales cedidos en firme a la entidad financiera figuran en la Central de Información del Riesgo del Banco de España (CIRBE) como riesgo directo para el cliente-pagador hasta el vencimiento y pago de los créditos, y además es inscrito en este registro sin su consentimiento e incluso sin su conocimiento, salvo que se lo comunique el proveedor-acreedor. La inscripción en CIRBE merma o puede mermar las posibilidades de obtener crédito por parte del cliente-pagador de las facturas, ya que consume su riesgo bancario posible, circunstancia que es conocida por todas las entidades financieras que accederán a este registro cuando se vaya a gestionar o renovar una facilidad crediticia. En algunos casos, puede haber escollos comerciales a utilizar el *factoring* sin recurso con algún cliente que, sabedor de esta circunstancia, no desee ser inscrito en CIRBE pues en ese caso se iría a otro proveedor.

Por último, en el *factoring* sin recurso los contratos suelen incluir una cláusula que se refiere a la disputa comercial como la principal vía por la que la entidad financiera, en caso de impago, puede utilizar la vía de regreso o recurso contra su cliente. La disputa comercial abarca supuestos como que el impago al vencimiento se produzca por defectos en la prestación de los servicios o entregas de bienes objeto de la operación comercial, y si la entidad financiera tiene evidencias de que eso se ha producido, evidencias que le proporcionará el deudor de la factura normalmente, tiene potestad de recuperar los fondos anticipados cargándolos en la cuenta de su empresa cliente. Es uno de los aspectos más vidriosos y poco definidos de los contratos de *factoring*, que obliga a las empresas que utilizan esta fórmula de cobro y financiación a documentar exhaustivamente todas sus operaciones, con conformes del cliente y albaranes perfectamente suscritos por su cliente y a observar en la prestación de sus servicios o entregas de bienes todas las formalidades que acrediten el conforme del cliente con las mismas, más si cabe que en cualquier otra forma de cobro.

5.4. Los costes del *factoring*

Los costes del *factoring* pueden variar en función de los servicios prestados por la empresa de *factoring*, pudiendo referirse solo y exclusivamente a la gestión de los cobros, o además incluir los costes generados por la anticipación de los créditos cedidos.

Si solo son costes de los servicios de gestión de cobro nos encontraremos con que su importe depende de la tarifa del factor y del carácter del contrato, ya sea con o sin recurso; del volumen cedido anualmente; del número de compradores y su distribución geográfica; del plazo medio de cobro, a mayor plazo mayor riesgo y por mayor precio; de la solvencia del sector económico de los clientes, e incluso, depende también del país en el que se produzca la operación.

Pueden existir los siguientes costes:

a) **Comisión por crédito cedido**. Consistente en una porcentaje de la factura correspondiente, impuestos incluidos, distinguiendo operaciones sin recurso, que serán más costosas y con recursos, que son algo más económicas al no haber cesión del crédito.

b) **Intereses si hay anticipo de fondos**. Que serán calculados con los mismos criterios que en el descuento comercial.

c) **Comisión de devolución**. Aplicable sobre el total del crédito cedido y como un porcentaje en caso de que a su vencimiento el cobro sea devuelto por el cliente.

d) **Estudio de la línea**. En algunos casos, la entidad de *factoring* puede cargar gastos por el estudio de la operación, incluso si no se llegara a autorizar por la entidad financiera.

5.5. *Forfaiting* y *factoring* de exportación

Se denomina *forfaiting* a la compra en firme por parte de una entidad financiera de efectos comerciales sobre extranjero (letras de cambio y pagarés) para el cobro anticipado de exportaciones.

Se trata de una compra sin recurso, en la cual la entidad financiera asume el riesgo de impago en caso de producirse éste al cobro de los efectos.

Puede utilizarse por cualquier tipo de empresas que realicen comercio exterior, incluyendo a los autónomos, microempresas y pequeños negocios.

En el *forfaiting* el descuento consistirá o bien en una cantidad a tanto alzado del importe del efecto o en unos intereses y comisiones, similar al *factoring* y el descuento comercial en cuanto a su cálculo.

El *factoring* de exportación es cuando un cliente cede en firme a la entidad financiera toda o una parte de su facturación de exportación, que anticipará y gestionará el cobro, cubriendo el riesgo de impago como en cualquier otra operación de *factoring* sin recurso.

6. *Reverse factoring*, pago confirmado o *confirming*

6.1. Partes intervinientes

En primer lugar, y antes de entrar en su análisis, debe anticiparse que esta operación se conoce bajo distintas denominaciones entre las distintas entidades comercializadoras: pagos confirmados, confirmación de pagos, certificación de pagos, pago a proveedores, programa flexible de pagos, etc., pero la denominación más corrientemente conocida es la de *confirming*, aunque internacionalmente se denomina reverse *factoring* o *factoring* inverso, ya que en el fondo es una fórmula de comercializar el *factoring* y un servicio de pagos simultáneamente.

Se trata pues, de la confirmación de un pago de manera que el acreedor es informado de la cuantía de la deuda, el concepto o factura por el que se le paga y el vencimiento que corresponde. Se trata también de un servicio administrativo - financiero de intermediación que presta una sociedad especializada en este tipo de operaciones a una empresa para gestionar los pagos del conjunto de sus proveedores.

En general, las entidades que realizan esta operativa son las filiales de *factoring* de las entidades financieras. Las empresas suelen recibir propuestas de *confirming* de sus clientes, de tal suerte que podrán acceder al anticipo de los fondos si desean que sea ofrecido por el banco del cliente.

Rara vez usarán ellas el *confirming* para pagar a sus proveedores, puesto que las entidades exigen unos mínimos volúmenes de negocio para poner en marcha esta operación, condición que no suelen cumplir los pequeños negocios, razón por la que las entidades financieras no suelen ofrecer este producto a este tipo de empresas.

A continuación, vemos las partes que intervienen en la operación.

6.1.1. Empresa cliente

Es la empresa que decide encomendar la gestión de sus pagos a proveedores a un banco o establecimiento financiero de crédito especializado (entidad de *factoring*), al cual entrega una relación de facturas que han sido conformadas para su pago, renunciando desde ese momento a paralizar u obstaculizar el pago, salvo circunstancias excepcionales previstas en el contrato, de las facturas validadas que pueden pasar a ser propiedad de la entidad financiera si se produce el *factoring* por parte del acreedor.

6.1.2. Factor

Es la entidad que intermedia en los pagos a proveedores (habitualmente como venimos diciendo una entidad de *factoring*), y que una vez recibida la conformidad de la empresa cliente se pone en contacto con los proveedores para comunicarles que el pago se efectuará a través de dicha entidad de financiación al vencimiento, otorgando igualmente la posibilidad de descontar las facturas soportando unos costes determinados.

En España, las entidades que pueden realizar estas operaciones son los bancos, las cajas de ahorro, las cooperativas de crédito y los establecimientos financieros de crédito.

En la práctica, son muchas las entidades de crédito que practican la banca empresarial y que canalizan estas operaciones hacia sociedades especializadas en este tipo de operaciones, es decir, que tienen constituidos establecimientos financieros de crédito en los que de modo exclusivo o con otras operaciones específicas realizan operaciones de *factoring* y de pagos a proveedores, pues los procesos y gestión de riesgos son prácticamente los mismos en ambas, pudiendo afirmarse que el pago confirmado es una operación espejo del *factoring*, de ahí su denominación como reverse *factoring* o *factoring* inverso.

6.1.3. Proveedores

Son los acreedores de la empresa cliente que reciben de la entidad financiera intermediaria la comunicación para poder cobrar sus facturas, ya sea al vencimiento del crédito o, en su caso, acogiéndose a las facilidades de financiación que la misma entidad les otorga mediante el anticipo de las facturas, es decir, realizando el *factoring* sin recurso de las mismas.

Es una operación en la que, al igual que en el *factoring*, interviene un factor que actúa en nombre y mandato de una persona (deudor, a diferencia del *factoring* en el que actúa por cuenta del acreedor), comunicando al acreedor que ha recibido un mandato del primero para abonarle a su vencimiento unos créditos actuando como gestor del pago, y ofreciéndole la posibilidad de anticiparle los fondos mediante la compra en firme del crédito.

El *confirming* o reverse *factoring* es una operación muy importante en la actualidad y muchas empresas medianas y grandes optan por esta forma de pago.

6.2. Relación entre la entidad financiera y la empresa cliente

Mediante la operación del pago confirmado la entidad financiera asume la gestión de los pagos a los proveedores de su cliente de los que haya recibido la correspondiente orden de conformidad. El sistema de confirmación de pagos a proveedores suele formalizarse en un **contrato marco entre la empresa cliente y la entidad financiera** en virtud del cual esta se obliga a realizar y gestionar todos los pagos de las facturas emitidas por los proveedores previa confirmación de su pago por la empresa cliente, y será la entidad de financiación la que realice las demás gestiones de pago a partir de ese momento.

Es usual establecer la obligación de que la empresa que ha solicitado los servicios de esta gestión centralizada de pagos a proveedores comunique a estos la implantación del nuevo sistema de cobros. A partir de ese momento empieza efectivamente el proceso y será la empresa cliente quien, de acuerdo con las condiciones acordadas, haga llegar a la entidad de financiación los listados de las remesas de facturas confirmadas para su pago.

Estas comunicaciones se realizan a través de los medios electrónicos que la entidad financiera pone a disposición de su cliente, bien a través de la banca electrónica o bien mediante la remisión de ficheros específicos a ese propósito. En cualquier caso, habrá de constar el nombre del beneficiario (proveedor), su domicilio, NIF, la identificación de las facturas, su importe y la fecha de pago. En el contrato marco debe figurar la forma en que la empresa cliente ha de abonar a la entidad financiera las facturas encomendadas para su gestión de pago.

El adeudo al cliente de las facturas pagadas se establece por alguna o algunas de las siguientes fórmulas:

- **Confirmación de pagos simple**. La empresa cliente reintegra el importe de sus facturas a la entidad financiera en la fecha de su vencimiento o en otros casos en una fecha que se establece en función del vencimiento medio ponderado de la remesa de facturas conformadas. En términos de fecha valor, la empresa pagadora cliente de la entidad financiera no obtiene financiación por esta operativa.

- **Confirmación de pagos con financiación**. La empresa cliente reintegra el importe de sus facturas en una fecha posterior a la del vencimiento medio, lo que representa un alargamiento en el plazo de pago de su exigible de proveedores, pero como deuda financiera. Con este retraso en el adeudo de las facturas la empresa cliente obtiene una financiación de su entidad financiera. Por ejemplo, si el vencimiento de las facturas está establecido en 60 días, la entidad financiera las pagará a los proveedores en ese plazo (o si hay anticipo al proveedor cuando se produzca este), pero al cliente pagador le podría dar otros 60 días para efectuarle los cargos, con lo que el plazo real de pago para el cliente pagador pasa a ser de 120 días, soportando solo intereses por los últimos 60.

- **Confirmación de pagos con inversión**. El reintegro de las facturas a la entidad financiera se efectúa en fecha anterior al vencimiento medio de la remesa. Mediante esta anticipación de los pagos la empresa cliente puede colocar sus excedentes de liquidez, a la vez que obtiene un descuento financiero de la entidad, medida que puede ser utilizada en el momento más conveniente y por el tiempo que resulte más apropiado. Las condiciones de financiación o de inversión serán negociadas entre la empresa cliente y la entidad financiera, aunque suelen coincidir con las usuales en el mercado para la colocación de fondos a corto plazo.

En las condiciones acordadas, puede incluirse la participación de la empresa cliente en los beneficios financieros que obtenga la entidad financiera si se producen anticipos, de tal suerte que si, por ejemplo, el interés del anticipo es de un 4%, la entidad financiera derive de ese interés cobrado un 1% a la empresa cliente como remuneración especial. Sin embargo, hay clientes que prefieren que a sus proveedores se les apliquen las mejores condiciones financieras del mercado en caso de anticipo, por lo que renunciarán a percibir ningún margen y preferirán que ese ahorro sea trasladado al proveedor aplicándole en caso de anticipo un mejor tipo de interés.

 Una empresa debe aumentar su plazo de pago a proveedores, pero no puede exceder los términos de la Ley de Lucha contra la Morosidad, que le obliga a pagar en 60 días sus facturas. Su situación financiera y las inversiones en su propio negocio aconsejan financiarse en otros 60 días adicionales de proveedores, pero ni éstos ni la legislación lo permiten. Para llevar sus pagos a 120 días decide contratar un servicio de *confirming* con financiación, de tal suerte que mantenga el cobro en 60 días a sus clientes, pero la entidad financiera le conceda otros 60 días hasta que se produzcan los cargos de las mismas en su cuenta. Por otra parte, la entidad financiera le cederá un 1% del interés que cobre a los proveedores que soliciten anticipo de fondos, con lo que reducirá los costes financieros imputables a la financiación de 60 días que obtiene de la entidad financiera. Con esta operación, la empresa sigue pagando en 60 días a sus proveedores, aunque gracias a la financiación que obtiene su salida de caja se produce a los 120 días.

6.3. Utilidad del pago confirmado para la empresa cliente

Con este sistema de confirmación de pagos la empresa cliente, es decir, la empresa pagadora, obtiene las siguientes ventajas:

— Simplificación de la gestión de pagos externalizando determinados trabajos administrativos que anteriormente realizaba su departamento de pagos; elaboración de órdenes bancarias de pago; confección, firma y envío de cheques a proveedores; curso de transferencias; control de letras, recibos, documentos, etc. Todo ello supone una descarga de trabajo administrativo rutinario y un ahorro de costes. El proceso de pago se limita a generar un fichero de facturas validadas y conformes para su pago que se transmite a la entidad financiera.

— La iniciativa del pago corresponde a la empresa cliente que elige la modalidad de pago que mejor se adapte a sus necesidades. Es la empresa la que dirige sus pagos al validar las facturas y los proveedores deben esperar a recibir la conformidad bancaria.

— Evita los trabajos de conciliación de cuentas, pues al agruparse las órdenes de pago confirmadas en remesas, el banco repercute a la empresa cliente tantos cobros como remesas le hayan sido enviadas.

— Simplificación de la contabilización de los pagos a proveedores, que se efectuará al vencimiento, independientemente de cuándo éstos cobraron realmente.

— Mayor control de las relaciones con los proveedores, pues la entidad financiera facilita información sobre las transacciones: fecha en que se efectuaron los pagos, número de pagos, importe medio por factura, anticipos solicitados, etc. Esto incluso mejorará las condiciones impuestas por los proveedores al poderse negociar mayores aplazamientos de pago (siempre bajo las disposiciones que establece la Ley de Lucha contra la Morosidad), rebajas en los precios, etc.

— Posibilita la obtención de financiación, lo que repercute favorablemente en la gestión de tesorería de la empresa. La entidad financiera puede conceder anticipos a los proveedores, pero repercute el pago de las facturas a la empresa cliente con posterioridad.

— Facilita la colocación de excedentes de tesorería de la empresa cliente si se anticipa la repercusión del pago de sus facturas y se recompran los créditos ya adquiridos por la entidad financiera.

6.4. Relación entre la entidad financiera y los proveedores

Una vez recibidas las órdenes de pago de la empresa cliente, la entidad financiera envía por correo, fax u otro medio de comunicación acordado a cada uno de los proveedores una notificación de que sus facturas emitidas gozan de conformidad de pago, indicando el número de referencia de cada factura, su importe y vencimiento.

Si el proveedor se acoge a la facilidad crediticia del anticipo de fondos, basta con que remita nuevamente a la entidad financiera el mismo impreso de notificación de facturas conformes, rellenando los datos de la/s factura/s sobre la/s que solicita financiación, señalando la fecha de inicio de la transferencia a su favor y la entidad bancaria donde se domiciliará el pago, que puede ser otra distinta de la entidad confirmadora. Actualmente estas gestiones pueden realizarse a través de banca electrónica, en caso de que el proveedor sea cliente de la entidad financiera que el propone el anticipo.

Generalmente, los pagos de facturas correspondientes a una misma fecha se abonan conjuntamente en un mismo cheque o transferencia. El proveedor puede descontar todas o solo algunas de las facturas validadas, según requieran sus necesidades de tesorería. Aun cuando la remesa de facturas avisadas tenga el mismo vencimiento, el proveedor puede descontarlas paulatinamente.

Las entidades financieras pueden negociar con los proveedores un contrato marco de descuento para que se anticipen automáticamente todas las facturas conformes enviadas, cuando una empresa recibe diferentes propuestas de *confirming* de forma reiterada de uno o más de sus clientes. En ese caso, la entidad financiera abonará los créditos en el momento en que le sean comunicados por los pagadores, con el descuento de intereses que haya negociado con cada uno.

6.5. Utilidad del pago confirmado para los proveedores

La canalización de los pagos a proveedores a través del pago confirmado también reporta ventajas para estos:

a) Simplificación administrativa de los procesos de cobro, al eliminarse tanto la confección y tramitación de los propios documentos de cobro (letras, cheques, pagarés, recibos, etc.), como la documentación relativa a la justificación del pago.

b) Eliminación de los costes del timbrado de los documentos por Actos Jurídicos Documentados, ya que al ser la entidad financiera la que gestiona los pagos no se precisan documentos con función de giro.

c) Ahorro de costes bancarios al eliminarse la gestión de cobro de los efectos, que corre por cuenta de la entidad de financiación.

d) Sistema simple y automático de obtención de financiación, pues basta con remitir debidamente firmada y rellenada la carta de notificación de la confirmación de las facturas para obtener el anticipo.

e) Flexibilidad para la obtención de financiación, puesto que, una vez recibida la comunicación de la entidad financiera indicativa de la conformidad de las facturas, el proveedor puede obtener el anticipo de todas o solo de algunas de tales facturas ya se trate de pagos del mismo o distinto vencimiento, y podrá elegir la domiciliación de esos anticipos en cualquier entidad bancaria, incluso aunque sea otra distinta de la confirmadora.

f) El pago confirmado funciona como un *factoring* sin recurso, esto es, una cesión de crédito en firme, a diferencia del descuento tradicional. La entidad financiera adquiere la titularidad del crédito asumiendo el riesgo de insolvencia, de tal modo que en caso de impago de la empresa cliente el proveedor no verá lesionado su derecho de crédito pues la entidad de *factoring* no podrá ejercitar la vía de regreso contra él.

g) Permite al proveedor una mayor capacidad de endeudamiento pues la financiación vía pago confirmado no consume riesgo bancario, y tampoco se encuentra sometida a límites máximos establecidos como en otras fórmulas.

h) El límite de la financiación viene determinado por la propia facturación. El riesgo bancario, hay que aclarar, se le imputa al pagador, de igual forma que en el *factoring* y la inscripción en CIRBE se produce por ese concepto hasta el plazo de vencimiento y pago de la factura.

i) El proveedor con la certificación de pagos elimina el crédito del balance, lo que mejora sus ratios de solvencia y liquidez. Esto no ocurre en el descuento tradicional donde no se pueden dar de baja los efectos descontados hasta su cobro efectivo.

j) Posibilidad de demorar el cobro de las facturas a fecha posterior al vencimiento percibiendo a cambio de la entidad confirmadora una remuneración en condiciones de mercado, lo que puede resultar útil en determinadas ocasiones a los proveedores para la colocación de sus excedentes de tesorería, o a la inversa, posibilidad de obtener más financiación retrasando el cargo de las facturas, a cambio de un interés.

k) Como aspecto negativo puede señalarse que el proveedor se ve obligado a canalizar sus cobros siempre a través de la entidad confirmadora, que no olvidemos simplemente avisa del pago pero no añade ninguna garantía al mismo, salvo anticipo, lo que puede limitar sus posibilidades de obtener financiación en otras entidades, aunque para empresas solventes el aviso de pago se convierte en un documento descontable a través de sus propias líneas, siempre que no ejerza el anticipo que le ofrecen y domicilie el pago en la entidad que anticipa los fondos.

6.6. Costes del pago confirmado

La remuneración de la entidad encargada de la gestión de pago suele instrumentarse en forma de comisión a percibir de la entidad cliente que puede adoptar dos variantes:

- **Porcentaje sobre el volumen de créditos cedidos**. Comisión única por cada documento de pago emitido por la entidad de *factoring* siguiendo las instrucciones del cliente. A esta comisión ha de sumarse el importe que la empresa cliente ha de reintegrar a la entidad financiera por cada remesa de facturas conformadas y pagadas en su nombre, y, en caso de haber obtenido financiación, el tipo de interés pactado.

Como puede imaginarse, los principales ingresos de la entidad financiera provienen de las empresas proveedoras que anticipan los pagos que pagarán comisiones e intereses similares a los de un descuento comercial.

- **Comisión única por cada documento de pago emitido**. Esta comisión la emite la entidad de *factoring* siguiendo las instrucciones del cliente. A esta comisión ha de sumarse el importe que la empresa cliente ha de reintegrar a la entidad financiera por cada remesa de facturas conformadas y pagadas en su nombre y, en caso de haber obtenido financiación, el tipo de interés pactado.

7. Leasing

7.1. Definición y regulación

El *leasing*, o arrendamiento financiero, se utiliza en España muy frecuentemente por las empresas para financiar la adquisición de todo tipo de maquinaria, vehículos e incluso locales comerciales de uso múltiple, naves industriales y oficinas. Sus ventajas fiscales, que se potencian aún más en caso de pequeñas empresas, le confieren un gran atractivo por los créditos fiscales que la empresa puede conseguir y el diferimiento en el pago de impuestos.

Cualquier profesional o empresario puede acceder a esta fórmula de financiación, que le será interesante si su régimen de tributación le permite gozar de las ventajas fiscales que incorpora.

El *leasing* en nuestro país tiene un tratamiento fiscal especial, como veremos más adelante, y se realiza en la modalidad de *leasing* financiero, ya que lo que se conoce internacionalmente como *leasing* operativo se realiza en España bajo la denominación de *renting*. La ventaja fiscal consiste en que se obtiene un crédito fiscal pues puede amortizarse el bien con mayor celeridad que la que se deriva de las tablas de amortización aplicables.

En las operaciones de *leasing* intervienen, básicamente, los siguientes sujetos:

- **Entidad de *leasing* o arrendador**. Puede ser un banco, caja, cooperativa o entidad de crédito especializada en estas operaciones. Recibe el nombre de arrendador. Generalmente, las entidades bancarias canalizan las operaciones de *leasing* a través de filiales especializadas por temas contables y fiscales, ya que el IVA es un componente muy importante en la adquisición de bienes y, de integrarse en una entidad financiera, se tendría que estructurar mediante la autorización de una actividad diferenciada.

- **Arrendatario**. Es quien suscribe el contrato de *leasing* y disfrutará de la posesión del bien durante la vigencia del contrato, adquiriendo au propiedad cuando se ejercite la opción de compra.

- **Proveedor**. Persona que suministra el bien objeto de arrendamiento financiero. El arrendatario, normalmente, va a seleccionar el bien y el proveedor, aunque quien efectivamente adquiere el bien es el arrendador.

Por consiguiente, la compañía de *leasing* adquiere en propiedad los bienes objeto del contrato y simultáneamente cede su uso al arrendatario durante un tiempo convenido por un precio distribuido en cuotas periódicas.

Al cumplirse el plazo de vigencia establecido, y según la modalidad de *leasing*, se cancelará el arrendamiento, se renovará o el arrendatario ejercerá la opción de compra, que es lo más habitual y la práctica que se sigue en nuestro país, ya que el *leasing* se configura como una operación fundamentalmente financiera, en la que el fin que persigue el arrendador no es recuperar el bien o simplemente alquilarlo, sino financiar su compra, pues la propia normativa obliga en el *leasing* financiero a incluir en el contrato una opción de compra a favor del arrendatario, tal y como se establece en el apartado primero de la disposición adicional tercera de la Ley 10/2014, de 26 de junio, de ordenación, supervisión y solvencia de entidades de crédito, que reproducimos a continuación.

Disposición adicional tercera:

1. Tendrán la consideración de operaciones de arrendamiento financiero aquellos contratos que tengan por objeto exclusivo la cesión del uso de bienes muebles o inmuebles, adquiridos para dicha finalidad según las especificaciones del futuro usuario, a cambio de una contraprestación consistente en el abono periódico de cuotas. Los bienes objeto de cesión habrán de quedar afectados por el usuario únicamente a sus explotaciones agrícolas, pesqueras, industriales, comerciales, artesanales, de servicios o profesionales. El contrato de arrendamiento financiero incluirá necesariamente una opción de compra, a su término, en favor del usuario.

    Cuando por cualquier causa el usuario no llegue a adquirir el bien objeto del contrato, el arrendador podrá cederlo a un nuevo usuario, sin que el principio establecido en el párrafo anterior se considere vulnerado por la circunstancia de no haber sido adquirido el bien de acuerdo con las especificaciones de dicho nuevo usuario.

2. Con carácter complementario, las entidades que realicen operaciones de arrendamiento financiero podrán realizar también las siguientes actividades:

    a) Actividades de mantenimiento y conservación de los bienes cedidos.

    b) Conceder financiación conectada a una operación de arrendamiento financiero, actual o futura.

    c) Intermediar y gestionar operaciones de arrendamiento financiero.

d) Actividades de arrendamiento no financiero, que podrán complementar o no con una opción de compra.

e) Asesorar y elaborar informes comerciales.

Una empresa precisa realizar una inversión en una nueva máquina para mejorar su producción. Opta por financiar la inversión mediante una operación de *leasing* o arrendamiento financiero. Para ello, concierta con el proveedor de la máquina que le realice una factura proforma de la misma, que presentará a la entidad financiera, junto con la solicitud de la operación de *leasing*.

La entidad financiera, una vez aprobada la operación, comprará la máquina al proveedor, y la arrendará con opción de compra a la empresa. Una vez que la empresa haya pagado todas las cuotas, abonando el valor residual u opción de compra, la propiedad de la máquina pasará a la empresa.

7.2. Clases de operaciones de *leasing*

Las operaciones de *leasing* pueden ser muy complejas y diversas y, por supuesto, en la definición legal no están contempladas, pero es que la complejidad contractual, circunstancias y forma en que las partes pueden intervenir en una determinada clase de *leasing* no afecta, en esencia, a la calificación de la operación tal como se define legalmente. Sin embargo, si hay limitaciones en cuanto a la duración de los contratos y otras que afectan a su tratamiento fiscal, razón por la que el común de las operaciones de *leasing* entre residentes españoles se efectúa bajo esas premisas.

Las principales modalidades de *leasing* son:

- *Leasing* mobiliario

  Es el que tiene por objeto el arrendamiento de bienes muebles. A su vez, puede distinguirse el *leasing* de consumo y el *leasing* de producción, sin embargo, en España solo tiene acogida en el marco legal este último, pues según se indica en la Disposición Adicional Tercera de la Ley 10/2014, los bienes objeto de cesión habrán de quedar afectados por el usuario únicamente a sus explotaciones agrícolas, pesqueras, industriales, comerciales, artesanales, de servicios o profesionales. Los contratos de *leasing* mobiliario habrán de tener una duración mínima de dos años, por expresa disposición legal, y suelen tener una duración máxima de 5 años, según del bien de que se trate (por ejemplo, vehículos). El *leasing* de consumo se realiza bajo modalidades no acogidas a ninguna calificación fiscal especial y no reconocidas como tal *leasing* como, por ejemplo, la compraventa de vehículos con financiación y opción de compra, que permiten que adquirente pueda no quedarse con el vehículo una vez cubierto un determinado plazo si no abona la citada opción de compra. En todo caso, estas fórmulas no serían arrendamiento financiero que no puede tener como arrendatario a un particular.

- *Leasing* inmobiliario

    Es el que tiene por objeto el arrendamiento de un bien inmueble que, de igual modo, habrá de estar destinado exclusivamente a actividades empresariales o profesionales productivas.

    La duración mínima del contrato de arrendamiento financiero sobre bienes inmuebles o establecimientos industriales será de diez años. Se incluyen en el concepto de bienes inmuebles los ya construidos, los que están en fase de construcción y los pendientes de construir, quedando excluidos de esta modalidad operativa los inmuebles que vayan a ser destinados a vivienda propia del arrendatario, así como los terrenos y solares que, aunque pueden ser objeto de *leasing*, no gozan de deducción fiscal al no ser amortizables.

Las modalidades utilizadas por las empresas son las siguientes:

- *Leasing* financiero

    El arrendamiento financiero en el que el objetivo final del contrato es ejercer la opción de compra, adquiriendo el arrendatario la propiedad del bien arrendado abonando el valor residual.

- *Leasing* operativo

    Es el arrendamiento de bienes con o sin opción de compra en el que se garantiza por el arrendador el funcionamiento y mantenimiento. Se emplea sobre todo en equipos informáticos, vehículos, etc.

    Actualmente la fórmula más utilizada se denomina *renting*, como más adelante veremos, y queda fuera de la consideración de arrendamiento financiero y de las ventajas fiscales que le son propias.

- *Retroleasing (lease-back)*

    En esta modalidad de *leasing* el propietario de un bien lo vende a una entidad de *leasing* con el compromiso asumido por esta de que, de forma inmediata, se lo arriende mediante un contrato de *leasing* financiero. No es nada frecuente en las empresas, aunque ocasionalmente se podría realizar. Su inconveniente es que es más costoso que una hipoteca desde el punto de vista fiscal en la formalización.

Una empresa precisa adquirir unas oficinas para ejercer su actividad. Concierta con la inmobiliaria que se la vende que le prepare una factura proforma con el precio y le entregue copia de la escritura y nota simple del registro en la que conste la propiedad del inmueble y el resto de los datos registrales.

Con esa documentación, la empresa se dirige a la entidad financiera, que estudiará la operación y, una vez concedida, adquirirá el inmueble en su propio nombre para arrendárselo a la empresa con opción de compra. Esta operación deberá formalizarse en escritura pública. Cuando la empresa abone el valor residual, una vez que haya abonado todas las cuotas, el inmueble pasará a ser de su propiedad, por lo que tendrá que elevarse una nueva escritura pública a su favor y registrar el inmueble consiguientemente.

7.3. Condiciones generales de las operaciones de leasing

En los contratos se estipula que del rendimiento, mantenimiento y productividad de los equipos o bienes cedidos en arrendamiento financiero se responsabiliza el arrendatario. Salvo que se establezca una garantía de funcionamiento, el arrendatario no podrá oponer al arrendador ninguna causa de mal funcionamiento o defecto del equipo para no atender las cuotas de arrendamiento. Esta, precisamente, es una de las características diferenciadoras del *leasing* frente al *renting*, puesto que, en este último, sí se suele garantizar el funcionamiento del equipo y su mantenimiento.

También se incluyen en el contrato cláusulas sobre el seguro de los bienes, del que debe ser beneficiario el arrendador hasta tanto finalice el contrato, pues es el propietario de los bienes objeto del contrato. Tampoco el arrendatario podrá hacer ningún acto de disposición, excepto el uso para el que estén destinados los equipos o bienes, debiendo comunicar y obtener conformidad para el traslado a otro lugar o local del que figurara como destino en el contrato.

- En el supuesto de que se realice por el arrendatario una **operación de hipoteca** mobiliaria, prenda sin desplazamiento, hipoteca inmobiliaria o naval o de establecimiento mercantil, local, inmueble o nave en que se encuentren los equipos, o si ya estuviera formalizada al momento de instalarlos, dicho arrendatario queda obligado a notificar fehacientemente, en el plazo que se marque en el contrato, desde la fecha de instalación, a los acreedores por alguna de las operaciones citadas, la condición de ser los mismos de propiedad de la empresa de *leasing* y no suya, por lo que no pueden quedar afectos a garantía de clase alguna.

También queda obligado a formular las protestas que procedan en términos legales, especificando que los equipos son propiedad de la compañía de *leasing*, cuando se inicien diligencias de cualquier tipo para incluirlos en embargos o en la masa de bienes del arrendatario. Por supuesto, los impuestos y gravámenes que puedan recaer sobre la utilización o permanencia de los equipos en las instalaciones del arrendatario serán de cuenta de este.

- El **importe anual** de la parte de las cuotas de arrendamiento financiero correspondiente a la recuperación del coste del bien deberá ser constante o creciente, lo que ofrece la posibilidad de plantear amortizaciones conjuntas por capital e intereses decrecientes, constantes o crecientes, pero trata de evitar que el capital se amortice de forma decreciente, dando lugar a una amortización más acelerada que la derivada de la duración del contrato.

  Las **cuotas de arrendamiento**, dentro de cada ejercicio pueden distribuirse en la forma que convengan las partes con la correspondiente incidencia en la carga financiera, y así, es posible aminorar o no realizar pagos en algún mes del ejercicio o bien aumentar pagos en determinados meses, como igualmente organizar los pagos por periodos diferentes al mes siempre y cuando lo acuerden las partes y no se dé lugar a cuotas de amortización decrecientes, que están expresamente prohibidas por la legislación fiscal.

- Las **consecuencias del impago**, total o parcial, de uno cualesquiera de los plazos convenidos o la suspensión por el arrendatario de sus actividades faculta a la entidad de *leasing* para exigir, a su libre opción, si se ha especificado en el contrato, el pago inmediato de todos los plazos vencidos y pendientes de vencer, incluso el representativo del valor residual, anticipándose así la exigibilidad de los vencimientos. También puede exigir, en lugar del pago de todos los plazos pendientes, la devolución inmediata del material con el pago de todas las mensualidades vencidas y una indemnización de un porcentaje de las mensualidades pendientes de vencer.

7.4. Cálculo de la amortización del leasing

Las operaciones de *leasing* se calculan, por regla general, mediante cuotas prepagables, es decir pagadas a principio de período, lo que significa que en el momento contractual se realizará el desembolso de la primera cuota, siendo también frecuente que en determinadas operaciones sobre bienes muebles se pida el adelanto de una o dos cuotas, sobre todo en vehículos (porque los vehículos suelen ponerse a nombre del adquirente y no de la entidad financiera, aunque se inscriba la pignoración o garantía del mismo en el registro de bienes muebles).

Aunque lo normal es el cálculo de la cuota prepagable, también puede calcularse postpagable, es decir, con pago de cada plazo al fin del período, como si se tratara de un préstamo normal.

Para **calcular el *leasing*** podemos utilizar la siguiente fórmula, si la cuota se calcula prepagable:

$$c = [(C\text{-}Vr \; \frac{1}{(1+l_k)^t} \;) \frac{l_k}{1-\frac{1}{(1+l_k)^t}}] \; \frac{1}{(1+l_k)}$$

Donde:

c = es la cuota de *leasing*.

C = es el valor del bien a financiar o capital.

Vr = es el valor residual.

t = es el número de cuotas o períodos ordinarios de la operación, excluido el valor residual.

l_k = es el tipo de interés por período en tanto por uno.

En el caso de que la cuota se calculara postpagable, la fórmula a utilizar sería la siguiente, utilizando las mismas variables que hemos descrito anteriormente:

$$c = (C\text{-}Vr \; \frac{1}{(1+l_k)^t} \;) \frac{l_k}{1-\frac{1}{(1+l_k)^t}}$$

 Calculamos la cuota de un *leasing* prepagable cuyo valor a financiar es del 10.000 euros y se amortiza en 24 cuotas con un valor residual de 424,40 euros al 6% anual (l_k = 0,005):

$$c = [(10.000\text{-}424,40 \frac{1}{(1+0,005)^{24}}) \frac{1}{1-\frac{1}{(1+0,005)^{24}}}] \frac{1}{(1+0,005)}$$

En el sistema prepagable la primera cuota ya hemos dicho se pagará en el momento contractual, por lo que a la hora de construir el **cuadro de amortización** debe estar constituida solo por capital, no siendo muy correcto imputar intereses en ella, puesto que no ha pasado el tiempo, que es elemento esencial para su cálculo.

7.5. Tratamiento fiscal de las operaciones de arrendamiento financiero

7.5.1. Cuotas de arrendamiento

Actualmente, el régimen fiscal de los contratos de arrendamiento financiero se encuentra en el artículo 106 de la Ley 27/2014, de 27 de noviembre, del Impuesto sobre Sociedades.

Los contratos de arrendamiento financiero deberán tener una duración mínima de dos años en el caso de bienes muebles y de diez años en el caso de inmuebles, si bien, reglamentariamente, podrán establecerse otros plazos mínimos de duración para evitar prácticas abusivas.

Las cuotas de arrendamiento financiero deberán aparecer expresadas en los respectivos contratos diferenciando claramente sus componentes: la parte correspondiente a la recuperación del coste del bien por la entidad arrendadora (amortización del bien), excluido el valor de la opción de compra.

El importe anual de la cuota correspondiente a la recuperación del coste del bien deberá permanecer igual o tener carácter creciente a lo largo del período contractual.

- La carga financiera exigida por ella (intereses).

- El gravamen indirecto que corresponda, es decir, el Impuesto sobre el Valor Añadido.

7.5.2. Tratamiento fiscal de las cuotas

En cuanto al tratamiento fiscal de las cuotas, la parte correspondiente a la carga financiera tiene la consideración de gasto deducible en el Impuesto sobre Sociedades o en el IRPF, según sea la condición del arrendatario y siempre que los bienes arrendados se encuentren afectos a las actividades empresariales o profesionales.

La **parte de la cuota correspondiente a la recuperación del coste del bien** también se considera gasto de deducible, salvo en el caso de que el arrendamiento tenga por objeto terrenos o solares (*leasing* inmobiliario) u otro tipo de activos no amortizables. Cuando en una misma operación de *leasing* concurran bienes con derecho a deducción y bienes que no la otorgan, el arrendatario solo podrá deducir la proporción que corresponda a los elementos susceptibles de amortización; para ello, la entidad arrendadora facilitará separadamente ambas magnitudes.

7.5.3.   Límite a la deducibilidad fiscal

Legalmente, se establece un **límite a la deducibilidad fiscal** de la parte correspondiente a la recuperación del coste del bien, al establecerse que el importe de la cantidad deducible no podrá ser superior al resultado de aplicar al coste del bien el duplo del coeficiente de amortización lineal según tablas de amortización oficialmente aprobadas que corresponda al citado bien, siendo el exceso deducible en los periodos impositivos sucesivos, respetando los mismos límites.

En el caso de empresas de reducida dimensión (con cifra de negocios inferior a 10 millones de euros) el límite se fija en el doble del coeficiente de amortización lineal según tablas multiplicado por 1,5. En ambos casos, para el cálculo de los citados límites se tendrá en cuenta el momento de la puesta en condiciones de funcionamiento del bien.

La deducción de las cantidades correspondientes a la recuperación del coste del bien no está condicionada a su imputación contable en la cuenta de pérdidas y ganancias.

Cuando se ejercite la opción de compra por el valor residual, podrá efectuarse la amortización sobre el valor residual, pero dado que durante el contrato se ha producido una amortización fiscal acelerada, ya no procederá computar fiscalmente la amortización que contablemente podría practicarse.

En cuanto al resto de los **contratos de cesión de uso de bienes con opción de compra o renovación**, esto es, los contratos que no puedan encuadrarse en el apartado primero de la disposición adicional tercera de la Ley 10/2014, y que se encuentran regulados en el artículo 106 de la Ley del Impuesto sobre Sociedades, no gozarán de trato favorable en relación con el que correspondería por aplicación del régimen normal de amortizaciones.

En estos casos, y cuando no existan dudas razonables de que se ejercitará la opción de compra, la entidad cesionaria deberá amortizar los bienes con igual criterio fiscal y contable, y computará como gasto deducible un importe equivalente a las cuotas de amortización que corresponderían conforme a los criterios de amortización establecidos legalmente. A estos efectos, se presume que no existen dudas razonables de que se ejercitará la opción de compra cuando el importe a pagar por el ejercicio de dicha opción es inferior al precio de adquisición o coste de producción del bien, minorado en la suma de las cuotas de amortización máximas que corresponderían dentro del tiempo de duración de la cesión. Así pues, cuando el precio final de la opción de compra es inferior al valor residual resultante de aplicar las amortizaciones máximas, es decir, si las cuotas periódicas de recuperación del coste del bien son superiores a las cuotas máximas de amortización, solo es deducible la cuota de amortización.

- **Entidad cesionaria**. La entidad cesionaria podrá computar como gasto a distribuir entre los periodos impositivos comprendidos dentro del tiempo de duración de la cesión, la diferencia existente entre las cantidades a pagar a la entidad cedente y el precio de adquisición o coste de producción del bien.

- **Entidad cedente**. La entidad cedente amortizará el precio de adquisición por coste de producción del bien, deducido el valor de la opción en el plazo de vigencia de la operación.

- **Entidad de crédito**. Desde el punto de vista de la entidad de crédito arrendadora, los bienes a arrendar soportarán el IVA al tipo correspondiente. En el caso de *leasing* inmobiliario, si se trata de la primera transmisión, la entidad de *leasing* deberá pagar al vendedor. Si es la segunda o ulterior transmisión en la que el vendedor es empresario o profesional, la operación está exenta de IVA y del Impuesto de Transmisiones Patrimoniales (ITP). Sin embargo, si el vendedor es un particular, la compraventa tributará solo al tipo de ITP correspondiente.

Las cuotas de arrendamiento y el valor residual están sujetos al IVA al tipo impositivo que corresponda al bien de que se trate. Hay que recordar que la Ley del IVA grava los bienes según su naturaleza con tipos diferentes, así hay un tipo general, un tipo reducido y un tipo superreducido.

En cuanto a la repercusión tributaria a efectos del Impuesto sobre Actos Jurídicos Documentados, en aquellas operaciones en que las cuotas de arrendamiento se formalicen en letras de cambio u otros documentos con función de giro tributarán por el IAJD.

Normalmente en las operaciones de *leasing* inmobiliario que se documentan en escritura pública se puede producir el gravamen por Actos Jurídicos Documentados en el concepto de documentos notariales al tipo del 0,50 por 100, o el que fije la Comunidad Autónoma correspondiente en los siguientes supuestos:

- Por la escritura de compraventa, excepto cuando sea aplicable el Impuesto sobre Transmisiones Patrimoniales.

- Por la propia escritura en la que se contenga el contrato de arrendamiento financiero que se inscribe en el Registro de la Propiedad.

7.6. Costes del *leasing*

En las operaciones de *leasing* se pueden producir los siguientes costes:

- **Comisiones de apertura y estudios**: se fija una cuantía en un porcentaje sobre el valor del bien a financiar o en un importe en euros.

- **Carga financiera**: son los intereses que devenga la operación.

- **Seguros**: los bienes objeto del contrato deben ser asegurados a cargo del arrendatario.

- **Impuestos**: las cuotas se incrementarán por el IVA vigente.

- **Valor residual**: aquella cantidad cuyo pago al final del contrato transfiere la propiedad del bien arrendado al arrendatario.

8. *Renting*

8.1. Concepto, regulación y plazos del *renting*

El *renting* es utilizado por las empresas para alquilar maquinaria: máquinas de reprografía, alguna máquina específica y, sobre todo, vehículos, aunque es más utilizado el *leasing* para la adquisición de bienes de equipo, porque permite acceder al final del contrato a la propiedad de los bienes, circunstancia que el *renting* no proporciona. Por ello, suele usarse por empresas de mayor tamaño y, sobre todo, se usa el *renting* de vehículos para flotas de comerciales, visitadores y directivos. El pequeño empresario tiene más conciencia de la propiedad y prefiere, en general, métodos de financiación y disfrute que el den acceso a la misma.

Con la nueva nomenclatura de *renting* se está comercializando en la actualidad lo que anteriormente era conocido como *leasing* operativo.

No se trata esencialmente de una operación financiera, aunque por su alto contenido financiero es ejercida por filiales de entidades financieras, aunque podría ser contratada por cualquier particular o empresa en el ámbito de sus actividades empresariales o profesionales.

El *renting* no tiene una regulación específica en nuestro ordenamiento por lo que, en principio, se estará a los pactos y condiciones generales de los contratos de *renting*, resultando de aplicación supletoriamente los artículos 1.542 a 1.600 del Código Civil relativos al contrato de arrendamiento, así como las disposiciones del Código de Comercio y los usos mercantiles en la materia. En cuanto a los usos, pueden aplicarse por analogía algunos de los relativos al *leasing*, aunque nada tienen que ver esas figuras desde el punto de vista legal, como se ha dicho, dado que el *leasing* tiene una regulación específica de la que el *renting* carece, como se ha dicho.

- La **empresa arrendadora**: pone a disposición del arrendatario un bien de equipo, por este solicitado. Realiza todas las actividades relativas a la gestión y mantenimiento del bien arrendado, incluso asegurando el bien alquilado a todo riesgo o con las condiciones que se pacten.

- La **empresa arrendataria**: alquila el bien, comprometiéndose al pago de una renta fija mensual lo que le otorga el derecho a disfrutar del bien arrendado durante el plazo contractual. Al finalizar el periodo, deberá devolver el bien y habitualmente no adquiere su propiedad mediante una opción de compra.

Los **plazos de los contratos de *renting*** varían según el tipo de bien del que se trate.

- Así, en el caso del *renting* de automoción, suelen establecerse plazos entre tres y cinco años. De este modo, cuando finaliza el contrato el vehículo se encuentra en pleno rendimiento y la empresa de *renting* puede revenderlo sin quebranto económico.

- También se establecen contratos con renovación de los vehículos cada determinado número de kilómetros, vehículos que, una vez utilizados salen al mercado de segunda mano y son sustituidos por otros nuevos. El mercado de *renting* de vehículos es el de mayor importancia económica en España.

- En el caso de *renting* de equipamiento, el plazo máximo suele cifrarse en cinco años, al término del cual, el arrendatario puede optar entre renovar el contrato o sustituir los equipos alquilados por otros nuevos. En general, el *renting* de maquinaria, el plazo de alquiler deberá amortizar el valor del equipo integrante, además de producir un rendimiento para el arrendador, pues el mercado de segunda mano es más estrecho y la indeterminación en cuanto a las posibilidades de recolocación del equipo, una vez concluido el alquiler, son limitadas.

- Generalmente, los plazos establecidos contractualmente deben cumplirse y, excepcionalmente, se admite la cancelación anticipada, especialmente cuando se trate de la sustitución de un equipo por otro nuevo, de mayores dimensiones o de especialización que se adapte mejor a las necesidades del usuario. La cancelación anticipada estará prevista contractualmente para los casos en los que el arrendatario no satisfaga la renta, con las penalizaciones oportunas.

Las empresas, los profesionales e incluso las personas físicas particulares están variando sus hábitos y están migrando hacia esta nueva fórmula en detrimento de otras figuras como la compraventa, el alquiler tradicional o el *leasing*. Las razones principales de este auge son las ventajas que reporta, pues se accede al uso y disfrute del bien sin necesidad de adquirirlo, a la vez que se asegura un servicio de mantenimiento y el aseguramiento del bien arrendado. Las compañías del sector de *renting* aseguran que se está haciendo realidad la famosa frase de Aristóteles: La riqueza está en el uso y no en la propiedad.

Una empresa precisa disponer de una máquina para mejorar su producción, pero por el grado de obsolescencia de los equipos no desea adquirirla en propiedad ni desea computar en su balance más endeudamiento, pues debería recurrir a su financiación. El proveedor de la máquina se dirige a una filial de *renting* de una entidad financiera para presentarle a su cliente y realizar una operación de arrendamiento del equipo durante un plazo preestablecido, que dé como resultado la completa amortización de la máquina en el periodo de arrendamiento.

Así, la filial de *renting* adquiere el equipo, abonándolo al proveedor, y suscribe con él un contrato por el cual éste se compromete a realizar todas las tareas de mantenimiento necesarias durante la vigencia del contrato. El seguro será proporcionado por una empresa recomendada por la filial de *renting* y que, habitualmente, forma parte del mismo grupo financiero.

8.2. Diferencias entre el *renting* y el alquiler tradicional

Como sabemos, uno de los sectores donde mayor importancia está cobrando el *renting* es en el sector de automoción, configurándose el *renting* como un auténtico sistema de gestión de flotas que posibilita un mejor control presupuestario al controlarse de antemano la flota de vehículos para futuros ejercicios. Por ello, en algunos casos se ha comparado el *renting* con el alquiler tradicional de los sistemas rent a car, aunque este último queda relegado para casos de alquiler a muy corto plazo.

Podemos ver qué **diferencias** existen entre el *renting* y el alquiler tradicional:

- El *renting* se caracteriza por tratarse de un alquiler a medio y largo plazo, mientras que otros sistemas tradicionales de alquiler se mueven en el corto plazo.

- El *renting* es un sistema más flexible pues se acomoda a las necesidades concretas del cliente plasmándose en un contrato a medida.

- El *renting* puede permitir, aunque no siempre permite, cambiar el bien alquilado por otro manteniendo el contrato de alquiler. Los operadores de *renting* conscientes de las nuevas necesidades de sus clientes originadas por los cambios tecnológicos y de mercado suelen contemplar la posibilidad, manteniendo vigente el contrato, de permitir cambiar el bien alquilado por otro nuevo, por otro equipo más grande, etc., aunque siempre respetando unos plazos que permitan la amortización del bien objeto del contrato o la gestión ordenada de su venta en el mercado de segunda mano.

- La cuota del *renting* puede ser establecida en función del uso (horas, kilómetros, fotocopias, etc.), liquidándose al final por diferencias, esto es, abonándose o cargándose la diferencia en la cuenta del cliente.

- El *renting* suele incluir el mantenimiento en funcionamiento del bien objeto del contrato. Así, el arrendador se compromete a realizar las reparaciones pertinentes, adquirir los repuestos y proporcionar determinados consumibles, en su caso, para el funcionamiento del equipo. En muchas ocasiones, si así se ha pactado, los consumibles deben ser soportados por el cliente arrendatario.

8.3. Diferencias entre el *renting* y el *leasing*

	Renting	Leasing
Gastos de mantenimiento y conservación	Incluidos	No incluidos
Entidad contratante	Entidades especializadas	Entidades financieras
Clientes	Cualquier persona	Empresarios profesionales
Legislación aplicable	Legislación en materia de arrendamientos	Ley de sobre Disciplina e Intervención de Entidades de crédito y Ley de Venta a Plazos de Bienes Muebles
Amortización del bien	No	Sí (si el arrendamiento cumple los requisitos para su calificación como financiero)
Plazo mínimo	No	Bienes inmuebles > 2 años
Bienes inmuebles: > 10 años	—	—
Opción de compra	No	Sí

	Renting	*Leasing*
Inclusión en el inmovilizado	No	Sí
Gasto fiscal	Sí	A través de la amortización del bien

En los contratos de *leasing* necesariamente se incluye una opción de compra al término del contrato a favor del usuario, mientras que en el *renting* el arrendatario no accede a la propiedad del bien arrendado, que siempre es devuelto a la sociedad, entregándose, en su caso, otro nuevo reiniciándose el ciclo del *renting*.

- El *renting*, aparte del arrendamiento del bien, implica ciertos servicios y prestaciones accesorias como el mantenimiento y aseguramiento a todo riesgo, siendo todos estos gastos por cuenta de la empresa arrendadora y no por cuenta del usuario, como en el *leasing*.

- El *renting* supone la existencia, por parte de la sociedad de arrendamiento empresarial, de un stock y de equipos técnicos para administrar, reparar, conservar y revender un material determinado, mientras que en el *leasing* la sociedad arrendadora compra al suministrador el bien de acuerdo con las especificaciones del usuario.

El *renting* que realizan empresas financieras, aunque goza de todos los componentes y características que estamos analizando, hace recaer sobre el fabricante o arrendatario algunas de las obligaciones de mantenimiento que suelen ser frecuentes en el *renting*, y que puedan financiar directamente las empresas suministradoras.

8.4. Ventajas del *renting*

Las ventajas del *renting* para las empresas y profesionales deben ser analizadas tanto desde el punto de vista económico y financiero como fiscal:

- **No es necesario comprar un bien nuevo**. La principal ventaja económica que presenta el *renting* es la posibilidad de utilizar un bien nuevo sin necesidad de comprarlo, lo que resulta de indudable importancia en el supuesto de equipos costosos o de alto nivel de obsolescencia, lo que permite modernizar la empresa satisfaciendo simplemente el canon mensual de arrendamiento.

- **Cuotas de alquiler fijas.** Las cuotas del alquiler son fijas e incluyes también el servicio de mantenimiento y aseguramiento del mismo. Con ello la empresa arrendataria queda liberada de costes adicionales como averías, reparaciones, tarifas, etc. Recibe un servicio integral mediante el pago del canon arrendaticio. A ello se suma el hecho de que la propia entidad especializada de *renting* asegura el bien a todo riesgo, por lo que el arrendatario no se verá perjudicado por cualquier siniestro, quedando garantizada la devolución del bien en perfecto estado a la finalización del contrato. En el caso del *renting* de automoción se elimina el riesgo de responsabilidad civil subsidiaria derivado de la titularidad de los vehículos.

- **Repercuten en el cliente los beneficios.** Las sociedades de *renting* suelen repercutir en sus clientes los beneficios que suponen sus economías de escala y los descuentos obtenidos de los fabricantes.

- **Ventajas financieras.** El *renting* reporta a la empresa arrendataria ventajas financieras puesto que no utiliza capital o recursos propios para la adquisición, con lo que no se inmovilizan los recursos de la empresa en bienes que precisan una renovación, lo que genera una mayor liquidez, permitiendo destinar los recursos de la empresa a su propia actividad principal.

- **Beneficio sobre el balance.** El *renting* ejerce un beneficioso efecto sobre el balance ya que se evitan activos en el balance que no son inherentes a la actividad de la empresa, mejorando los ratios de endeudamiento al disminuir las necesidades de financiación del activo. Al tratarse de un verdadero contrato de alquiler no se realiza ningún apunte en el activo ni en el pasivo de la sociedad.

- **Simplificación de los trámites.** Con el *renting* se simplifican los trámites administrativos y contables, pues en una misma factura mensual se reflejan todos los gastos.

- **Ventajas fiscales.** Finalmente, el arrendamiento empresarial presenta también ventajas fiscales, pues las cuotas de alquiler son fiscalmente deducibles siempre que el bien arrendado se destine a la actividad empresarial o profesional.

8.5. Régimen fiscal del *renting*

Una de las ventajas que tiene el *renting* frente a otras fórmulas similares como el pago al contado, la financiación de la adquisición o el *leasing* es su favorable tratamiento fiscal.

Las cuotas mensuales del *renting* satisfechas por sociedades mercantiles y empresarios y profesionales acogidos al régimen de estimación directa son deducibles en su totalidad en el Impuesto sobre Sociedades o en el Impuesto sobre la Renta de las Personas Físicas en calidad de gastos, siempre que el bien arrendado se encuentre afecto a la actividad empresarial o profesional. Esta es una nota diferenciadora frente al *leasing* donde las cuotas tienen una parte de carga financiera, siempre deducible, y una parte de recuperación del coste del bien que es deducible con algunos límites. En el caso de empresarios individuales acogidos a determinados regímenes fiscales de estimación objetiva, las cuotas de *renting* pueden no ser deducibles al estar limitados los gastos que se pueden imputar a la actividad.

En cuanto al IVA, siempre y cuando el arrendatario tenga la consideración de empresario o profesional y el bien arrendado se encuentre exclusivamente afecto a dicha actividad empresarial o profesional, el IVA soportado será deducible en su totalidad.

8.6. Costes del *renting*

La totalidad de los costes del *renting* se incluyen en unas cuotas mensuales que, lógicamente, dependerán del tipo de bien de que se trate y del conjunto de servicios accesorios que se presten.

Debe valorarse el coste del *renting* comparándolo con otras fórmulas alternativas, esto es, analizando los costes que se ahorran al no tener que realizar el desembolso para su adquisición, ni obtener financiación para su compra. Además, debe tenerse en cuenta que dentro de la factura mensual se incluyen los servicios de asistencia técnica, mantenimiento, reparación, etc., con lo que el usuario queda liberado de estos gastos. Asimismo, el *renting* ahorra al usuario el seguro a todo riesgo, que corre en general por cuenta de la sociedad especializada en *renting*, de tal modo que en caso de siniestro se sustituirá el bien objeto de *renting* por otro hasta su reparación, en su caso. Finalmente, debe valorarse el coste de oportunidad de no destinar recursos a la adquisición o financiación del bien y poder destinar esos fondos a otros destinos más ventajosos.

Las garantías exigidas en este tipo de operaciones dependerán de la capacidad de pago del cliente, pues no debe olvidarse que la compañía de *renting* asume una doble partida de riesgo, riesgo en el sujeto, esto es, el riesgo de impago del cliente, y el riesgo en el objeto, por el riesgo del precio de recuperación del bien.

Esquematizando los **componentes del coste**, que pueden no aparecer desagregados en la factura, podemos enumerar las siguientes partidas:

- **Amortización del bien.** Es la cantidad que cada mensualidad se amortiza del bien objeto del contrato. La cantidad a amortizar será determinada por el arrendador deduciendo del coste inicial el valor previsto del bien a la finalización del contrato.

- **Coste financiero del aplazamiento.** Es la cantidad que por intereses se repercutirá en la cuota que, normalmente, no será transparente para el arrendatario, pero que debe considerarse desde el punto de vista del arrendador por el esfuerzo financiero que realiza al cobrar aplazado.

- **Coste de mantenimiento.** Es el coste que soportará el arrendador por las labores de mantenimiento y que puede ser subcontratado a precio fijo con un prestador de servicio, de tal forma que puede, a su vez, repercutir una cantidad fija al cliente, derivando el riesgo de las desviaciones del precio al prestador del servicio.

- **Coste del seguro.** Por regla general, se contratará a cargo del arrendatario con la empresa de seguros designada por el arrendador, y puede, o no, incluirse en la cuota o soportarse adicionalmente, aunque lo más ventajoso es que se distribuya en las cuotas de arrendamiento.

- **IVA.** Las cuotas de arrendamiento soportarán el IVA que corresponda, según la naturaleza del bien de que se trate.

Existen dos tipos de financiación en la empresa:

a) Fuentes de financiación externa.

b) Fuentes de financiación interna.

La financiación externa, a su vez se clasifica en financiación propia y financiación ajena.

Financiación propia corresponde a las aportaciones de los accionistas en el momento de la constitución de la sociedad, o posteriormente mediante aportaciones de capital. Figuran en el patrimonio neto del Balance de Situación.

Financiación ajena procede de terceros, no socios, de la compañía. Estos terceros pueden ser proveedores, entidades financieras, la Administración Tributaria, la Seguridad Social, entre otros.

La financiación interna es autogenerada por la empresa. Cuando nos referimos a este tipo de financiación, hablamos de autofinanciación.

La autofinanciación de mantenimiento engloba las dotaciones de las amortizaciones, o fondos de reserva para cubrir la obsolescencia y el deterioro de inmovilizado.

En la autofinanciación de enriquecimiento nos encontramos aquel beneficio generado por la compañía que no ha sido distribuido a los socios/accionistas en forma de dividendos.

El contrato de préstamo es aquel por el cual la entidad financiera (prestamista) entrega al cliente (prestatario) una determinada cantidad de dinero estableciéndose contractualmente la forma en que habrá de restituirse el capital y abonar los intereses remuneratorios, generalmente en unos vencimientos prefijados en el cuadro de amortización que acompaña al contrato.

Para calcular la TAE se deben integrar todos los componentes del coste que impliquen remuneración para la entidad financiera, y en particular: intereses y comisiones, además de todo tipo de gastos repercutidos que supongan remuneración para la entidad, y particularmente los seguros de amortización en tanto sean impuestos por la entidad financiera.

.../...

En el contrato de cuenta de crédito, la entidad financiera se obliga a poner a disposición del cliente fondos hasta un límite determinado y durante un plazo de tiempo prefijado, percibiéndose periódicamente los intereses sobre las cantidades efectivamente dispuestas por el acreditado, movimientos que se irán reflejando en una cuenta corriente.

Los créditos en cuenta corriente normalmente se liquidan por el método hamburgués.

El descuento comercial puede basarse en efectos de comercio (letras de cambio, pagarés, recibos, etc.) o realizarse simplemente sobre créditos que la empresa comunica a la entidad financiera (en este caso se trata de un descuento de adeudos por domiciliación).

El *factoring* propiamente dicho es el que se realiza sin recurso, es decir, comprando los créditos y asegurando al cedente del impago. En caso contrario se considera descuento comercial, que puede hacerse descontando facturas, pero con vía de regreso al descontante que será el principal garante de la operación.

En el caso del *confirming*, se abre una línea de riesgo al cliente por *factoring* hasta un límite que se irá consumiendo a medida que los proveedores soliciten los anticipos de las facturas confirmadas.

El *leasing* y el *renting* son dos modalidades de arrendamiento.

UNIDAD DIDÁCTICA 7

Análisis de productos financieros de activo

Introducción

1. Tipología de cuentas

2. Cuenta corriente

3. Cuenta de ahorros

4. Fondo de garantía de depósitos de entidades de crédito (FGD)

5. Imposiciones a plazo fijo

Resumen

Los **objetivos** de esta unidad son:

1. Identificar los tipos de cuentas bancarias.

2. Determinar el cálculo del sistema de capitalización simple.

3. Definir el cálculo de liquidación de las cuentas corrientes.

4. Definir el cálculo de liquidación de las imposiciones a plazo.

Introducción

Debemos diferenciar lo que entenderemos como productos financieros de pasivo y productos financieros de activo.

Si hablamos desde el punto de vista de la entidad financiera, los productos financieros de pasivo serán aquellos con los que la entidad consigue los recursos para operar. Es decir, los productos financieros de pasivo de la entidad financiera son los depósitos e inversiones que realizan sus clientes.

En contrapartida, los productos financieros de activo de la entidad financiera serán aquellas operaciones de deuda o financiación hacia sus clientes. Es decir, los productos financieros de activo de la entidad bancaria serán, por ejemplo, los préstamos que concede a sus clientes, las líneas de descuento que concede a las empresas, etc.

Si hablamos desde el punto de vista de la empresa, nos referimos a los productos financieros de pasivo a aquellos productos que obtiene de la entidad financiera para financiación. Y, en contrapartida, los productos financieros de activo corresponderán a los depósitos, en cuenta, en imposición, que mantienen en una entidad financiera.

Para facilitar la comprensión de la materia de estudio, hemos incluido en la unidad 3 los productos financieros de activo desde el punto de vista de la empresa. Recuerda que, desde el punto de vista de la entidad bancaria, todos los productos que va a conocer, se entenderán productos financieros de pasivo.

En esta unidad conoceremos las distintas cuentas bancarias que, con carácter general, utilizan las empresas, realizaremos un breve análisis del cálculo de los intereses por parte de las entidades bancarias con aplicación del sistema de capitalización simple y definiremos el cálculo de liquidación de las cuentas corrientes y de las imposiciones a plazo.

1. Tipología de cuentas

1.1. Cuentas de activo y pasivo

Todas las entidades financieras clasifican las cuentas que ofrecen a su clientela en dos grandes grupos:

— **Cuentas de activo**

  Las cuentas de activo serán aquellas que contabilizan las operaciones crediticias que realiza la entidad. De este modo, por cada tipo de operación de crédito o de préstamo la entidad nos abrirá una cuenta donde se irán anotando todos los movimientos de dicha operación. Estas cuentas suponen un riesgo para la entidad, esto es, que el préstamo o el crédito resulte impagado, bien en parte o en su totalidad.

No olvidemos que este tipo de cuentas que figurarán en el activo del balance de la entidad bancaria, financiera, figurarán en el pasivo del balance de la empresa o entidad que recibe el préstamo o el crédito.

— **Cuentas de pasivo**

Las cuentas de pasivo reflejan las operaciones de depósito que realizan los clientes en la entidad. Estas cuentas están exentas de riesgo para la entidad, por lo cual su contratación por parte de cualquiera de sus clientes resulta mucho más fácil.

No olvidemos que este tipo de cuentas que figurarán en el pasivo del balance de la entidad bancaria, financiera, figurarán en el activo del balance de la empresa o entidad que realiza el depósito.

Por ejemplo, la cuenta de ahorro y la cuenta corriente.

1.2. Identificación de las cuentas

Todas las cuentas, independientemente de su origen o clasificación, se engloban en el marco normativo supervisado por la autoridad monetaria española, el Banco de España y el Banco Central Europeo, estableciendo los derechos y obligaciones de clientes y entidades financieras.

En este marco normativo todas las cuentas, tanto las de activo como las de pasivo, tienen una identificación, única e irrepetible que las identifica, según una codificación. común normalizada, que permite realizar traspasos entre cuentas de dos entidades distintas, o domiciliar recibos. Esta identificación no es otra que una serie de **veinte dígitos**, agrupados en cuatro tramos, respondiendo cada uno de ellos a un significado distinto:

— Los cuatro primeros responden a la clave bancaria de la entidad.

— Los cuatro siguientes responden a la clave bancaria de la sucursal.

— Los dos siguientes son dígitos de control, el primero de la sucursal y el segundo de la cuenta.

— Los diez últimos responden a la numeración de la cuenta; en este caso, los dos primeros suelen ser los que identifican el tipo de cuenta y los dos últimos dígitos de control.

A estos 20 dígitos se les conocía como **Código Cuenta Corriente (CCC)**. En España el código **IBAN** *(International Bank AccountNumber)* sustituyó de manera definitiva al CCC. El IBAN o Código Internacional de Número de Cuenta es una variante de figuras alfanuméricas que detecta distintivamente la cuenta de un cliente y permite la identificación en cualquier país del mundo.

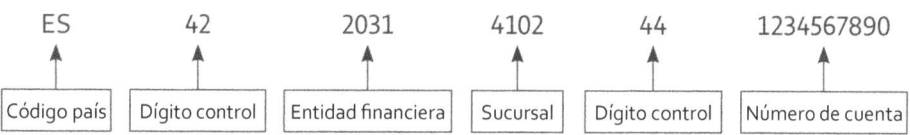

El **código BIC** *(Bank Identified Code)* impulsado en los Estados Unidos, también denominado **código SWIFT** *(Society for Worlwide Interbank Financial Telecommunications)* es una serie de 8 o 11 dígitos que sirven para identificar al banco receptor de una transferencia internacional. Su composición es:

— Los 4 primeros caracteres identifican al banco.

— Los 2 siguientes, el país.

— Los 2 siguientes, la localidad.

— Los 3 últimos, son opcionales, identifican la sucursal.

1.3. Tipos de cuentas según su titularidad

Según la titularidad las cuentas bancarias pueden ser individuales y colectivas.

Las **cuentas individuales** tienen un único titular y solo esta persona puede disponer de los fondos de la cuenta. Las **cuentas colectivas** requieren las firmas de todos los titulares para disponer de los fondos.

La titularidad en las cuentas colectivas puede ejercerse de modo indistinto (cualquier titular o propietario puede disponer) o mancomunada (requiere de las firmas de todos los titulares).

Asimismo, cualquier titular de una cuenta bancaria puede autorizar a un tercero para que pueda disponer de los fondos. No obstante, los derechos inherentes al titular de la cuenta, como el derecho a cancelar la cuenta, deberá ser ejercido, en todo caso, por el titular de la misma.

Aunque en el sector de la *Fintech* (sistema financiero a través de las nuevas tecnologías) encontraremos infinidad de productos financieros, en el sector de la banca tradicional nos encontraremos únicamente dos tipos de cuentas: la cuenta corriente y la cuenta de ahorro.

2. Cuenta corriente

2.1. Definición y obligaciones contractuales

La cuenta corriente es un tipo de cuenta que pertenece a la categoría de **cuentas de pasivo** de la entidad financiera y su saldo no implica ningún riesgo para la entidad. En la empresa figurará en el activo del balance de situación.

Se trata de un contrato de gestión en virtud del cual el banco se compromete a realizar por cuenta de su cliente cuantas operaciones sean inherentes al denominado servicio de caja, realizando para cada operación las correspondientes anotaciones contables. En este sentido, representa un soporte en la gestión de pagos y cobros, especialmente en la domiciliación de recibos, orden y recepción de transferencias, ingreso y pago de cheques, tarjetas de crédito y de débito.

La **titularidad** podrá ser unipersonal o pluripersonal, es decir, con un solo titular o diversos titulares que, como hemos indicado, podrán autorizar o apoderar para disponer de sus fondos.

Por su **funcionalidad**, este tipo de cuenta es utilizado tanto por personas físicas como personas jurídicas, independientemente del tamaño de la entidad. La cuenta permite todo tipo de domiciliaciones y, con ello, el cliente genera un mayor vínculo con la Administración, a fin de aportar mayor confianza y obtener mejores condiciones en sus negociaciones.

Los fondos están totalmente disponibles y el titular, según las condiciones de la entidad, puede obtener los fondos directamente en persona, en la entidad, a través de tarjetas de débito o mediante transferencia a otras cuentas bancarias.

Estas cuentas, generalmente, no tienen una alta retribución y pagan los intereses trimestralmente al tipo pactado libremente entre la entidad bancaria y su cliente, atendiendo a diversas circunstancias como el saldo medio durante el período, el número de servicios que ofrecen o compensaciones con otras cuentas o posiciones del cliente. La liquidación de los intereses se calculará sobre el saldo diario de la cuenta por medio del método hamburgués.

Se le vinculan determinados servicios, como: la emisión de talonarios de cheques y pagarés, talonarios de cheque carburante o la emisión de tarjetas de débito y de crédito.

a) **Obligaciones**

Veamos las obligaciones que comportan para cada uno de los implicados en este tipo de contrato:

Obligaciones para el banco	Obligaciones del cliente de la cuenta
• Cumplir las órdenes de sus clientes, tanto a abonos, cargos u órdenes de pago, transferencias y domiciliaciones de recibos. • Tener a disposición del cliente libremente el saldo acreedor de la cuenta. • Atender y pagar cheques y pagarés con cargo a su cuenta acreedora. • Liquidar la cuenta atendiendo a las condiciones contractuales. • Remisión periódica del extracto de movimientos con detalle de los cargos y abonos en la cuenta.	• Disponer de la cuenta según la operativa que establezca la entidad. • No disponer de abonos hasta su efectiva disponibilidad. • Comunicar al banco el extravío o sustracción de cheques y tarjetas vinculadas a la cuenta. • No ordenar operaciones en situación de descubierto de la cuenta.

b) **Estructura del extracto**

Hoy día todas las entidades bancarias abogan por reducir el papel y, por tanto, todas disponen de aplicación informáticas consultables por Internet o a través del dispositivo móvil. En cualquier caso, este tipo de cuentas no tienen el soporte físico de las típicas libretas a la vista, sino que, en caso de optar por la recepción de la información en papel, está se realizará con carácter periódico en el domicilio del titular, mediante el extracto bancario.

La estructura del extracto generalmente es la siguiente:

— Fecha en la que se realiza la operación.

— Clave de la sucursal que realiza la operación.

— Clave identificativa de la operación.

— Breve comentario.

— Importe de la operación.

— Fecha valor de la operación.

— Saldo de la cuenta.

2.2. Descubierto de la cuenta corriente

Los descubiertos en cuenta corriente son en realidad créditos para los que no existe solicitud formal, en todo caso verbal, que consisten en una orden de pago contra dicha cuenta por importe superior a su saldo, que es aceptado por la entidad en base a la confianza personal que el cliente le merece.

En efecto, la entidad puede aceptar ciertas operaciones como son la emisión de un cheque sin fondos, pago de recibos domiciliados que llegan en un momento en el que el saldo no es suficiente, etc., siempre que el cliente goce de confianza en base a tener domiciliados en su cuenta ingresos periódicos (normalmente nóminas) o poseer otras operaciones de pasivo que respalden estas operaciones.

A pesar de que la decisión final de **dejar en descubierto** a un cliente es potestad única y exclusiva de la entidad financiera se pueden observar las con más o menos rigor las siguientes normas:

1. La entidad atenderá pagos en descubierto en función de los saldos medios habituales del cliente; si el saldo medio es pequeño, no atenderán pagos de un importe elevado en descubierto.

2. Siempre los descubiertos son discrecionales; la entidad no tiene ninguna obligación de realizarlos, y que una vez lo haya hecho no quiere decir que lo vaya a hacer siempre.

3. Hay que tener claro que el descubierto no es un servicio gratuito, sino todo lo contrario; es el producto más caro que tienen las entidades y, además de cobrarnos unos intereses de por sí muy elevados, nos cobran una comisión fija por el mero hecho de entrar en descubierto y con independencia de la cantidad de que se trate.

Como hemos indicado anteriormente, la **liquidación de intereses** es trimestral, siendo el tipo de interés que devenga el pactado libremente por las partes.

Por supuesto, tienen definido el interés de descubiertos reales, en fecha de operación; teniendo estos intereses el máximo impuesto por el Banco de España, cuando el titular de la cuenta no es un particular esta limitación desaparece.

2.3. Comisiones

En la cuenta corriente la entidad bancaria podrá cargar una serie de importe que vendrán a compensar un servicio prestado por la misma.

— **Comisiones de mantenimiento.** Será un importe variable en función de los saldos medios mantenidos durante el período a liquidar.

— **Comisiones por reclamación de descubiertos.** Se trata de una comisión fija.

— **Comisión por mayor saldo descubierto en fecha operación.** Se trata de una comisión variable, en tanto por cien, con un mínimo preestablecido.

— **Comisiones por apunte.** Se trata de una comisión fija y se suele aplicar en cuentas de alta remuneración.

2.4. Liquidación de las cuentas corrientes. Introducción.

2.4.1. Diferencia entre año civil y año comercial

A fin de realizar correctamente la liquidación de los intereses es necesario conocer unos conceptos previos. Estos serán la diferencia entre año civil y año comercial y la capitalización simple.

Como veremos a continuación, según los intereses calculados por las entidades bancarias sean a pagar al cliente o cobrar de él utilizarán en sus operaciones el año civil (365 días) y el año comercial (360 días).

— En caso de considerar el año comercial se supondrá que todos los meses tienen 30 días, independientemente de que lo días reales del mes sean un número mayor o inferior.

— Por el contrario, cuando partimos del año civil, los días del mes serán lo que realmente tenga dicho mes en el calendario. Ejemplo: marzo 31 días, febrero 28 días, junio 30 días.

 Vamos a calcular los días comprendidos entre el 6 de abril y el 27 de noviembre:

— Año natural: 225 días (14 + 31 +30 + 31 +31 +30 +31 +27).

— Año comercial: 221 días (14 + 30 +30 +30 +30 +30 +30 +27).

El utilizar uno u otro depende del tipo de operación y de los intereses económicos de la entidad financiera, pues es habitual que en banca se utilice el año comercial. De esta manera, para el cálculo de intereses se tomará como divisor 360 días en lugar de 365, resultando una cantidad mayor al dividir entre menos días, es lo que se denomina como Interés abusivo. En los sucesivos ejercicios que vayamos realizando se advertirá este punto a fin de que no haya problemas en su resolución.

2.4.2. Introducción al sistema de capitalización simple

Para calcular la remuneración de una cuenta es necesario conocer el cálculo de la capitalización simple. Se expondrá de forma breve e introductoria en la materia:

Los **símbolos** que utilizaremos para el desarrollo del tema serán los siguientes:

— *(Co) (Ci)* es el importe del capital inicial en términos monetarios.

— *(Cn) (Cf)* es el importe del capital final de la operación.

— *(i)* es la tasa de interés.

— *(n)* es el período de tiempo que dura la inversión.

— *(l)* es la renta que produce la inversión.

A) Capitalización anual

Si la capitalización es anual:

$$Cf = Ci\,(1 + i \cdot n)$$

Donde:

— *Cf* es el capital final.

— *Ci* es el capital inicial.

— *i* el interés anual.

— *n* número de años.

B) Capitalización no anual

Si la capitalización no es anual:

$$Cf = Ci\,(1 + i_k \cdot k)^n$$

Donde:

— *Cf* es el capital final.

— *Ci* es el capital inicial.

— *i* el interés proporcional al periodo.

— *n* número de años.

— *k* es el número de periodos.

C) Renta obtenida

La renta obtenida se calcula con la siguiente función:

$$I(o, n) = C_n - C_o$$

D) Capital final

Por otro lado, sabemos que el valor del capital final se puede determinar con la expresión:

$$C_n = C(1 + n \cdot i) \text{ o } C_n = C(1 + t \cdot r)$$

De donde:

$$C_n = C_o + C_o(t \cdot r)$$

$$C_n - C_o = C_o(t \cdot r)I = C_o \cdot t \cdot r$$

Si el rédito o tasa de interés la expresamos en tanto por ciento y el tiempo se expresa en días la expresión que nos quedará será la llamada fórmula del carrete.

$$I = \frac{(C \cdot r \cdot t)}{(100 \cdot 365)}$$

Ejemplo 1

Determinar el interés que produce un capital de 2.600 euros durante 90 días si se somete a un rédito del 12%.

$$I = \frac{(C \cdot r \cdot t)}{(100 \cdot 365)} = \frac{2.600 \cdot 12 \cdot 90}{36.500} = 76,93$$

Es habitual en la práctica bancaria utilizar lo que se conoce como interés abusivo. Este computa el tiempo que permanecen los distintos saldos de capital por días naturales, tomando como base el año comercial. Con ello se consigue alargar al máximo el número de días y dividirlo por 360, en lugar de 365, para obtener mayores intereses.

 **Ejemplo 2**

Supongamos que una persona queda en descubierto de 500 euros el día 16/04 y cancela la deuda del día 27/11. Suponiendo un tipo de interés para los descubiertos del 25% anual, el banco le cobrará:

Si utiliza el interés natural:

$$I = \frac{C \cdot r \cdot t}{100 \cdot 365} = \frac{500 \cdot 25 \cdot 225}{100 \cdot 365} = 77,05 \text{ euros}$$

Si utiliza el interés comercial:

$$I = \frac{C \cdot r \cdot t}{100 \cdot 365} = \frac{500 \cdot 25 \cdot 221}{100 \cdot 365} = 76,73 \text{ euros}$$

Si utiliza el interés abusivo:

$$I = \frac{C \cdot r \cdot t}{100 \cdot 365} = \frac{500 \cdot 25 \cdot 225}{100 \cdot 365} = 78,13 \text{ euros}$$

Como se observa en el último caso se le cobrarían al cliente 1,08 euros más que en el primero con lo que el banco saldrá beneficiado. En caso de utilizar el interés abusivo en los saldos a favor del cliente, será esta el que se beneficie.

2.4.3. Fórmula de interés rápida

En la liquidación de los intereses, y a fin de conseguir una mayor rapidez en los **cálculos** se suele simplificar la fórmula del interés simple (carrete).

Partiendo de la fórmula del interés simple (suponiendo el año natural).

$$I = \frac{C \cdot r \cdot t}{100 \cdot 365}$$

Se denomina número comercial (N) al producto del capital por el tiempo dividido por 100.

$$N = \frac{C \cdot t}{100}$$

Se denomina divisor fijo (D) al resultado de divisor 365 entre r.

$$D = \frac{360}{r}$$

De donde nos queda:

$$I = N \cdot D$$

La aplicación más importante del divisor fijo (D) y el número comercial (N) va dirigida a conocer simultáneamente el interés producido por varios capitales siempre que el tanto de interés no varíe.

Supongamos que ingresamos varios capitales en una entidad financiera al 10% de interés en las siguientes fechas:

— 1.000 euros el día 1 de marzo.

— 2.000 euros el día 15 de marzo.

— 4.000 euros el día 25 de marzo.

Queremos conocer los intereses producidos hasta el día 25 de mayo (supongamos el año comercial). Número de días impuesto.

— Capital de 1.000 euros............................... 85 días

— Capital de 2.000 euros............................... 70 días

— Capital de 4.000 euros............................... 60 días

— Totales: 7.000 euros. 215 días

Para el cálculo de intereses, en lugar de hacerlo capital por capital, lo puedo hacer a través de la fórmula simplificada.

$$(N)\ Números = \frac{C \cdot r}{100}$$

— 1.000 euros x 85/100 = 850.

— 2.000 euros x 70/100 = 1.400.

— 4.000 euros x 60/100 = 2.400.

— Total: 4.650

.../...

295

.../...

(D) Divisor fijo = 360 / r D = 36

Interés = N/D; I = 4.650/36 = 129,16 euros

Para comprobar si el resultado es correcto, podemos calcular los intereses que generan cada uno de los capitales por separado y finalmente sumarlos.

Primer capital:

$$I = \frac{C \cdot r \cdot t}{100 \cdot 365} = \frac{1000 \cdot 10 \cdot 85}{36.000} = 23,61$$

Segundo capital:

$$I = \frac{C \cdot r \cdot t}{100 \cdot 365} = \frac{2000 \cdot 10 \cdot 70}{36.000} = 38,88$$

Tercer capital:

$$I = \frac{C \cdot r \cdot t}{100 \cdot 365} = \frac{4000 \cdot 10 \cdot 60}{36.000} = 66,67$$

Total: 129,16

2.4.4. Liquidación de la cuenta corriente

A) Elementos que conforman la liquidación

Una vez hemos conocido el cálculo del interés por el sistema de capitalización simple y hemos comprendido la diferencia entre el año natural y el año comercial, podemos liquidar los intereses de la cuenta corriente.

En la liquidación, la entidad bancaria presentará al cliente todas las operaciones realizadas en el periodo de tiempo a liquidar, añadiendo los intereses según el saldo diario de dicha cuenta.

Como hemos indicado, la liquidación se realiza habitualmente de forma trimestral, aunque podría liquidarse mensual, semestral o anualmente.

Los intereses calculados serán a favor del cliente o a favor de la entidad, en función de si el saldo es positivo o negativo, respectivamente.

Los **elementos** que forman la liquidación son:

— **Fecha de la operación**: es la fecha en la que se realiza una operación y, por tanto, se realiza el apunte en la cuenta corriente.

— **Concepto**: breve explicación de la operación realizada a efectos de que el cliente conozca a qué se debe el apunte.

— **Fecha valor**: a partir del cual el apunte es firme y genera intereses.

— **Debe**: se anotará cada operación que suponga un cargo para el titular de la cuenta, por ejemplo, pagos domiciliados, transferencias, etc.

— **Haber**: se anotará las operaciones que supongan un abono para el titular de la cuenta, como el ingreso de nóminas (para personas físicas) o transferencias a su favor.

— **Saldo**: el saldo de una cuenta corriente puede ser de dos tipos:

  • Saldo deudor: representa el importe de financiación concedido por el banco al cliente en un momento dado (saldo a favor de la entidad, descubierto).

  • Saldo acreedor: representa el importe depositado por el cliente en la entidad en un momento dado (saldo a favor del cliente).

— **Días**: número de días que generan intereses las operaciones. Su cálculo dependerá del método de cálculo: días naturales o días comerciales.

— **Números comerciales**: se calculará multiplicando los capitales o saldos por los días que le correspondan y dividiendo por 100.

— **Tipo de interés**: será el pactado por las partes. Cuando el tipo de interés aplicable a los capitales deudores y acreedores es el mismo hablamos de tipo de interés recíproco. Cuando el tipo de interés es distinto se dice que son tipos de interés no recíproco.

B) Métodos de liquidación de las cuentas corrientes

Existen distintos métodos para el cálculo de la liquidación de cuentas **corrientes:** directo, indirecto y hamburgués.

• Método directo

Se basa en el cálculo directo de los intereses que produce cada uno de los capitales desde su vencimiento hasta la fecha de liquidación. Este método solo es de aplicación práctica para las cuentas de interés recíproco.

Vamos a utilizar un ejemplo para ver su aplicación.

El señor A abre una cuenta corriente en nuestro banco. Condiciones contractuales:

— Tipo nominal recíproco del 10%.

— Liquidación de interés: trimestral.

Extracto de movimientos:

— Día 7-1: el señor A ingresa en cuenta 4.000 euros. Valor: 7-1.

— Día 5-2: el señor A recibe un traspaso de 2.000 euros de un cliente. Valor. 5-2.

— Día 22-2: el señor A dispone mediante cheque núm. 1 de 4.000 euros. Valor: 22-2.

— Día 9-3: el señor A ordena una transferencia de 2.000 euros. Valor. 9-3.

— Día 25-3: el señor recibe una transferencia externa de 2.000 euros. Valor 27.03.

— Día 29-3: el señor negocia una remesa de efectos, ascendiendo el líquido de la negociación a 5.000 euros. Valor: 30-3.

Paso 1. Anotamos en la tabla las operaciones realizadas rellenando para ello las columnas 1 – 4. Adviértase que hemos señalado con una línea discontinua la separación entre las operaciones realizadas durante el periodo, de lo que es la liquidación de la cuenta.

Fecha	Concepto	Valor	Capitales
7-1	Ingreso efectivo	7-1	4.000
5-2	Traspaso a su favor	5-2	2.000
22-2	Cheque	22-2	
9-3	Orden transferencia	9-3	
25-3	Transferencia a su favor	27-3	2.000
29-3	Negociación efectos	30-3	5.000

Paso 2. Cálculo de los números comerciales. Como ya vimos en el apartado de la fórmula del interés simple los números comerciales se determinan con:

$$N = \frac{C \cdot t}{100}$$

Calculamos los números fila por fila anotándolo en la columna deudor, si el capital es de debe, y en acreedor si es de haber.

Ejemplo: en la primera columna: N = 4.000 x 83 / 100 = 3.320 Acreedor.

Fecha	Concepto	Valor	Capitales		Días	Números	
			Debe	Haber		Deudores	Acreedores
7-1	Ingreso efectivo	7-1		4.000	83		3.320
5-2	Transpaso a su favor	5-2		2.000	54		1.080
22-2	Cheque	22-2	4.000		37	1.480	
9-3	Orden transferencia	9-3	2.000		22	440	
25-3	Transferencia a su favor	27-3		2.000	4		80
29-3	Negociación efectos	30-3	5.000		50		

Paso 3. Se determina el saldo de números.

S. N. = Suma de números deudores – Suma de números acreedores

S. N. = 1.920 – 4.530 = - 2.610 (o 2.610 acreedor)

Colocamos el saldo en la columna de número de signo contrario, debiendo por tanto al final sumar ambas columnas igual. En nuestro caso al ser el saldo acreedor, anotamos en la columna deudora.

Fecha	Concepto	Valor	Capitales		Días	Números	
			Debe	Haber		Deudores	Acreedores
7-1	Ingreso efectivo	7-1		4.000	83		3.320
5-2	Transpaso a su favor	5-2		2.000	54		1.080
22-2	Cheque	22-2	4.000		37	1.480	
9-3	Orden transferencia	9-3	2.000		22	440	
25-3	Transferencia a su favor	27-3		2.000	4		80
29-3	Negociación efectos	30-3	5.000		50		
						1.920	4.530
					Saldo de números		2.610

Paso 4. Se calcula el interés producido por los capitales. Ya vimos en la fórmula del interés simple que este se calcula con:

$$I = \frac{\text{Números}}{\text{Divisor fijo}} = \frac{2.610}{\frac{365}{10}} = 71,51$$

Colocamos esta cantidad en la misma columna del signo de los números, es decir, al ser estos acreedores, colocamos los intereses en al haber.

Fecha	Concepto	Valor	Capitales		Días	Números	
			Debe	Haber		Deudores	Acreedores
7-1	Ingreso efectivo	7-1		4.000	83		3.320
5-2	Transpaso a su favor	5-2		2.000	54		1.080
22-2	Cheque	22-2	4.000		37	1.480	
9-3	Orden transferencia	9-3	2.000		22	440	
25-3	Transferencia a su favor	27-3		2.000	4		80
29-3	Negociación efectos	30-3	5.000		50		
						1.920	4.530
					Saldo de números		2.610

- **Método indirecto**

Su procedimiento de liquidación se basa en el cálculo indirecto de los intereses producidos por cada capital, desde su vencimiento hasta la fecha de la liquidación de la siguiente forma:

En este caso, vamos a plantear la liquidación con los mismos datos del ejemplo anterior. Sin embargo, aquí partiremos de la liquidación ya realizada y comentaremos paso a paso como se ha hecho. Si el alumno siguió paso a paso la liquidación anterior, no deberá tener problemas para comprender la presente.

Paso 1. Anotamos en la tabla las operaciones realizadas rellenando para ello las columnas 1 -4. Adviértase que hemos señalado con una línea discontinua la separación entre las operaciones realizadas durante el periodo, de lo que es la liquidación de la cuenta.

Paso 2. Se establece una fecha provisional de liquidación que se denomina época.

Esta es aconsejable que coincida con la del primer vencimiento de capitales para que no aparezcan capitales con vencimiento anterior a la época lo que generaría número negativos. En nuestro caso la época sería el 07/01.

Paso 3. Se determinan los días que hay entre la fecha de vencimiento de cada capital y la fecha de liquidación provisional (época). Estos días serán negativos ya que se retrocede en el tiempo para realizar su cálculo. En nuestro caso:

Primera fila: del 07/01 al 07/01 .... 0 días

Segunda fila: del 05/02 al 07/01.....................................- 29 días

Tercera fila: del 22/02 al 07/01..................................... - 46 días

Fecha	Concepto	Valor	Capitales
7-1	Ingreso efectivo	7-1	4.000
5-2	Transpaso a su favor	5-2	2.000
22-2	Cheque	22-2	
9-3	Orden transferencia	9-3	
25-3	Transferencia a su favor	27-3	2.000
29-3	Negociación efectos	30-3	5.000

Paso 4. Cálculo de los números comerciales.

Calculamos los números fila por fila anotándolo en la columna contraria a la que correspondería, al haberse multiplicado el capital por los días negativos. En nuestro ejemplo:

Primera fila 4.000 x 0................. 0

Segunda fila $N = \dfrac{2.000 \cdot (-29)}{100} = -580$

Anotamos con signo positivo pero la columna contraria, es decir en este caso el capital era del haber y anoto en los número deudores.

Paso 5. Rectificación de números comerciales. Llegada la fecha de liquidación definitiva, realizamos la rectificación de los números, multiplicando el saldo actual de la cuenta por los días que hay entre la época y la liquidación. En nuestro ejemplo:

Saldo a 31/03: 7.000 euros (haber).

Días desde la época a la liquidación: 83 días.

$$\text{Rectificación} = \frac{7.000 \cdot 83}{100} = 5.810$$

Aquí al ser los días positivos si anotamos en su columna correspondiente, es decir, en los números acreedores.

Paso 6. Se determina el saldo de números.

S. N. = Suma de números deudores – Suma de números acreedores

N. = 6.260 – 8.870 = - 2.610 (o 2.610 acreedor)

Colocamos el saldo en la columna de número de signo contrario, debiendo por tanto al final sumar ambas columnas igual. En nuestro caso, al ser el saldo acreedor, anotamos en la columna deudora para que la suma de ambas columnas sea igual.

Paso 7. Se calcula el interés producido por los capitales.

$$I = \frac{\text{Números}}{\text{Divisor fijo}} = \frac{2.610}{\dfrac{365}{10}} = 71,51$$

Colocamos esta cantidad en la misma columna del signo de los números, es decir, al ser estos acreedores, colocamos los intereses en al haber.

Paso 8. Se obtiene el saldo final o saldo a cuenta nueva sumando los capitales acreedores, restando los deudores y anotando el resultado en la columna contraria a su saldo, de tal forma que al final las columnas de debe y haber sean iguales.

En nuestro caso anotamos en el debe.

- ## Método hamburgués

Este es el método usual de las entidades de crédito por el hecho de ser el único que permite la liquidación de una cuenta con tasas de interés deudor y acreedor distintas, es decir, un interés no recíproco.

A diferencia de los métodos anteriores que se basaban en al cálculo de los intereses producidos por cada capital, este se fundamenta en el cálculo del interés que producen cada uno de los sucesivos saldos de capitales desde sus respectivos vencimientos hasta la fecha en que varían. Esta variación se produce tras cada operación nueva, siempre que tenga fecha distinta a la anterior.

Veamos el cálculo con un ejemplo.

Extracto de movimientos:

Fecha	Concepto	Importe	Signo
06/05/25	Ingreso apertura	25.500,00	h
14/05/25	Cheque a su favor	21.200,00	h
23/05/25	Cheque a pagar	6.100,00	d
11/06/25	Ingreso efectivo	10.000,00	h

El señor A abre una cuenta corriente en nuestro banco. Condiciones contractuales:

— Fecha de liquidación el 30 de junio.

— Por cada apunte una comisión de 3 euros.

— IRC: 15%.

— El interés anual aplicado es el 6%.

Extracto de movimientos:

Fecha	Concepto	Importe	Signo	Saldos	Signo	Días	Números acreedores
06/05/25	Ingreso apertura	25.500,00	h	25.500,00	h	8	204.000,00
14/05/25	Cheque a su favor	21.200,00	h	46.700	h	9	420.300,00
23/05/25	Cheque a pagar	6.100,00	d	40.600,00	h	19	771.400,00
11/06/25	Ingreso efectivo	10.000,00	h	50.600,00	h	19	961.400,00
30/06/25	TOTALES					55	2.357.100,00

25.500 x 8 / 100 = 204.000,00

46.700 x 9 / 100 = 420.300,00

Cálculo intereses acreedores:

2.357.100 x (0,06/365) = 387,47

Cálculo retención sobre intereses:	
base	387,47
irpf	73,62
neto	313,85
Comisiones por apunte:	
	12,00

Veamos otro ejemplo:

Se aplican las siguientes condiciones:

— Tipo anual de interés para saldos acreedores: 1%.

— Tipo anual de interés para descubiertos: 12%.

— Fecha de liquidación: 30 abril.

— La entidad bancaria utiliza 365 para calcular los intereses deudores y acreedores.

— IRC: 19%.

Se han realizado los siguientes movimientos:

Concepto	Fecha	Importe	Fecha valor
Apertura	01/03/25	0,00	01/03/25
Ingreso efectivo	14/03/25	30.000,00	15/03/25
Letra a pagar	14/03/25	6.000,00	05/03/25
Transferencia recibida	27/03/25	18.000,00	28/03/25
Adeudo domiciliario	30/03/25	45.000,00	03/04/25
Ingreso efectivo	10/04/25	20.000,00	11/04/25

Se liquidará el período del 1-3 a 30-4:

Fecha	Concepto	Importe	Signo	Fecha valor	Saldos	Signo	Días	Núm. acreedores	Núm. deudores
01/03/25	Apertura	0,00	h	01/03/25					
14/03/25	Ingreso efectivo	6.000,00	d	05/03/25	-6.000,00	d	10		60.000,00
14/03/25	Letra a pagar	30.000,00	h	15/03/25	24.000,00	h	13	312.000,00	
27/03/25	Transferencia recibida	18.000,00	d	28/03/25	42.000,00	h	6	252.000,00	
30/03/25	Adeudo domiciliado	45.000,00	h	03/04/25	-3.000,00	d	8		24.000,00
10/04/25	Ingreso efectivo	20.000,00	d	11/04/25	17.000,00	h	19	323.000,00	
				30/04/25				887.000,00	84.000,00

Cálculo intereses acreedores:		= 887.000 x (0,01/365)
	24,30	
Cálculo intereses deudores:		= 84.000 x (0,12/365)
	27,62	
Cálculo retención sobre intereses:		
Base	24,30	
IRPF	4,62	
Neto	19,68	

3. Cuenta de ahorros

La cuenta de ahorros que figurará en el activo del balance de la empresa es una cuenta de pasivo para la entidad bancaria, es decir, como la cuenta corriente no implica ningún riesgo para la entidad y tiene las mismas características generales que la cuenta corriente.

— La principal diferencia entre la cuenta corriente y la libreta de ahorros es que esta última tiene soporte físico, la "libreta".

— Este tipo de producto está quedando relegado a un colectivo muy determinados: comunidades de vecinos, personas de la tercera edad, jóvenes o niños.

— La disponibilidad es inmediata, y la libreta facilita el acceso a los fondos a través del cajero automático de la entidad.

— Habitualmente, están sujetos a comisiones de mantenimiento ey por servicio recibido y al pago de altas comisiones por descubierto de la cuenta.

— El tipo de interés pactado habitualmente es la TAE (Tasa Anual Equivalente).

— Y el saldo vinculado a esta cuenta puede ser utilizado para amortizar o compensar créditos que el cliente mantenga con la entidad financiera.

4. Fondo de garantía de depósitos de entidades de crédito (FGD)

El Fondo de garantía de depósitos de entidades de crédito (FGD) fue creado por el Real Decreto Ley 16/2011, de 14 de octubre.

Tiene por objeto garantizar los depósitos con un límite de 100.000 euros.

Adicionalmente, también garantiza durante tres meses, con independencia de su importe, los depósitos procedentes de la venta de bienes inmuebles privados, los que procedan de pagos únicos por divorcio, matrimonio, jubilación, despido, invalidez o muerte, y los pagos de prestaciones de seguros o indemnizaciones por daños.

Esta garantía opera también a favor de los depósitos en sucursales españolas de entidades de crédito autorizadas por la UE.

5. Imposiciones a plazo fijo

Las imposiciones a plazo fijo son depósitos de dinero con una fecha de vencimiento establecida, hasta la cual el cliente no podrá disponer de dichos fondos, con derecho a percibir unos intereses en la fecha prevista.

Se podrá documentar mediante una libreta o un resguardo nominativo.

Por regla general, se acepta el reembolso anticipado de todos los fondos, pero aplicará una penalización que comportará la pérdida de todos o parte de los intereses devengados hasta la fecha.

Tienen una rentabilidad más alta que las cuentas corrientes.

Todas las entidades financieras clasifican las cuentas que ofrecen a su clientela en dos grandes grupos:

- Las cuentas de activo serán aquellas que contabilizan las operaciones crediticias que realiza la entidad.

- Las cuentas de pasivo reflejan las operaciones de depósito que realizan los clientes en la entidad

Todas las cuentas, independientemente de su origen o clasificación, se engloban en el marco normativo supervisado por la autoridad monetaria española, el Banco de España y el Banco Central Europeo, estableciendo los derechos y obligaciones de clientes y entidades financieras.

El IBAN es una serie de veinte dígitos, agrupados en cuatro tramos, respondiendo cada uno de ellos a un significado distinto:

- Los cuatro primeros responden a la clave bancaria de la entidad.

- Los cuatro siguientes responden a la clave bancaria de la sucursal.

- Los dos siguientes son dígitos de control, el primero de la sucursal y el segundo de la cuenta.

- Los diez últimos responden a la numeración de la cuenta; en este caso, los dos primeros suelen ser los que identifican el tipo de cuenta y los dos últimos dígitos de control.

El código BIC *(Bank Identified Code)* impulsado en los Estados Unidos, también denominado código SWIFT *(Society for Worlwide Interbank Financial Telecommunications)* es una serie de 8 o 11 dígitos que sirven para identificar al banco receptor de una transferencia internacional.

La cuenta corriente es un tipo de cuenta que pertenece a la categoría de cuentas de pasivo de la entidad financiera y su saldo no implica ningún riesgo para la entidad.

.../...

.../...

La cuenta permite todo tipo de domiciliaciones y con ello, el cliente genera un mayor vínculo con la Administración a fin de aportar mayor confianza y obtener mejores condiciones en sus negociaciones.

Estas cuentas generalmente no tienen una alta retribución y pagan los intereses trimestralmente al tipo pactado libremente entre la entidad bancaria y su cliente atendiendo a diversas circunstancias como sería el saldo medio durante el período, el número de servicios que suportan estas cuentas o compensaciones con otras cuentas o posiciones del cliente.

Para calcular la remuneración de una cuenta es necesario conocer el cálculo de la capitalización simple.

El método hamburgués se fundamenta en el cálculo del interés que producen cada uno de los sucesivos saldos de capitales desde sus respectivos vencimientos hasta la fecha en que varían.

El tipo de interés pactado habitualmente es la TAE (Tasa Anual Equivalente).

El fondo de garantía de depósitos de entidades de crédito (FGD) fue creado por el Real Decreto Ley 16/2011, de 14 de octubre. Tiene por objeto garantizar los depósitos con un límite de 100.000 euros. Esta garantía opera también a favor de los depósitos en sucursales españolas de entidades de crédito autorizadas por la UE.

TEST DE UNIDADES DIDÁCTICAS

ENUNCIADOS

Unidad 1

1. TAE significa:

    a) Tipo de interés nominal.
    b) Tasa anual equivalente.
    c) Tipo de interés numeral.
    d) Ninguna es correcta.

2. El cálculo de la TAE está basado en:

    a) Tipo de interés simple.
    b) Tipo de interés devuelto.
    c) Tipo de interés de composición
    d) Ninguna es correcta.

3. Determina la retribución financiera sin considerar los gastos o comisiones asociados:

    a) Tipo de interés nominal.
    b) Tasa anual equivalente.
    c) Tipo de interés numeral.
    d) Ninguna es correcta.

4. La responsabilidad civil y seguro en la circulación de vehículos a motor se regula en:

    a) Ley 50/1980.
    b) Ley 20/2015.
    c) Real Decreto 1060/2015.
    d) Real Decreto Legislativo 8/2004.

5. El Estatuto Legal del Consorcio se regula en:

    a) Ley 50/1980.
    b) Ley 20/2015.
    c) Real Decreto 1060/2015.
    d) Real Decreto Legislativo 7/2004.

6. Le corresponde al Ministerio de Economía y Competitividad:

a) Autorizar el acceso a la actividad aseguradora y reaseguradora y su revocación.
b) Aprobar normas sobre transparencia de mercado y protección de los derechos de los usuarios en el ámbito de los seguros.
c) Realizar los estudios e informes que le sean solicitados por su presidente.
d) Son correctas a) y b).

7. Indiferencia personal significa:

a) Que la identidad de la persona que ofrece o demanda el activo financiero es irrelevante a la hora de fija el precio de compra o venta.
b) Que las operaciones tienen los mismos gastos independientemente del espacio físico donde se realicen las operaciones.
c) El activo que se negocia puede alcanzar diferentes precios dependiendo del plazo de entrega, pero a plazos iguales debe haber precio igual.
d) Ninguna es correcta.

8. Indiferencia espacial significa:

a) Que la identidad de la persona que ofrece o demanda el activo financiero es irrelevante a la hora de fija el precio de compra o venta.
b) Que las operaciones tienen los mismos gastos independientemente del espacio físico donde se realicen las operaciones.
c) El activo que se negocia puede alcanzar diferentes precios dependiendo del plazo de entrega, pero a plazos iguales debe haber precio igual.
d) Ninguna es correcta.

9. Las sociedades de valores tienen entre sus funciones:

a) Negociar por cuenta propia toda clase de valores.
b) Negociar por cuenta de terceros toda clase de valores.
c) Ofrecer servicios de las empresas de servicios de inversión.
d) Son correctas a) y b).

10. La maniobra bursátil en la que los socios mayoritarios ponen a disposición de nuevos inversores una parte de sus acciones se denomina:

a) Opa.
b) OPV.
c) OPS.
d) Ninguna es correcta.

Unidad 2

1. La persona que paga la prima del seguro es:

   a) El asegurado.
   b) El tomador.
   c) El beneficiario.
   d) Son correctas a) y b).

2. La proposición del seguro tendrá una vigencia de:

   a) 12 días.
   b) 30 días.
   c) 7 días.
   d) 15 días.

3. Se entenderá que el asegurador incurre en mora cuando no hubiere cumplido su prestación en el plazo de:

   a) 50 días.
   b) 30 días.
   c) 1 mes.
   d) 3 meses.

4. La actividad aseguradora podrá ser realizada por entidades privadas que adopten la forma de:

   a) Sociedad de responsabilidad limitada.
   b) Sociedad comanditaria.
   c) Sociedad pública.
   d) Ninguna es correcta.

5. Selecciona la frase correcta:

a) Las SA o COOP aseguradoras deberán tener un capital social inferior a 9.015.000 euros en los ramos de vida, caución, crédito, cualquiera de los que cubran el riesgo de responsabilidad civil y en la actividad exclusivamente reaseguradora.

b) Las SA o COOP aseguradoras deberán tener un capital social de hasta 2.103.000 euros en los ramos de vida, caución, crédito, cualquiera de los que cubran el riesgo de responsabilidad civil y en la actividad exclusivamente reaseguradora.

c) Las SA o COOP aseguradoras deberán tener un capital social mínimo de 9.015.000 euros en los ramos de vida, caución, crédito, cualquiera de los que cubran el riesgo de responsabilidad civil y en la actividad exclusivamente reaseguradora.

d) Ninguna es correcta.

6. ¿A qué riesgo nos referimos con "Toda exposición a riesgos que lleve aparejada una pérdida potencial suficientemente importante como para poner en peligro la solvencia o la situación financiera de las entidades aseguradoras y reaseguradoras"?:

a) Riesgo de crédito.
b) Riesgo operacional.
c) Riesgo de liquidez.
d) Riesgo de concentración.

7. ¿A qué riesgo nos referimos con "derivado de la inadecuación o la disfunción de procesos internos, del personal o de los sistemas, o de sucesos externos"?:

a) Riesgo de crédito.
b) Riesgo operacional.
c) Riesgo de liquidez.
d) Riesgo de concentración.

8. Los principios que se respetarán al establecer la prima son:

a) Equidad.
b) Indivisibilidad.
c) Invariabilidad.
d) Todas son correctas.

9. El tomador del seguro deberá comunicar al asegurador el acaecimiento del siniestro dentro de:

a) 12 días.
b) 30 días.
c) 7 días.
d) 15 días.

10. En el seguro de daños, ¿en qué plazo, una vez producido el siniestro, el asegurado
deberá comunicar la relación de los objetos y estimación de daños?:

a) 12 días.
b) 30 días.
c) 7 días.
d) 5 días.

Unidad 3

1. **En el mercado bursátil se negocian:**

   a) Acciones.
   b) *Warrants*.
   c) ETF o fondos cotizados.
   d) Todas son correctas.

2. **La maniobra bursátil en la que los socios mayoritarios ponen a disposición de nuevos inversores una parte de sus acciones se denomina:**

   a) Opa.
   b) OPV.
   c) OPS.
   d) Ninguna es correcta.

3. **El principal índice del mercado español es:**

   a) Nasdaq.
   b) Euro Stoxx.
   c) Ibex 35.
   d) DAX 30.

4. **Señala la respuesta correcta:**

   a) Los activos de renta fija se emiten únicamente por empresas privadas.
   b) Los activos de renta fija los emite únicamente el Estado y sus instituciones.
   c) Los activos de renta fija representan préstamos que las entidades emisores reciben de los inversores.
   d) Ninguna es correcta.

5. **Respecto a los activos de renta fija:**

   a) Confieren derechos políticos a su tenedor.
   b) No confieren derechos políticos a su tenedor.
   c) Confiere el derecho económico a recibir los intereses pactados y el capital invertido.
   d) Son correctas b) y c).

6. **El mercado regulado de renta fija se conoce como:**

   a) AIAF.
   b) SEND.
   c) CIRBE.
   d) MEFF.

7. **Las Letras del Tesoro:**

   a) Son activos de renta fija.
   b) Son valores emitidos al descuento.
   c) La diferencia entre el valor de reembolso y su precio de adquisición será el rendimiento.
   d) Todas son correctas.

8. **El valor liquidativo de un fondo se obtiene:**

   a) Multiplicando el rendimiento bruto por el número de participaciones del fondo.
   b) Restando al rendimiento de la cartera, las comisiones de gestiones y de custodia del fondo.
   c) Dividiendo el patrimonio neto de ese fondo entre el número de participaciones.
   d) Sumando al valor de la cartera los rendimientos brutos.

9. **Los fondos de inversión están vigilados por:**

   a) CNMV.
   b) DGS.
   c) Banco de España.
   d) Sociedad gestora.

10. **Los productos financieros cuyo precio o valor se obtiene a partir de un activo subyacente se denominan:**

    a) Productos de renta fija.
    b) Productos de renta variable.
    c) Productos de fondos de inversión.
    d) Productos derivados.

Unidad 4

1. **La percepción de dividendos es un ejemplo de:**

   a) Riesgo.
   b) Flexibilidad.
   c) Rentabilidad.
   d) Ninguna es correcta.

2. **La rentabilidad:**

   a) Vendrá marcada por la relación entre el rendimiento que genera y su coste de adquisición.
   b) Se refiere a la capacidad de convertir en dinero líquido el activo financiero.
   c) Se refiere al riesgo de no percibir los derechos o rendimientos esperados a su vencimiento determinados por la fiabilidad y solvencia de quien lo haya emitido.
   d) Todas son correctas.

3. **El riesgo:**

   a) Vendrá marcado por la relación entre el rendimiento que genera y su coste de adquisición.
   b) Se refiere a la capacidad de convertir en dinero líquido el activo financiero.
   c) Será menor cuanto mayor sea la rentabilidad esperada.
   d) Ninguna es correcta.

4. **Respecto al mercado financiero, la profundidad:**

   a) Es la cantidad numérica de títulos financieros que se negocian.
   b) Vendrá determinada por la existencia, o no, de barreras o limitaciones a la entrada y salida del mercado por parte de los agentes económicos.
   c) Vendrá determinada por la existencia de barreras a la entrada y salida del mercado por parte de los agentes económicos.
   d) Todas son correctas.

5. **Entre las funciones de los intermediarios financieros se encuentran:**

   a) Mediación, captando recursos de los ahorradores, los transforman y ofrecen a los demandantes.
   b) Potencian e impulsan la economía, fomentando el ahorro y la inversión.
   c) Reducción de riesgos y optimización del rendimiento.
   d) Todas son correctas.

6. Respecto a la política monetaria (señala la respuesta correcta):

   a) El Sistema Europeo de Bancos Centrales tiene la responsabilidad del diseño y ejecución de la política monetaria en el área euro.
   b) La política monetaria tiene como finalidad estabilizar los precios en la eurozona y controlar la inflación.
   c) La política monetaria afecta a la disponibilidad del dinero y al coste del dinero en la economía.
   d) Todas son correctas.

7. El riesgo de cambio existe cuando (señala la respuesta correcta):

   a) La operación viene determinada en una moneda distinta a la del exportador.
   b) La operación viene determinada en una moneda distinta a la del importador.
   c) El importador financia la operación en una divisa distinta a aquella en la que posteriormente va a vender la mercancía importada.
   d) Todas son correctas.

8. El riesgo por la posibilidad de que se produzca una pérdida de valor de una cartera debido a cambio desfavorable en los factores de riesgo de se denomina:

   a) Riesgo de liquidez.
   b) Riesgo de tipos de interés o riesgo de precios.
   c) Riesgo de mercado.
   d) Ninguna es correcta.

9. El riesgo asociado al cambio en contra de los tipos de interés se denomina:

   a) Riesgo de liquidez.
   b) Riesgo de tipos de interés.
   c) Riesgo de tipos de cambio o riesgo de la divisa.
   d) Ninguna es correcta.

10. El riesgo asociado a las variaciones de los tipos de cambio al a hora de realizar cambio de divisas, sobre todo, para empresas que trabajan a nivel internacional y deben operar en multitud de monedas se denomina:

    a) Riesgo de liquidez.
    b) Riesgo de tipos de cambio o riesgo de la divisa.
    c) Riesgo de tipos de interés.
    d) Ninguna es correcta.

Unidad 5

1. La persona física o jurídica que sea el destinatario previsto de los fondos que hayan sido objeto de una operación de pago, se denomina:

    a) Agente.
    b) Beneficiario.
    c) Consumidor.
    d) Ordenante.

2. Una persona física o jurídica que presta servicios de pago en nombre de una entidad de pago se denomina:

    a) Agente.
    b) Beneficiario.
    c) Consumidor.
    d) Ordenante.

3. Las tarjetas que únicamente pueden usarse en aquellos establecimientos asociados como tiendas, franquicias o grandes almacenes, son:

    a) Tarjetas bancarias.
    b) Tarjetas no bancarias.
    c) Tarjetas de fidelización.
    d) Tarjetas revolving.

4. El servicio de pago destinado a efectuar un cargo en la cuenta de pago del ordenante se llama:

    a) Crédito bancario.
    b) Débito bancario.
    c) Adeudo domiciliado.
    d) Ninguna es correcta.

5. ¿Cuántas personas o entidades intervienen en una operación de pago con tarjeta de grandes almacenes respaldada por VISA?:

    a) 2.
    b) 3.
    c) 4.
    d) 5.

6. **Respecto a los adeudos directos SEPA, marca la respuesta correcta:**

    a) Serán presentados al banco con una antelación de 7 días hábiles para primeras operaciones o únicas.
    b) Serán presentados al banco con una antelación de 7 días hábiles para operaciones recurrentes.
    c) Serán presentados al banco con una antelación de 4 días hábiles para primeras operaciones o únicas.
    d) Ninguna es correcta.

7. **Respecto a los adeudos directos SEPA, el plazo de la devolución podrá realizarse:**

    a) Hasta 8 semanas a instancias del cliente por cualquier motivo.
    b) Hasta 13 semanas a instancias del cliente por cualquier motivo.
    c) Más de 5 semanas y hasta 13 semanas para pagos no autorizados.
    d) Ninguna es correcta.

8. **Respecto a los adeudos directos SEPA B2B, el plazo de la devolución podrá realizarse:**

    a) Hasta 8 semanas a instancias del cliente por cualquier motivo.
    b) Hasta 13 semanas a instancias del cliente por cualquier motivo.
    c) Más de 2 semanas y hasta 13 semanas para pagos no autorizados.
    d) Hasta 2 días hábiles.

9. **¿Qué significa SHA?:**

    a) El ordenante corre con los gastos repercutidos por su entidad y el beneficiario hace frente a los que le cobre su entidad, de manera que los gastos se comparten.
    b) El ordenante paga todos los gastos de la operación.
    c) El beneficiario asume los gastos de la transferencia.
    d) Ninguna es correcta.

10. **¿Con qué fórmula de matemática financiera se calcula TAE?:**

    a) Con la fórmula del tipo de interés simple.
    b) Con la fórmula del tipo de interés devuelto.
    c) Con la fórmula del tipo de interés compuesto.
    d) Ninguna es correcta.

Unidad 6

1. ¿A qué tipo de financiación corresponde aquella que tiene su origen en los provee-
    dores?:

    a) Financiación ajena.
    b) Financiación mixta.
    c) Financiación propia.
    d) Ninguna es correcta.

2. ¿A qué tipo de financiación corresponde aquella que tiene su origen en las amorti-
    zaciones del activo inmovilizado?:

    a) Financiación ajena.
    b) Financiación mixta.
    c) Financiación propia.
    d) Ninguna es correcta.

3. ¿A qué tipo de financiación corresponde aquella que tiene su origen en reservas
    voluntarias que figuran en el patrimonio neto del balance de situación?:

    a) Autofinanciación mixta.
    b) Autofinanciación de mantenimiento.
    c) Autofinanciación de enriquecimiento.
    d) Ninguna es correcta.

4. La financiación propia de la empresa se encuentra en:

    a) El pasivo circulante.
    b) El pasivo total.
    c) El activo no corriente.
    d) El patrimonio neto.

5. ¿A qué valor de las acciones corresponde la siguiente definición: "valor por el que
    se emiten las acciones?":

    a) Valor nominal.
    b) Valor neto contable.
    c) Valor de mercado.
    d) Ninguna es correcta.

6. **¿A qué valor de las acciones corresponde la siguiente definición: "valor del total del patrimonio neto de la compañía dividido entre el número de acciones, incluyendo en patrimonio neto las reservas de la sociedad?":**

   a) Valor nominal.
   b) Valor neto contable.
   c) Valor de mercado.
   d) Ninguna es correcta.

7. **El endeudamiento de un pequeño negocio debe provocar una serie de cambios en su cuenta de resultados para ser sano:**

   a) Aumentará los gastos y disminuirá el beneficio.
   b) Aumentará los costes financieros, pero eso no significa que la empresa tenga que ganar dinero.
   c) Debe propiciar un incremento de los beneficios y no una disminución de los mismos.
   d) Debe propiciar un incremento de los costes y una disminución de los márgenes, porque otra cosa es imposible.

8. **En el descuento comercial, la entidad financiera podrá imponer al empresario descontante:**

   a) Que todos los efectos que presente venzan el mismo día, para simplificar los trámites.
   b) Que el descuento se realice con más gastos de los pactados.
   c) Que solo se descuenten un determinado tipo de títulos, por ejemplo, aceptados y domiciliados o emitidos a la orden.
   d) Que los efectos los emita el propio empresario para facilitar el consumo total de la línea de descuento y así ganar más intereses.

9. **Al arrendamiento financiero con opción de compra que incorpora ventajas fiscales se le denomina:**

   a) *Renting*.
   b) *Leasing*.
   c) *Factoring*.
   d) *Confirming*.

10. **Un alquiler no financiero que incluye el coste de mantenimiento y, opcionalmente, el seguro es:**

    a) Un arrendamiento financiero.
    b) Un *factoring*.
    c) Un *leasing*.
    d) Un *renting*.

Unidad 7

1. **¿Cuál es la frase correcta respecto a las cuentas de activo?:**

    a) Contabilizan las operaciones crediticias que realiza la entidad.
    b) Figurarán en el pasivo del balance de la entidad bancaria.
    c) Figurarán en el activo del balance.
    d) Ninguna es correcta.

2. **¿Cuál es la frase correcta respecto a las cuentas de pasivo?:**

    a) Reflejan las operaciones de depósito que realizan los clientes en la entidad.
    b) Figurarán en el activo del balance de la entidad bancaria.
    c) Figurarán en el pasivo del balance.
    d) Ninguna es correcta.

3. **¿Qué significan los cuatro primeros dígitos de un CCC?:**

    a) La clave de la sucursal de la entidad bancaria.
    b) El dígito de control.
    c) La clave de la entidad.
    d) Ninguna es correcta.

4. **La cuenta corriente:**

    a) Permite todo tipo de domiciliaciones.
    b) No tiene una alta retribución.
    c) Paga los intereses trimestralmente.
    d) Todas son correctas.

5. **La cuenta corriente permite:**

    a) Domiciliar recibos.
    b) Ordenar transferencias.
    c) Liquidar tarjetas de crédito.
    d) Todas son correctas.

6. Aplicando el sistema de capitalización simple, ¿qué remuneración tendrá un depó- sito de 3.000 € a 2 años al 3%?:

   a) 180 €.
   b) 160 €.
   c) 170 €.
   d) 200 €.

7. Aplicando el sistema de capitalización simple, ¿cuál será el capital final de un depósito de 2.800 € a 4 años al 3,85%?:

   a) 3.231,20 €.
   b) 3.229,25 €.
   c) 3.331,20 €.
   d) 3.561,25 €.

8. Serán obligaciones para el banco respecto a las cuentas corrientes:

   a) Cumplir las órdenes de sus clientes, tanto a abonos, cargos u órdenes de pago, transferencias y domiciliaciones de recibos.
   b) Tener a disposición del cliente libremente el saldo acreedor de la cuenta.
   c) Atender y pagar cheques y pagarés con cargo a su cuenta acreedora.
   d) Todas son correctas.

9. Señala la fórmula correcta para el cálculo del capital final de la capitalización anual:

   a) $Cf = Ci \, (i + 1 \, n)$.
   b) $Ci = Cf \, (1 + i \, n)$.
   c) $Cn = C \, (1 + n \times i)$.
   d) $Cf = Ci \, (1 + i) \, n$.

10. Respecto del fondo de garantía de depósitos de entidades de crédito:

    a) Garantiza los depósitos con un límite de 100.000 euros.
    b) Opera también a favor de los depósitos en sucursales españolas de entidades de crédito autorizadas por la UE.
    c) Creado por el Real Decreto-ley 16/2011, de 14 de octubre.
    d) Todas son correctas.

TEST DE UNIDADES DIDÁCTICAS

SOLUCIONES

Unidad 1

1. **b)** *Tasa anual equivalente.*

2. **d)** *Ninguna es correcta.*

3. **a)** *Tipo de interés nominal.*

4. **d)** *Real Decreto Legislativo 8/2004.*

5. **d)** *Real Decreto Legislativo 7/2004.*

6. **d)** *Son correctas a) y b).*

7. **a)** *Que la identidad de la persona que ofrece o demanda el activo financiero es irrelevante a la hora de fija el precio de compra o venta.*

8. **b)** *Que las operaciones tienen los mismos gastos independientemente del espacio físico donde se realicen las operaciones.*

9. **d)** *Son correctas a) y b).*

10. **b)** *OPV.*

Unidad 2

1. **d)** *Son correctas a) y b).*

2. **d)** *15 días.*

3. **d)** *3 meses.*

4. **d)** *Ninguna es correcta.*

5. **c)** *Las SA o COOP aseguradoras deberán tener un capital social mínimo de 9.015.000 euros en los ramos de vida, caución, crédito, cualquiera de los que cubran el riesgo de responsabilidad civil y en la actividad exclusivamente reaseguradora.*

6. **d)** *Riesgo de concentración.*

7. **b)** *Riesgo operacional.*

8. **d)** *Todas son correctas.*

9. **c)** *7 días.*

10. **d)** *5 días.*

Unidad 3

1. **d)** *Todas son correctas.*

2. **b)** *OPV.*

3. **c)** *Ibex 35.*

4. **c)** *Los activos de renta fija representan préstamos que las entidades emisoras reciben de los inversores.*

5. **d)** *Son correctas b) y c).*

6. **a)** *AIAF.*

7. **d)** *Todas son correctas.*

8. **c)** *Dividiendo el patrimonio neto de ese fondo entre el número de participaciones.*

9. **a)** *CNMV.*

10. **d)** *Productos derivados.*

Unidad 4

1. **c)** *Rentabilidad.*

2. **a)** *Vendrá marcada por la relación entre el rendimiento que genera y su coste de adquisición.*

3. **d)** *Ninguna es correcta.*

4. **b)** *Vendrá determinada por la existencia, o no, de barreras o limitaciones a la entrada y salida del mercado por parte de los agentes económicos.*

5. **d)** *Todas son correctas.*

6. **d)** *Todas son correctas.*

7. **d)** *Todas son correctas.*

8. **c)** *Riesgo de mercado.*

9. **b)** *Riesgo de tipos de interés.*

10. **b)** *Riesgo de tipos de cambio o riesgo de la divisa.*

Unidad 5

1. **b)** *Beneficiario.*

2. **a)** *Agente.*

3. **b)** *Tarjetas no bancarias.*

4. **c)** *Adeudo domiciliado.*

5. **c)** *4.*

6. **a)** *Serán presentados al banco con una antelación de 7 días hábiles para primeras operaciones o únicas.*

7. **a)** *Hasta 8 semanas a instancias del cliente por cualquier motivo.*

8. **d)** *Hasta 2 días hábiles.*

9. **a)** *El ordenante corre con los gastos repercutidos por su entidad y el beneficiario hace frente a los que le cobre su entidad, de manera que los gastos se comparten.*

10. **c)** *Con la fórmula del tipo de interés compuesto.*

Unidad 6

1. **a)** *Financiación ajena.*

2. **d)** *Ninguna es correcta.*

3. **c)** *Autofinanciación de enriquecimiento.*

4. **d)** *El patrimonio neto.*

5. **a)** *Valor nominal.*

6. **b)** *Valor neto contable.*

7. **c)** *Debe propiciar un incremento de los beneficios y no una disminución de los mismos.*

8. **c)** *Que solo se descuenten un determinado tipo de títulos, por ejemplo, aceptados y domiciliados o emitidos a la orden.*

9. **b)** *Leasing.*

10. **d)** *Un renting.*

Unidad 7

1. **a)** *Contabilizan las operaciones crediticias que realiza la entidad.*

2. **a)** *Reflejan las operaciones de depósito que realizan los clientes en la entidad.*

3. **c)** *La clave de la entidad.*

4. **d)** *Todas son correctas.*

5. **d)** *Todas son correctas.*

6. **a)** *180 €.*

7. **a)** *3.231,20 €.*

8. **d)** *Todas son correctas.*

9. **a)** *Cf = Ci (i+ 1 n).*

10. **d)** *Todas son correctas.*

GLOSARIO

Acción cambiaria directa

Acción que tiene el tenedor de la letra contra el aceptante y su avalista para reclamar el pago en caso de impago llegada la fecha de vencimiento.

Accion cambiaria de regreso

Acción que puede ejercitar el tenedor contra los endosantes, el librador y demás personas obligadas.

Aceptación de la letra

La aceptación es la declaración escrita sobre la letra por la cual el librado se obliga a pagarla el día de su vencimiento.

Activo corriente o circulante

Elementos del patrimonio que se espera vender, consumir o realizar en el transcurso del ciclo normal de explotación (si el ciclo no resulta identificable se entenderá que es de un año), así como, con carácter general, aquellas partidas cuyo vencimiento, enajenación o realización, se espera que se produzca en un plazo máximo de un año contado a partir de la fecha de cierre del ejercicio.

Activo no corriente o fijo

Demás elementos del activo que no deban clasificarse como corrientes.

Amortización

Devolución parcial o total (cancelación) de un préstamo.

Amortización anticipada

Devolución de un préstamo antes de su fecha de vencimiento.

Avalista

Es el fiador solidario de carácter cambiario.

Aval de la letra de cambio

El aval es una declaración escrita por la cual quien lo consigna (avalista) garantiza el pago de una letra, ya sea por la totalidad o por parte de su importe.

Barrido saldo cero

Consiste en saldar las cuentas de las empresas del grupo para transferir su saldo a una cuenta central. La cuenta central recibe la totalidad de movimientos de las cuentas periféricas con sus correspondientes importes y fechas valor.

BEN

Hace referencia a una modalidad de pago de comisiones. En esta modalidad todas las comisiones son pagadas por el beneficiario.

BIC

Es el código de identificación bancaria.

Cajeros automáticos

Dispositivos electrónicos que, principalmente, permiten la retirada de efectivo por parte del titular de una tarjeta de pago. Se incluyen tanto los situados en las oficinas bancarias como los desplazados.

Cambios de divisa

Las operaciones de cambio de moneda no relacionadas con el dinero físico.

Cambio de moneda

Cambio de moneda es toda operación por la que un determinado activo, instrumento financiero o medio de pago (cheques, depósitos, préstamos, etc.) pasan de estar expresados en una determinada divisa a estar expresados en otra divisa diferente.

Cargo en cuenta

Asiento en el debe de la cuenta bancaria (ya que se trata de la contabilidad de la entidad). Para su titular significa una salida de fondos y, por ello, una disminución de su saldo.

Centralización de la tesorería

La centralización de la tesorería supone pasar de una estructura en que cada filial o unidad periférica se ocupaba de sus cobros y pagos, a una estructura en la que los saldos deficitarios de unas filiales son cubiertos con los excedentes de otras, evitando o minimizando los costes que genera el déficit.

Certificado de usuario

Es un documento digital que contiene, entre otros, los datos identificativos del usuario.

Cheque

Es un título valor en el que el librador formula una orden o mandamiento de pago al librado (banco) y una promesa a su tomador de que será pagado, quedando este subsidiariamente obligado a hacerlo frente al tenedor en el caso de que no sea pagado por aquel (banco).

Cheque al portador

Cheque librado para que se pague a la persona que lo porte.

Cheque bancario

Cheque que se emite con cargo a la cuenta de la entidad financiera.

Cheque conformado

Cheque que contiene la mención de certificación, visado, conforme u otra semejante firmada por el librado que acredita la autenticidad de este y la existencia de fondos suficientes en la cuenta del librador.

Cheque cruzado especial

Cheque que solo se podrá pagar al banco designado, o si este es el mismo librado, a un cliente suyo.

Cheque cruzado general

Cheque que solo se podrá pagar a un banco o a un cliente de aquel.

Cheque de ventanilla

Cheque que facilita el banco cuando el cliente no dispone en ese momento de talonario de cheques.

Cheque devuelto o sin fondos

Cheque librado sin que la persona que lo emite tenga fondos suficientes en su cuenta para atender al pago.

Cheque nominativo

Cheque librado para que se pague a persona determinada.

Comisión por cancelación anticipada

Comisión que se devenga, si se hubiera pactado, por la cancelación de la operación antes de la fecha de vencimiento fijada.

Comisión por emisión, renovación y tenencia o mantenimiento de tarjetas

Comisión que se devenga por la emisión, renovación y mantenimiento de tarjetas.

Comisión por excedido

Comisión que se devenga cuando se supera el límite de crédito, en el caso de que la entidad le admita esta posibilidad.

Comisión por pagos en el extranjero

Comisión que se devenga por el cambio de divisa al realizar compras en comercios o retirada de efectivo en cajeros de países cuya moneda no es el euro.

Comisión por reclamación

Comisión que se devenga cuando la entidad emisora tenga que dirigirse al titular para notificarle su retraso en los pagos e instarle al pago de las cantidades debidas.

Comisión por retirada de efectivo

Comisión que se devenga cuando se produce una retirada de dinero en cajeros automáticos pertenecientes a entidad distinta de la emisora.

Conciliación bancaria

La conciliación bancaria operación consistente en comparar las anotaciones que figuran en los extractos bancarios con los movimientos registrados en la correspondiente cuenta contable.

Cuentas anuales

Las cuentas anuales de las pequeñas y medianas empresas comprenden el balance, la cuenta de pérdidas y ganancias, el estado de cambios en el patrimonio neto y la memoria. Estos documentos forman una unidad. Estas empresas podrán incorporar además un estado de flujos de efectivo. Las cuentas anuales de las empresas que apliquen el Plan General de Contabilidad comprenden el balance, la cuenta de pérdidas y ganancias, el estado de cambios en el patrimonio neto, la memoria y el estado de flujos de efectivo. El Plan General de Contabilidad contempla los modelos normal y abreviado de cuentas anuales.

Descuento bancario

Operación consistente en que el banco, previa deducción del interés (descuento), anticipa al cliente el importe de un crédito contra un tercero, todavía no vencido, mediante la cesión del crédito, salvo buen fin.

Descuento comercial

Modalidad de descuento bancario en el que el crédito aplazado y no vencido tiene su origen en una operación comercial entre el deudor y el acreedor.

Descuento financiero

Modalidad de descuento bancario en el que el documento descontado no responde a una operación comercial preexistente. La operación tiene como finalidad obtener liquidez del banco por medio del descuento.

Desviaciones complementarias

Son las que se obtienen por comparación entre la realidad y la previsión.

Desviaciones correctivas

Son las que se obtienen por comparación entre lo presupuestado y la previsión.

Desviaciones presupuestarias

Son las que se obtienen por comparación entre el presupuesto y la realidad.

Disponible

Dinero en caja y dinero depositado en cuentas aperturadas en entidades financieras que se puede utilizar sin restricciones.

Disponible cero

El denominado "disponible cero" supone que la empresa debe plantearse la desaparición de la liquidez disponible. Esto es, la eliminación de saldos en caja y bancos no necesarios para hacer frente a deudas exigibles.

Endosante

Es la persona que siendo poseedor de la letra la transmite a otro, denominado endosatario, por medio de endoso.

Endoso

Por el endoso, el endosante transmite al endosatario todos los derechos resultantes de la letra de cambio. Recordemos que, endosante es la persona que siendo poseedor de la letra la transmite a otro, denominado endosatario.

Entidad emisora

Aquella entidad de crédito que proporciona, generalmente a un cuentacorrentista de la misma, una tarjeta de pago, ya sea de crédito, de débito o monedero. Las operaciones efectuadas con dicho instrumento de pago se liquidarán, habitualmente, en la cuenta que el titular de la tarjeta haya designado a tal efecto de entre las que mantenga con la entidad emisora.

Entidad del adquirente

Aquella entidad de crédito que facilita a un comercio el dispositivo mecánico o electrónico (terminal de punto de venta) a través del cual tendrá lugar la captación de los datos relevantes de las tarjetas de los clientes a efectos de autorizar la transacción de pago.

Factoring

Por el contrato de *factoring* el cliente cede distintos créditos a la entidad de factoring, normalmente un banco, y esta se compromete a prestar una serie de servicios.

En el *factoring* propio el banco asume el riesgo en el cobro, mientras que en el *factoring* impropio el riesgo en el cobro lo asume el cliente.

Fecha valor

Fecha a partir de la cual una suma empieza a generar intereses.

Gestión de cobro

Contrato de pura gestión en el que el banco no anticipa cantidad alguna al cliente, limitándose su función a la de sustituir al cliente en la gestión del cobro del crédito.

Gestión del circulante

Conjunto de medidas estratégicas y organizativas que afectan a los flujos monetarios y a la gestión de stock.

Gestión de tesorería

Gestión de la liquidez inmediata, verificable en caja o en cuentas de entidades financieras.

Hoja de cálculo

Herramienta informática que permite realizar múltiples operaciones, almacenar y manipular datos. La hoja de cálculo está formada por celdas organizadas en columnas y filas que forman parte de un libro.

IBAN

Es el número internacional de cuenta.

Juicio cambiario

Procedimiento regulado en la Ley de Enjuiciamiento Civil, Capítulo II, Título III, del Libro IV.

Leasing

Operación de arrendamiento, que se realiza mediante un contrato que tiene por objeto la cesión de un bien a cambio de un canon, incluyendo a su término, normalmente, una opción de compra a favor del usuario.

Letra de cambio

Título valor a la orden, formal, literal, abstracto y dotado de eficacia ejecutiva, que incorpora una orden o mandato de pago dirigida al librado, y la promesa u obligación autónoma de pagar a su poseedor legítimo y a su vencimiento una suma determinada de dinero, vinculando para ello solidariamente a todos sus firmantes.

Librado

Es la persona a la que va dirigido el ruego o mandato de que la letra sea pagada al tenedor a su vencimiento.

Librador

Es la persona que emite la letra.

Moneda de curso legal

Moneda oficial en un Estado, en cuyo territorio goza de poder liberatorio, es decir, que los ciudadanos de ese país están obligados a aceptarla como medio de pago de una deuda.

Órdenes de aportación de fondos y traspaso de efectivo

Son operaciones de pago que permiten el traspaso de fondos entre dos cuentas bancarias con el mismo titular, situadas en dos entidades distintas. La diferencia con una transferencia es que el ordenante (el titular de las dos cuentas) da la orden de envío de dinero a la entidad de destino de los fondos, y no a la entidad de origen.

Órdenes de pago

Son operaciones por las que el exportador (ordenante) ordena a su banco (banco emisor) que directamente o a través de otra entidad (banco pagador) ponga a disposición del importador (beneficiario) una determinada cantidad expresada en euros o en otra moneda. La suma de dinero será liquidada por caja contra acuse de recibo.

Pagaré

El pagaré es un título que consiste en la promesa pura y simple formulada por el firmante de pagar a su vencimiento una suma determinada, en euros o en moneda extranjera convertible admitida a cotización oficial, a una persona.

Pasivo corriente o circulante

El pasivo circulante o corriente comprenderá, con carácter general, las obligaciones cuyo vencimiento o extinción se espera que se produzca durante el ciclo normal de explotación, o no exceda el plazo máximo de un año contado a partir de la fecha de cierre del ejercicio.

Pasivo no corriente

Demás elementos del pasivo que no cumplan los requisitos para su consideración como corriente o circulante.

PIN

Número secreto de identificación personal (PIN).

Posición de liquidez

La posición de liquidez o posición de tesorería es una de las piezas fundamentales del *cash management*. Puede ser definida como el conjunto de los saldos que prevemos tener en las cuentas bancarias, en fecha valor, para el día de hoy y días sucesivos, con el objetivo de conocer la capacidad para hacer frente a los pagos comprometidos con los recursos existentes en la actualidad y en días futuros.

Presupuesto de tesorería

Podemos definir el presupuesto de tesorería como el conjunto de previsiones sobre los flujos de tesorería de entrada y de salida, debidamente identificados en el tiempo y en cuantía, que proporcionan el suficiente grado de detalle como para servir de base para la toma de decisiones.

Protesto

Declaración que puede constar en la propia letra que ha sido presentada al cobro o a aceptación y no ha sido pagada o aceptada. Podrá realizarse por la Cámara de Compensación o por vía notarial.

Remesa

La remesa es una relación de documentos que se presentan para su descuento o gestión de cobro.

Remuneración en especie

Remuneración que se hace efectiva mediante la entrega de bienes, productos o servicios.

Repos

Los repos o negociación de efectos con pacto de recompra, pueden ser definidos como aquellos contratos por el que una de las partes transmite a la otra un activo financiero a cambio de precio, con el acuerdo de que el adquiriente los transmitirá (esos mismos u otros iguales), de nuevo, al transmitente original en una fecha futura a cambio del pago de otra suma dineraria.

SHA

Hace referencia a una modalidad de pago de comisiones. En esta modalidad las comisiones son abonadas por el ordenante y el beneficiario.

Sistema RED

Es un servicio que ofrece la Tesorería General de la Seguridad Social a empresas, agrupaciones de empresas y profesionales colegiados, cuyo objeto es permitir el intercambio de información y documentos entre las distintas entidades a través de medios telemáticos. Este servicio abarca los siguientes ámbitos de actuación: cotización, afiliación y remisión de partes de alta y baja de incapacidad temporal.

Tarjetas

La tarjeta es un documento de plástico que incorpora el derecho a retirar fondos de oficinas y cajeros y realizar compras en establecimientos adheridos al sistema.

Tarjetas comerciales

Son la tarjetas de crédito emitidas por establecimientos comerciales. Permiten a su titular efectuar compras en los establecimientos del emisor y hasta el límite pactado.

Tarjetas de cargo

Son tarjetas en las que, al no mediar crédito, el importe de la compra o la retirada de fondos se adeuda automáticamente en la cuenta del titular y, en el caso de las compras, se abona en la cuenta del establecimiento.

Tarjetas de crédito

Es una tarjeta en la que su emisor concede crédito a su cliente, hasta determinado límite.

Tarjetas de fidelización

Son las tarjetas que emiten determinados establecimientos y en las que se pueden acumular puntos que sirven para aplicar como descuentos o pago de los servicios que presta el emisor de la tarjeta.

Tarjetas monedero

Tarjeta que permite realizar pagos u obtener dinero, normalmente de pequeña cuantía, hasta el límite del importe entregado previamente por su titular a la entidad emisora.

Tasa anual equivalente (TAE)

Indicador que en forma de tanto por ciento anual revela el coste o rendimiento efectivo. Incluye, además de los intereses, los gastos y comisiones bancarias.

Tipo de interés de demora

Tipo de interés que se aplica cuando el titular deje de pagar, sin causa justificada, a la entidad financiera.

Tipo de interés de referencia

Tipo de interés que se toma como base para el cálculo del tipo de interés que se ha de pagar en una operación financiera, normalmente añadiendo un porcentaje diferencial.

Tipo de interés fijo

Una operación se realiza a tipo de interés fijo cuando este se mantiene inalterable a lo largo de toda su duración.

Tipo de interés nominal

Es el tipo que se menciona usualmente en los contratos en los que se pacta el pago de intereses y se caracteriza porque en él no se descuenta la tasa de inflación.

Tomador y tenedor

El tomador es el primer poseedor de la letra y acreedor de la obligación a ella incorporada. Se denomina tenedor al poseedor de la letra que la ha recibido por endoso.

Terminales de punto de venta (TPV)

Dispositivos electrónicos situados en los puntos de venta de productos o servicios en los que se efectúan las correspondientes comprobaciones/autorizaciones previas a la aceptación de la tarjeta como pago de la transacción comercial. En España, todos los terminales permiten operar, indistintamente, con tarjetas de crédito o de débito. Cada TPV se computa como unidad independiente solo en el caso de que opere de forma autónoma. Aquellos dispositivos instalados en un mismo comercio que dependan de un nodo de comunicación común se tratan como un único elemento.

Transferencia bancaria

Es una operación por la que una persona (el ordenante) da instrucciones a su entidad bancaria para que con cargo a una cuenta, que tiene aperturada en la citada entidad, envíe una determinada cantidad de dinero a la cuenta de otra persona (el beneficiario de la transferencia) en la misma o en otra entidad.

Traspaso interno entre cuentas

Se habla de traspaso interno cuando la transferencia tiene lugar entre cuentas de la misma entidad de crédito.

Transferencia internacional

En la transferencia internacional, el ordenante entregue los fondos en España y el beneficiario esté en otro país, o el ordenante entregue los fondos en otro país y el beneficiario los recibe en España.

Transferencia nacional

La transferencia nacional tiene lugar cuando el ordenante y el beneficiario se encuentran en España.

Transferencia STP

Es una modalidad específica de transferencias *(Straight Trough Processing)*, que son las que pueden realizarse de forma totalmente automatizada, ya que la entidad ordenante tiene los datos necesarios para ello el IBAN del beneficiario y el BIC del banco beneficiario.

Vencimiento

Fecha en que se hace exigible un compromiso u obligación de pago.

BIBLIOGRAFÍA

WEBGRAFÍA

Bibliografía

A continuación, os relacionamos una serie de manuales y artículos que el autor del curso ha considerado interesante ofreceros como bibliografía relacionada con el temario del curso:

- BERCOVITZ RODRÍGUEZ-CANO, A. (2009): *Contratos mercantiles (T. I)*, Pamplona, ed. Aranzadi-Thomson Reuters.

- GARAYOA ALZÓRRIZ, P. Mª.; CASARES TEJADA, A. J. (2016). *Gestión Financiera*. Madrid: MacMillan Iberia, S. A.

- IGUAL, D. (2008). *Conocer los productos y servicios bancarios*. Barcelona: Bresca editorial.

- MAZÓN, F., OLSINA, F. X. y AGUILÁ, S. (2003). *Finanzas: de la planificación a la gestión diaria de la tesorería*. Barcelona, Editorial Gestión 2000.

- NIETO CAROL, U (1998). *Contratos bancarios & parabancarios*. Valladolid, Editorial Les Nova.

- ORTIZ SALMERÓN, J. (2013). *Gestión Financiera*. Madrid: Editorial Editex, S. A.

WEBGRAFÍA

Además, presentamos un listado de sitios web que consideramos de interés también para ampliar información:

- Sitio web de S&P Global Ratings.

  Home | S&P Global Ratings (https://www.spglobal.com/en)

- Sitio web de Moody's.

  www.moodys.com

- Sitio web de Fitch Ratings

  https://www.fitchratings.com/region/spain

- Banco de España. Guía de los Provesos de Autoevaluación del Capital (PAC) y de la Liquidez (PAL) de las Entidades de Crédito.

  http://app.bde.es/clf_www/leyes.jsp?id=165093&tipoEnt=0

- Banco de España. Guías supervisores del Banco de España.

  https://www.bde.es/bde/es/secciones/normativas/Guias/Guias.html

- Noticias jurídicas. Circular 4/2017, de 27 de noviembre, del Banco de España, a entidades de Crédito, sobre normes de información financiera pública y reservada, y modelos de estados financieros.

  http://noticias.juridicas.com/base_datos/Fiscal/609480-circular-banco-de-espana-4-2017-de-27-nov-a-entidades-de-credito-sobre.html

- Sitio web de MytripleA. Diccionario Financiero.

  https://www.mytriplea.com/diccionario-financiero/riesgo-de-credito/

- Sitio web de economipedia. Diccionario económico.

  https://economipedia.com/definiciones

Webs de entidades financieras:

- Banco de España. Directrices sobre la evaluación de la idoneidad de los miembros del órgano de administración y de los titulares de funciones clave.

  https://www.bde.es/f/webbde/INF/MenuHorizontal/Normativa/guias/EBA-GL-2017-12.pdf

- BBVA. Modelo General de gestió nyu control de Riesgos.

  https://accionistaseinversores.bbva.com/microsites/pilarIII2015/es/3/dc.html

- Sitio web invertirFOREX. El riesgo puro.

  http://www.invertirforex.com/lecturas-de-interes/el-riesgo-puro.htm

- Blog SelfBank by Singular Bank. ¿Qué es el WACC? ¿Cómo se calcula y para qué sirve?

  https://blog.selfbank.es/que-es-wacc/

- EALDE Business School. Los 4 tipos de Riesgo de Crédito.

  https://www.ealde.es/gestion-de-riesgos-de-credito/